JOSÉ DE ALENCAR
COMÉDIAS

José de Alencar (1829-1877)

JOSÉ DE ALENCAR
COMÉDIAS

Edição preparada por
FLÁVIO AGUIAR

Martins Fontes
São Paulo 2004

Copyright © 2004, Livraria Martins Fontes Editora Ltda.,
São Paulo, para a presente edição.

1ª edição
novembro de 2004

Acompanhamento editorial
Helena Guimarães Bittencourt
Revisões gráficas
Maria Regina Ribeiro Machado
Adriana Cristina Bairrada
Dinarte Zorzanelli da Silva
Produção gráfica
Geraldo Alves
Paginação
Moacir Katsumi Matsusaki

Dados Internacionais de Catalogação na Publicação (CIP)
(Câmara Brasileira do Livro, SP, Brasil)

Alencar, José de, 1829-1877.
Comédias / José de Alencar ; edição preparada por Flávio Aguiar.
– São Paulo : Martins Fontes, 2004. – (Coleção dramaturgos do
Brasil / coordenador João Roberto Faria)

Bibliografia.
ISBN 85-336-2073-X

1. Alencar, José de, 1829-1877 – Crítica e interpretação 2. Comédia brasileira – História e crítica I. Aguiar, Flávio de. II. Faria,
João Roberto. III. Título. IV. Série.

04-7280   CDD-869.92

Índices para catálogo sistemático:
1. Comédias : Literatura brasileira   869.92

Todos os direitos desta edição reservados à
Livraria Martins Fontes Editora Ltda.
Rua Conselheiro Ramalho, 330 01325-000 São Paulo SP Brasil
Tel. (11) 3241.3677 Fax (11) 3105.6867
e-mail: info@martinsfontes.com.br http://www.martinsfontes.com.br

COLEÇÃO "DRAMATURGOS DO BRASIL"

Vol. X – José de Alencar

Esta coleção tem como finalidade colocar ao alcance do leitor a produção dramática dos principais escritores e dramaturgos brasileiros. Os volumes têm por base as edições reconhecidas como as melhores por especialistas no assunto e são organizados por professores e pesquisadores no campo da literatura e dramaturgia brasileiras.

Coordenador da coleção: João Roberto Faria, professor titular de Literatura Brasileira da Universidade de São Paulo.

Flávio Aguiar, que preparou o presente volume, é professor de Literatura Brasileira na Universidade de São Paulo, diretor do Centro Ángel Rama e autor de vários livros, entre eles *Os homens precários: inovação e convenção na dramaturgia de Qorpo-Santo* (Porto Alegre, IEL, 1975) e *A comédia nacional no teatro de José de Alencar* (São Paulo, Ática, 1984). Em

1998, para a Editora Senac, organizou as antologias *O teatro de inspiração romântica* e *A aventura realista e o teatro musicado.*

ÍNDICE

Introdução IX
Cronologia XXV
Nota sobre a presente edição XXIX

COMÉDIAS

O Rio de Janeiro, verso e reverso 3
O demônio familiar 97
As asas de um anjo 279

INTRODUÇÃO

O VERSO E O REVERSO
DE JOSÉ DE ALENCAR

José de Alencar foi provavelmente o primeiro intelectual orgânico da dramaturgia brasileira moderna, descontando-se o Padre Anchieta, que o foi da de antanho. Digo isto no sentido de que formulou um projeto, inspirado em ideais burgueses, ele que era conservador, e a partir daí desenvolveu um teatro próprio e original, bem como uma teoria sobre ele. Mas foi traído, e por si mesmo: se o seu teatro sobrevive hoje, é pela tradição que queria contestar e inovar, sobretudo no campo da comédia.

Os dramaturgos e encenadores de antes também tinham projetos. João Caetano, o grande ator, queria criar uma encenação nos moldes do tempo; terminou até por imaginar uma escola. Traduziu Talma, o grande ator francês, em linguagem cênica para a platéia brasileira, acrescentando-lhe o ímpeto do seu gênio e os ademanes do tempo, que eram românticos.

Martins Pena transculturou para a paisagem brasileira os tipos tradicionais da comédia, e vice-versa.

IX

Foi empreendimento de monta. Tanto é que fundou uma dinastia que perdura até hoje, e não só no teatro, mas também no rádio, no cinema e na televisão.

Gonçalves Dias criou uma personagem feminina inesquecível – Leonor de Mendonça, no que é a do melhor drama brasileiro do tempo. Deu-lhe a sedução da morte prematura e da paixão por conhecer a si mesma; mas foi estrela quase única em sua obra, que de resto perdeu-se nos cenários exóticos de então: Arábias, Itálias, Polônias.

Antes dele, Gonçalves de Magalhães, em peça inábil, *Antonio José ou o poeta e a Inquisição*, teve a habilidade de misturar arcabouço trágico e ideário romântico, criando um personagem inverossímil, o herói atormentado que esbraveja contra o Santo Ofício, mas um teatro verossímil, eclético perante as tendências do tempo, coisa que perdura até hoje.

Foram autores originais, mas que atentaram para inscrever-se numa tradição a que o público estava afeito. Conseguiram uma proeza, que foi criar um nicho brasileiro na tradição teatral; nisso teve êxito mesmo Gonçalves Dias, cuja peça só chegou ao palco profissional, que se saiba, no século XX: ainda hoje ela nos parece algo que o teatro romântico produziu de melhor, e não apenas em termos brasileiros, mas universais.

Mas Alencar quis mais. Ele não se contentou em se inscrever numa tradição. Ele pretendeu, com os de sua geração, *criar uma nova tradição*, ou pelo menos reformular a antiga.

Era Alencar da geração que cresceu e se afirmou intelectualmente no decênio de 50, quando se consolida o Segundo Reinado no Brasil. Passadas estão as contestações regionais, republicanas, abolicionistas e democráticas: em 1848-49, encerra-se no Brasil o ciclo contestador com o começo e o fim da Revolução Praieira, em Pernambuco, berço e túmulo de tantas revoluções.

O Império desenvolve firme e ativa diplomacia, ora guerreira, ora de negociação, no Prata, que é sua preocupação primeira em termos internacionais. Extingue-se o comércio de escravos através do Atlântico: massas de capitais são liberadas para investimento em território nacional. A Corte floresce: desenvolve-se o crédito; refundam-se ou fundam-se bancos. Inaugura-se, em 1854, por ação de Mauá, a primeira estrada de ferro no país.

Na França, Napoleão III inaugura sua corte de pompa e circunstância, dando vida a um esplendor burguês decorado com brasões aristocratas falidos, mas de prestígio. Os ecos reverberam em nossas terras. A Corte de D. Pedro II é nacional, recheada de personalidades agraciadas por prestações de serviço ao Império, ao contrário da de seu pai, que era basicamente de estirpe lusa ou quase.

Tamanho é o progresso nesse momento, que até uma greve, a primeira de nossa história, se registra: é a greve dos tipógrafos da Corte, nos primeiros dias de 1858, por um mil-réis a mais na féria do dia. Ciosos de suas prerrogativas, os donos e redatores de jornais clamam que a greve ofende a liberdade de imprensa. Pedem a intervenção da polícia e do Imperador. Nem a polícia intervém, nem, ao que parece, conseguem os grevistas sua reivindicação. São despedidos, e fundam o primeiro jornal alternativo brasileiro: o *Jornal dos Tipógrafos*, que durará três meses, publicando, entre outras coisas, folhetins de Eugène Sue.

É neste meio que Alencar se afirma, primeiro como cronista do *Correio Mercantil*, depois como redator-chefe do *Diário do Rio de Janeiro*. Neste último mo jornal publica em folhetim seu primeiro romance de peso, *O guarani*, em 1857. E neste mesmo ano afirma-se como um dos mais importantes dramaturgos e, especificamente, comediógrafo da Corte.

A geração de Alencar, com Quintino Bocaiúva, Pinheiro Guimarães, o incansável Macedo que a tudo aderia, viu-se diante dos ideais do *teatro realista* francês, de Alexandre Dumas Filho, Émile Augier e outros. Essa tendência espelhava a nova Corte francesa, onde uma burguesia, espantada diante da radicalidade dos movimentos revolucionários de 48, abdicava de qualquer sentimento revolucionário ou mesmo reformista, se jamais os tivera. Ao contrário, comprava títulos e brasões, fosse no mercado, fosse na alcova, através de casamentos de conveniência.

Nos salões brilhavam novos e novas personagens. Os bons burgueses, não satisfeitos de mostrar a riqueza das esposas, exibiam o luxo das amantes. Criou-se, ao lado do *monde* tradicional da alta sociedade, um *demi-monde* permeado de figuras equívocas, oportunistas de ocasião, alcoviteiras espevitadas e cortesãs fabulosas, as novas prostitutas por atacado, cujos senhores se esmeravam para manter opulentas, já que eram o cartão de visitas e a vitrina de seu poder nos negócios.

Floresciam aí antigas moças pobres, costureirinhas de arrabalde, escapadas das coroas de miséria que as revoluções industriais iam criando ao redor das cidades fulgurantes. *Si non era vero, era bene trovato*: esse era o mundo de Marguerite Gauthier, *A dama das camélias* de Alexandre Dumas Filho, que empolgou a cena, os teatros, a ópera, chegando até ao cinema, com Greta Garbo no papel principal.

Esse mundo empolgou também o nosso jovem Alencar. Na Corte imitavam-se os usos franceses renovados. Então iria bem igualmente imitar o teatro renovado que lá se praticava. Aquele teatro realista discutia a venalidade das relações amorosas, conjugais e familiares; punha em pauta a possibilidade ou não das cortesãs se redimirem; as tentações adúlteras a que as novas e nem tão novas esposas se viam expostas. Pais de família sentenciosos vinham ao proscênio, acompanhados por jornalistas ou médicos que expunham a *vox populi* do momento, que eram os personagens, sempre masculinos, chamados de *raisonneurs*. Tudo isso vinha embalado numa *mise-en-scène* pausada, convidativa à reflexão, cujo objetivo era destacar a moralidade, ou a tese da peça.

A dama das camélias foi a pedra de fundação e também o limite desse teatro. A cortesã amaldiçoada se redime pelo amor profundo; entretanto, num tributo ao mesmo tempo à sua índole romântica e à moralidade do tempo, morre no final, levando para o túmulo e para a outra vida a ameaça da sua redenção. A peça teve problemas com a censura. Mas acabou por tornar-se um sucesso mundial, adaptada para libreto de ópera com o nome de *La traviata*.

Esse teatro de molde burguês, que afugentava tanto o drama histórico romântico quanto o gosto popular pela farsa e pela burla, definiu seu modelo de comédia, assim descrito por João Roberto Faria:

A comédia realista, de um modo geral, é uma peça séria, quase um drama, poder-se-ia dizer, uma vez que não tem como objetivo provocar o riso, mas descrever e discutir os costumes. Assim, em princípio estão fora de seu âmbito as situações violentas, as tensões agudas, a paixão arrasadora, os aspectos, enfim, que foram os mais característicos da dramaturgia romântica, bem como todos os recursos do chamado baixo cômico. Apenas o chiste e a ironia, formas então consideradas superiores de provocar o riso, são utilizados pelos seus autores.

O universo da comédia realista é preferencialmente a vida da burguesia, apreendida com visível simpatia pelos dramaturgos, que buscam criar as cenas e os diálogos com o máximo de naturalidade para reproduzi-la no palco. Ao mesmo tempo a comédia realista tem feição moralizadora. À descrição de costumes justapõe-se a prescrição de valores éticos, como o trabalho, a honestidade, o casamento e a família, no interior de um enredo que opõe bons e maus burgueses. O realismo nesse tipo de peça é evidentemente relativo, pois o retrato da sociedade burguesa é sempre melhorado pelas pinceladas moralizantes. Os heróis, por exemplo, são comportados pais e mães de família ou moços e moças que têm a cabeça no lugar; e o amor que vale não é mais a paixão ardente, mas o amor conjugal, que deve ser calmo e sereno. Já os vilões, como era de se esperar, não respeitam nenhum valor moral. Podem aparecer na pele de uma prostituta, de um caça-dotes, de um viciado no jogo, de um agiota, de uma personagem, enfim, que seja sempre uma ameaça à maior instituição burguesa, ou seja, à família.[1]

---

1. Faria, João Roberto, *Idéias teatrais: o século XIX no Brasil*. São Paulo: Perspectiva, 2001, pp. 86-7.

Na verdade os realistas atualizavam modelo mais antigo, desenhado pelos enciclopedistas franceses, em particular por Diderot, para amenizar os rigores do decoro clássico, praticado por Corneille, Racine e fixado em poética por Boileau. Era a *comédie larmoyante*, comédia lacrimosa ou lacrimejante, planejada para permitir que personagens burgueses e simples do século XVIII tivessem acesso aos temas, debates e sentimentos considerados elevados, senão sublimes. Um dos exemplos desse tipo de comédia, cujo nome já é um programa estético e ideológico, foi *Le père de famille*, de Diderot. Outro do mesmo tipo e do mesmo autor era *Le fils naturel*. Tiveram sucesso, ao que parece, a seu tempo. Depois submergiram no esquecimento, sendo hoje lembradas em manuais, tratados e por especialistas. De certo modo o mesmo aconteceu com o teatro realista francês: teve um sucesso retumbante; mas o olvido o acolheu por fim e rapidamente. Em vinte anos ele já pertencia ao museu do teatro. A exceção foi *A dama das camélias*, que criou e consagrou um arquétipo dramático, o da prostituta que se redime por amor. Provavelmente isso aconteceu porque nela reverberavam ecos românticos e também bíblicos, em que o cortejo das pecadoras que se redimem por amor é respeitável, como no caso de Maria Madalena.

Liderando os de sua geração, foi todo esse mundo burguês que Alencar quis recriar, em nossa terra de oligarquias patrimonialistas e de lavor escravista, cujas famílias tinham extensa clientela de serviços privados e também públicos, e os favores de alcova se estendiam até a senzala, e onde o trabalho era abominado como algo servil e boçal, só se valorizando a renda.

Quando se decidiu a fazê-lo, Alencar era um intelectual de sucesso, embora jovem. Tinha já certa militância em jornal. Como os demais seus coevos, era antes um publicista do que um homem do paço, ao contrário de seus antecessores, como Gonçalves de Magalhães, Gonçalves Dias, Martins Pena. Escrevera uma novela (*Cinco minutos*) e um romance (o já citado *O guarani*), sendo acolhido com entusiasmo.

Ademais, tinha suporte cênico. Há algum tempo o Teatro do Ginásio Dramático, partindo da reforma de um velho teatrinho, atraía público para as novidades da França. Reuniam-se ali o espírito empreendedor de Joaquim Heleodoro, empresário, e o talento de Emílio Doux, que trazia da França a *mise-en-scène* realista, os dramas e comédias que eram ditos "de casaca", pois assim se vestiam os personagens, ao invés dos feéricos mas já puídos trajes históricos dos românticos, ou da roupagem mais pobre e pitoresca da comédia de costumes.

Decidido a enfrentar o palco, Alencar fê-lo pela comédia. Neste ano de 1857 deu à cena três comédias do tipo realista, e mais uma no começo de 1858. Duas tiveram boa acolhida, e confirmaram o sucesso do cronista e do romancista. Uma foi rotundo fracasso; e a outra, motivo de escândalo e mágoa imorredoura. Vejamos o porquê.

A primeira a ir à cena foi *O Rio de Janeiro, verso e reverso*, em outubro de 1857. Talvez temeroso, Alencar apresentou-a à censura do Conservatório Dramático sem assiná-la. É uma comédia despretensiosa, alegre, vivaz. Diante das outras que Alencar deu à cena na seqüência, pode-se dizer que ela é um ensaio. Mas assinale-se que para o nosso gosto de

XVI

hoje ela é talvez a mais representável sem modificações. Mesmo a seguinte, *O demônio familiar*, sem dúvida a que fez mais sucesso, quando representada no século XX com Procópio Ferreira no papel principal, foi reduzida de quatro para três atos.

O protagonista da peça, o jovem estudante paulista Ernesto, recém-chegado à Corte, guarda longínqua semelhança com o próprio Alencar. Este não era paulista mas estudara em São Paulo, e como seu protagonista deve ter desfrutado daquele sentimento contraditório de espanto e avidez do jovem provinciano diante do mundo da "cidade grande", embora nem o Rio fosse tão grande, nem completamente estranho a Alencar, que já o conhecia de criança.

Ernesto, antecipando personagens do teatro de revista, percorre os cenários da Corte. No primeiro ato (o "verso"), vê tudo com olhos críticos e distanciamento. Critica-se até a admiração que todos têm pela cosmopolita rua do Ouvidor, admiração que teria mais a ver com o ardor dos folhetinistas do que com a realidade algo tacanha e ainda provinciana. Ernesto é vítima de achaques; experimenta o lado ruim das pessoas e da cidade. Mas ele acalenta casta paixão pela prima, Júlia. No segundo ato (o "reverso"), tudo vira do avesso. Revelando-se a paixão, os que antes o prejudicaram agora de algum modo o ajudam no propósito de conquistar o casamento com a prima. Tudo parece melhor, ele conhece também o lado bom de tudo e de todos.

A peça lembra as de Pena. Mas há diferenças marcantes. As deste, embora também amenas, trazem à cena uma luta mais dura pela sobrevivência. Nelas comparece o Rio suburbano, pobretão, popular.

XVII

A de Alencar exibe mais o ponto de vista do Rio que se quer sofisticado, burguês, abonado. Mesmo na comédia leve, Alencar já mostra a intenção de fundo de seu teatro.

Quando *O Rio de Janeiro, verso e reverso* chegou à cena, Alencar já tinha outra engatilhada para tanto. Foi *O demônio familiar*, inspirada em *O barbeiro de Sevilha*, o Fígaro, tanto o personagem cômico de Beaumarchais quanto o lírico de Rossini. Estreou em novembro; teve boa acolhida; e provocou polêmica, pressagiando os dias mais difíceis que viriam. Nesta peça Alencar revela completamente seus propósitos.

Em primeiro lugar, põe em cena tema candente do momento: a abolição da escravidão. A interrupção do tráfico pelo Atlântico soara o dobre de finados para a instituição. É verdade que esse dobre se estenderia ainda por trinta e um anos, graças à expansão da lavoura cafeeira que passou a "importar" escravos de regiões empobrecidas. Mas de qualquer modo aqueles ares de aburguesamento que atingiam a Corte também se manifestaram na discussão sobre o destino da escravidão e dos escravos.

Em segundo lugar, o ar brejeiro e leve da primeira comédia cede passo para o ar mais pesado e sentencioso desta. O primeiro ato daquela evocava o bulício da rua; esta, a segunda peça, embora faça referência aos bulícios da Corte, se passa inteiramente na sala doméstica. Avançando o passo em relação a seu modelo francês, Alencar faz coincidir o herói da ação, o jovem médico Eduardo, com o personagem *raisonneur*, aquele encarregado de exprimir as lições de moral para a platéia.

Mas o centro das atenções é o moleque Pedro, escravo doméstico, nos moldes mesmo da comédia nova dos tempos de Roma, que aspira – não à liberdade - mas a ser cocheiro. Como Eduardo o fizera levar bilhetes a certa cantora de teatro, ele pôde assistir à ópera de Rossini. Inspirando-se no papel de Fígaro, mas ao contrário deste favorecendo o interesse, decidiu agir por conta própria para arranjar um casamento de conveniência para seu dono. Desse modo Eduardo, que era moço trabalhador, mas pobre (remediado, seria melhor dizer, pois até escravo tinha), enriqueceria, e teria condições de comprar um coche.

Desse impulso algo infantil de Pedro nascem todos os qüiproquós da peça, os bilhetes trocados, os sofrimentos por equívoco, as tramas e as contratramas para serem degustadas pelos espectadores. Alencar vale-se de uma dupla de pares amorosos, Eduardo e Henriqueta, e Alfredo e Carlotinha, sendo esta irmã do herói. Em meio a eles, girando como um pião, Alencar põe Azevedo, um dândi afrancesado que despreza tudo o que é nacional, e que serve de instrumento também nas mãos de Pedro para fazer e desfazer suas tramas.

Ao final, quando tudo se esclarece, Eduardo concede a liberdade ao escravo, como um castigo, pois a partir dali ele será responsável por seus atos. "Tudo fica bem quando termina bem", poderíamos dizer, parodiando outro dramaturgo. Todos ficam amigos e aquele pequeno mundo que simboliza a sociedade maior se integra no gosto da (re)conciliação, tão à brasileira.

Vista de hoje, não se pode deixar de reconhecer que o que a peça tem de melhor não está nas tiradas eloqüentes com que o autor queria convencer a platéia de seus ideais e teses. Ao contrário, o melhor da peça está na brejeirice com que, apesar de tudo, evoca a sociedade fluminense do tempo. Ou seja, Alencar atirou no verso, no teatro realista. Mas acertou no reverso, dando prosseguimento a uma tradição que se afirmava, a da comédia de costumes, e que atravessaria o século.

Mas não era isto que ele pretendia. Depois do sucesso da segunda peça, Alencar publicou nos jornais uma carta endereçada a Francisco Otaviano, que praticamente o iniciara na vida jornalística, comentando suas intenções. Nesta carta, intitulada "A comédia brasileira", publicada no *Diário do Rio de Janeiro* em 13 de novembro, ele destaca os seguintes pontos:

1) Quis criar comédias que pudessem ser assistidas pelo público feminino, sem ofensa ao seu pudor. Queria "fazer rir, sem fazer corar". Daí nasceu *O Rio de Janeiro, verso e reverso*. Alencar também destaca essa intenção na dedicatória da publicação desta peça, que veio à luz por aqueles dias.

2) Quis unir-se ao estilo do Ginásio Dramático, que, ao contrário de outros [farpa em direção de João Caetano], valoriza sempre que pode o repertório nacional, e introduz uma *positura cênica* [sic] de acordo com a "escola moderna" [o realismo francês].

3) Queria também ajudar a criar o teatro nacional, missão comum de empresários, escritores, artistas, jornalistas.

4) Para tanto, buscou modelo em nossa terra; não o encontrou. Havia o exemplo das "farsas graciosas"

de Martins Pena e o de Macedo. Mas eram insuficientes. Pena deixara-se arrastar pelos "desejos do aplauso fácil". E o teatro de Macedo imitava demais o estrangeiro.

5) Encontrou um modelo conveniente no teatro francês, o de Molière, aperfeiçoado por Dumas Filho, que criara o *jogo de cena*. Este nada mais era do que a naturalidade no palco; os artistas, diz ele, "não representam, vivem".

6) Quis ele então pôr em cena, ao invés do disparate, o dito espirituoso; ao invés do incidente cômico, a graça da observação. Rompeu com a tradição farsesca dos apartes e dos monólogos reveladores.

Era o zênite – mas o zênite que antecedia a queda. Alencar, que conhecera o *verso* do sucesso, iria agora conhecer o *reverso* do desagrado e da decepção. Isso, aliás, seria o prenúncio de toda a vida atribulada do escritor, que conheceu sucessos extraordinários, polêmicas e contestações amargas em sua carreira.

Já *O demônio familiar* provocara críticas assinadas por Paula Brito, em seu jornal *A Marmota* (edição de 10/11), onde ele acusa o protagonista Eduardo de ser "um fraco", de dar liberdade a quem não a merecia, e de abrir o caminho de Pedro não para a sociedade, mas para a casa de correção.

Animado pelo sucesso, Alencar deu à cena sua terceira peça, *O crédito*. Abordava outro candente debate do momento, com a liberação de capitais que a suspensão do tráfico atlântico trouxera. O protagonista, também como Eduardo herói e *raisonneur*, é Rodrigo, um engenheiro que por vezes se veste de economista para dar lições sobre o crédito e a democracia do capital; outras de moralista, para dar lições sobre ética, paixão, amor, casamento, etc. Em suma, Rodrigo é o "super-herói" da modernidade, cavaleiro quase *sans tache et sans reproche*", a não ser um pouco de orgulho, de resto compreensível num jovem. A tudo e a todos e a todas fulmina com sua retórica, condenando as mulheres que querem imitar as vãs cortesãs francesas, os homens adeptos do lucro fácil, levando os personagens a uma regeneração moral que culmina com sua promessa de casamento com a adorável Julieta [só podia ser; o Brasil reescreve Shakespeare por linhas certas...].

Foi demais. A peça, em cartaz no fim de dezembro, teve apenas três representações. A crítica teceu alguns elogios, mas sem o entusiasmo de antes. O público, parece, desertou.

Mas Alencar não se deu por achado, nem por perdido. Trouxe para a cena nova comédia, *As asas de um anjo*, sobre o candente tema da regeneração da prostituta. Pronta já no começo de 1858, foi ao palco em 30 de maio. O público reagiu bem; a polícia não. Depois da terceira representação, feita em 17 de junho, o chefe de polícia a proibiu, tirando-a de cartaz. Em primeiro lugar, o ato criou um confronto: o Conservatório Dramático a aprovara, até com elogios por parte dos censores. Mas, diante do ato da autoridade policial, o Conservatório aderiu, e conformou-se com a proibição. O autor não. Fez acerba defesa de sua peça e de seu direito à manifestação. Em nome de sua liberdade, acabou dizendo que se retirava da cena, o que foi verdade pelo menos por algum tempo. É certo também que o levou a

XXII

sua atividade de romancista, que se consagrava, e de político, que se iniciava. Retornaria algum tempo depois ao teatro, mas já sem o entusiasmo de antes, e também para novos dissabores, como a recusa de João Caetano em levar à cena *O jesuíta*, em 1861, e a amarga polêmica com Nabuco, quando a peça afinal chega ao palco, em 1875.

As asas de um anjo encena a história da jovem Carolina, levada à prostituição por descura de seu pai. No Rio de Janeiro de então, ela termina por levar uma vida *à la parisienne*: champanhe, hotéis, frivolidades, amores múltiplos e licenciosos. Mas fiéis amigos a secundam; Luís, sua antiga paixão; Meneses, um jornalista que faz as vezes de *raisonneur*; Araújo, um velho conhecido. Graças a eles ela encontrará apoio quando cair em desgraça, como, é claro, fatalmente lhe acontecerá. Aí dois momentos da peça provocaram controvérsia, e o primeiro, provavelmente, a intervenção da polícia.

Doente, febril, Carolina encontra o pai embriagado. Sem se reconhecerem, tentam seduzir um ao outro, até que o reconhecimento provoca-lhes um estupor. A seguir Luís, corajosamente diante dos prejuízos do tempo, promete casar-se com ela; mas será um "casamento branco", sem realização sexual, para punição de ambos. Assim termina a peça, realizando no Brasil o que fora impossível na Europa: o casamento, ainda que cheio de interdições, entre a prostituta arrependida e seu verdadeiro amor. Tempos depois Alencar escreveu uma continuação para a peça: *A expiação*, escrita em 1865 e publicada em 1868. Nela ficamos sabendo que o casamento não fora tão branco afinal de contas, e que os dois tiveram até uma filha. Chegada ela à idade de casar, novamente nossos heróis devem arrostar os preconceitos do tempo. Será árduo, mas terão sucesso, como é de se esperar da pena do escritor, cuja fé no Brasil desanimava, mas não desaparecia, pelo menos por esse tempo.

As asas de um anjo é uma "comédia crispada"[2]. A ação e a intriga, com cenas e frases fortes a fazem assim. Também o confronto que termina havendo entre o *raisonneur* Meneses e a cortesã Carolina, que clama contra o tratamento desigual que a sociedade dá às mulheres. Vê-se aí, curiosamente, o traço avançado do conservador Alencar.

Em menos de um ano, portanto, e em torno de suas primeiras comédias, José de Alencar provou do verso e do reverso do teatro. Conheceu o sucesso, a recepção calorosa, o debate de idéias, a polêmica, a censura e o desprezo, pois também não faltou quem o atacasse, e em momento de fragilidade, quando tivera a peça proibida (como em artigo de "M. T.", publicado no *Correio Mercantil* em 24 de junho). Tentou renovar a cena brasileira. Se obteve sucesso parcial nessa empreitada, obteve o sucesso completo, talvez inadvertido ao tempo, de fazer prosseguir a trajetória de nossa comédia voltada para os costumes, que é a tradição que se consolida no século XIX. Não foi pouco.

FLÁVIO AGUIAR

---

2. Utilizo o termo em meu livro *A comédia nacional no teatro de José de Alencar*. São Paulo: Ática, 1984, pp. 114 ss.

CRONOLOGIA

1829. Nascimento de José de Alencar, em 1º de maio, em Mecejana, Estado do Ceará.

1838-39. Alencar faz uma viagem, por terra, do Ceará à Bahia, em companhia dos pais. Foi uma experiência fundamental para o seu interesse pela paisagem brasileira.

1839-43. No Rio de Janeiro, Alencar faz os estudos secundários.

1843-50. Alencar muda-se para São Paulo, onde faz o curso preparatório para a Faculdade de Direito, na qual ingressa em 1846. Forma-se em 1850, tendo feito o terceiro ano do curso na Faculdade de Direito de Olinda.

1851. No Rio de Janeiro, começa a trabalhar como advogado no escritório do Dr. Caetano Alberto.

1854. Estréia de Alencar como folhetinista do *Correio Mercantil.*

1855. Alencar assume o cargo de redator-gerente do *Diário do Rio de Janeiro.*

1856. O primeiro romance de Alencar, *Cinco minutos,* é publicado no rodapé do *Diário do Rio de*

Janeiro. Também nesse ano e no mesmo jornal o escritor escreve, sob o pseudônimo *Ig*, oito cartas com pesadas críticas ao poema épico *A confederação dos tamoios*, de Gonçalves de Magalhães.

1857. Ano de grande produção intelectual de Alencar. Nos meses de janeiro a abril, publica em forma de folhetim, no *Diário do Rio de Janeiro*, o romance *O guarani*. Nos meses de outubro, novembro e dezembro estréiam, respectivamente, no Teatro Ginásio Dramático, as peças *O Rio de Janeiro, verso e reverso*, *O demônio familiar* e *O crédito*. A segunda o consagra como o principal dramaturgo brasileiro.

1858. A quarta peça de Alencar, *As asas de um anjo*, estréia no Teatro Ginásio Dramático, em maio, e depois de três récitas é proibida pela polícia, que a considera imoral.

1860. Estréia em março, no Teatro Ginásio Dramático, com grande sucesso, o drama *Mãe*.

1861. Início da carreira política de Alencar, que se elege deputado pelo Partido Conservador. Escreve o drama *O jesuíta*, a pedido do ator João Caetano, que desiste de encená-lo.

1862. Alencar publica o romance *Lucíola* e lança os dois primeiros volumes de *As minas de prata*. No Teatro Ateneu Dramático, em outubro, é representada mais uma peça de sua autoria: *O que é o casamento?*.

1864. Alencar casa-se com Giorgiana Augusto Cochrane e publica o romance *Diva*.

1865. Publicação do mais belo romance indianista de Alencar: *Iracema*.

XXVI

1865-66. Primeira edição na íntegra – seis volumes – de *As minas de prata*. No final de 1865, Alencar começa a publicar as *Cartas de Erasmo*, obra de enorme repercussão no meio político da época.

1868. Convidado a integrar o Gabinete Itaboraí, Alencar torna-se ministro da Justiça. No mesmo ano publica *A expiação*, peça teatral que é uma continuação de *As asas de um anjo*.

1869. Em setembro, Alencar candidata-se ao Senado, fica em primeiro lugar na lista enviada a D. Pedro II, mas não é escolhido. Decepcionado, deixa o Ministério da Justiça em janeiro de 1870 e volta à Câmara.

1870. Publicação dos romances *A pata da gazela* e *O gaúcho*. Em 19 de maio estréia, no Scala, de Milão, a ópera *Il guarany*, extraída do romance de Alencar por Carlos Gomes. Em 2 de dezembro, dá-se a primeira representação da ópera no Rio de Janeiro, com enorme sucesso.

1871. Alencar publica o romance *O tronco do ipê*. Nesse mesmo ano é alvo de ataques de José Feliciano de Castilho e Franklin Távora, que o agridem como escritor e político no hebdomadário *Questões do Dia*, criado para esse fim.

1871-72. Entre novembro de 1871 e março de 1872, é publicado no folhetim do jornal *A República* o romance *Til*.

1872. Primeira edição do romance *Sonhos d'ouro*, precedido de um importante prefácio, no qual Alencar explica o seu projeto de criação de uma literatura nacional. Nesse ano nasce o seu filho Mário de Alencar.

1873. Alencar publica *Alfarrábios*, *O garatuja* e o primeiro volume de *A guerra dos mascates*.

1874. Publicação do romance indianista *Ubirajara* e do segundo volume de *A guerra dos mascates*. Em 9 de maio, no Teatro Lírico Fluminense, estréia uma versão teatral de *O guarani*, feita por Visconti Coaraci e Pereira da Silva. Depois de uma série de representações, Alencar tenta tirá-la de cena e entra em polêmica com os autores da adaptação.

1875. A encenação malsucedida do drama *O jesuíta*, em setembro, leva Alencar a entrar em polêmica com Joaquim Nabuco. São publicados os romances *Senhora* e *O sertanejo*.

1876. Doente, com tuberculose, viaja à Europa para se tratar.

1877. No início do ano, Alencar lança panfletos políticos sob o título *O Protesto*. Em 12 de dezembro, aos 48 anos de idade, morre no Rio de Janeiro.

NOTA SOBRE A PRESENTE EDIÇÃO

O estabelecimento dos textos das peças de Alencar foi feito a partir do cotejo de várias edições. Para *O Rio de Janeiro, verso e reverso*, foram consultadas a 2ª edição da Garnier, de 1900, e o 4º volume da *Obra completa* publicada pela Aguilar, em 1960. Para *O demônio familiar*, o mesmo volume da Aguilar e a 3ª edição da Garnier, de 1903. Para *As asas de um anjo*, a 2ª edição da Garnier, de 1865, e o 4º volume da Aguilar. Foram corrigidos os erros tipográficos, atualizada a ortografia e mantida a pontuação original.

COMÉDIAS

O RIO DE JANEIRO, VERSO E REVERSO

Comédia em dois atos

Representada pela primeira vez no
Teatro do Ginásio Dramático,
Rio de Janeiro, em 28 de outubro de 1857

A ***

Uma noite vi-a no Ginásio; representava-se uma comédia um pouco livre.

Veio-me o desejo de fazê-la sorrir sem obrigá-la a corar. Conservei algum tempo essa impressão fugitiva; um dia ela correu aos bicos da pena, e cristalizou-se.

Escrevi a minha primeira comédia, *O Rio de Janeiro, verso e reverso*; logo depois *O demônio familiar*, e ultimamente *O crédito* que deve representar-se breve.

Se algum dia pois eu for um autor dramático deverei unicamente àquela boa inspiração; a glória e os aplausos que o público, de generoso, quiser dar a essas pobres produções de minha inteligência, lhe pertencem.

A flor não se abriria se o raio de sol não a aquecesse e animasse.

J. DE ALENCAR

PERSONAGENS

ERNESTO, *estudante de São Paulo.*
TEIXEIRA, *capitalista tio de Ernesto.*
AUGUSTO, *zangão da praça.*
CUSTÓDIO, *empregado aposentado.*
PEREIRA, *poeta conhecido de Henrique.*
HENRIQUE, *moço elegante.*
FILIPE, *cambista de loterias.*
JÚLIA, *filha de Teixeira.*
BRAGA, *caixeiro de loja.*
D. LUÍSA, *viúva de idade.*
D. MARIANA, *parenta de Teixeira.*
UM CAIXEIRO DE LOJA; UM MENINO QUE VENDE FÓSFOROS;
UMA MENINA DE REALEJO.

NOTA

A cena é na cidade do Rio de Janeiro
e contemporânea.
O primeiro quadro passa-se em uma loja da Rua do
Ouvidor nos fins de novembro. O segundo na casa
de Teixeira nas Laranjeiras (em princípio de março).

ATO PRIMEIRO

(*Uma loja da Rua do Ouvidor, montada com luxo e no gosto francês.*)

Cena I

ERNESTO, BRAGA, *depois* UM MENINO *que vende fósforos.*

ERNESTO
(*entrando de um salto*)
Apre! É insuportável! Não se pode viver em semelhante cidade; está um homem sujeito a ser empurrado por todos esses meus senhores, e esmagado a cada momento por quanto carro, carroça, carreta ou carrinho anda nestas ruas. Com efeito é uma família… Desde o ônibus, o Noé dos veículos, até o *coupé* aristocrático e o tílburi plebeu!

BRAGA
(*dobrando as fazendas*)
É porque o senhor ainda não está habituado.

O MENINO

(*entrando e dirigindo-se a Ernesto*)

Fósforos! Fósforos! Inalteráveis e superiores!… (*a Braga*) Fósforos Sr. Braga.

ERNESTO

Deixe-me, menino!

O MENINO

Excelentes fósforos de cera a vintém!

ERNESTO

(*a Braga*)

Oh! que maçada! Deixe-me! (*o menino sai*) Esta gente toma-me naturalmente por algum acendedor de lampiões; entendem que eu vim ao Rio de Janeiro unicamente para comprar fósforos. Já não me admira que haja aqui tantos incêndios. (*senta-se junto do balcão; uma pausa*) Como as coisas mudam vistas de perto! Quando estava em São Paulo o meu sonho dourado era ver o Rio de Janeiro, esse paraíso terrestre, essa maravilha de luxo, de riqueza e de elegância! Depois de três anos de esperanças consigo enfim realizar o meu desejo: dão-se as férias, embarco, chego e sofro uma das mais tristes decepções da minha vida. Há oito dias apenas que estou na corte e já tenho saudades de São Paulo. (*ergue-se*)

BRAGA

O Sr. não escolhe alguma coisa? Presentes para festas, o que há de mais delicado; perfumarias…

ERNESTO

(*voltando-lhe as costas*)

Obrigado!

Cena II

Os mesmos e FILIPE

FILIPE

(*entrando a Ernesto*)

Vinte contos, meu caro senhor! Anda amanhã a roda!... Vinte contos!

ERNESTO

Agradeço; não estou disposto.

BRAGA

Oh! Sr. Filipe!

FILIPE

Quer um bilhete, um meio ou um quarto? Vigésimos... Também temos.

ERNESTO

(*passeando*)

Nada; não quero nada.

FILIPE

Bom número este; premiado três vezes! Mas se prefere este...

ERNESTO

Já lhe disse que não preciso dos seus bilhetes.

FILIPE

Pois enjeita? A sorte grande? Olhe não se arrependa!

ERNESTO

A sorte grande que eu desejo é ver-me livre de sua pessoa!

FILIPE
(*baixo a Braga*)
Malcriado!

BRAGA
(*baixo a Filipe*)
É um provinciano! (*Filipe sai*)

ERNESTO

Enfim! Estou livre deste! Que terra!... É uma perseguição constante. (*passeia*)

Cena III

ERNESTO, BRAGA, AUGUSTO

AUGUSTO
(*entrando*)
Oh! (*examinando Ernesto*) Será algum acionista?... Vejamos! Tratemos de entabular relações!

ERNESTO
(*tira o relógio*)
Já duas horas! Uma manhã inteiramente perdida.

AUGUSTO
(*cumprimentando*)
O Sr. faz-me o obséquio de dizer que horas são?

ERNESTO

Como?

AUGUSTO

Que horas tem no seu relógio?

ERNESTO

Ah! desculpe; está parado. (*baixo a Braga*) É o que faltava!... servir de torre de igreja aqui ao Sr.

AUGUSTO
(*a Braga*)

Decididamente é acionista! Que diz? Tem-me ares de lavrador; são pelo menos vinte ações. Justamente as que me faltam para completar as cem que vendi. A dez mil-réis de prêmio... (*corre atrás de um homem que passa no fundo da loja*) Olá sio!... Aquelas trinta não quer vender?... Dou-lhe sete!...

ERNESTO
(*a Braga*)

Que extravagante! Vê-se cada figura neste Rio de Janeiro! (*senta-se e tira um charuto*) Ora deixe-me experimentar um dos tais fósforos de cera. (*acende o charuto*)

BRAGA

Aí vem o homem outra vez. (*ri-se*)

AUGUSTO
(*voltando*)

O Sr. faz-me obséquio do seu fogo?

ERNESTO

(*a Braga*)

Ainda! Isto não tem jeito.

AUGUSTO

(*tomando o charuto*)

Com licença! Creio que não me enganei; o Sr. é um dos contemplados; trinta pelo menos…

ERNESTO

(*a Braga*)

Estou quase oferecendo-lhe uma caixa de fósforos.

AUGUSTO

(*dando o charuto*)

Obrigado! Volto para a Praça que está hoje animada.

ERNESTO

Estimo muito.

AUGUSTO

Se quer vender as suas ações, não perca a ocasião.

ERNESTO

Vender as minhas ações?

AUGUSTO

Sim, Sr.; acredite no que lhe digo; não valem mais do que cinco mil-réis e já são bem pagas.

ERNESTO

O Sr. quer brincar naturalmente!

AUGUSTO

Não brinco em negócio. Para encurtar razões dou-lhe seis mil-réis. Quer? Aqui estão. Quantas tem?

ERNESTO

(*a Braga*)

Deste gênero ainda não tinha encontrado! É pior do que os tais cambistas de loterias. (*passeia*)

AUGUSTO

Então que decide?

ERNESTO

Nada, Sr.

AUGUSTO

Acha pouco? Tenho mais baratas; porém para concluir dou-lhe seis e quinhentos... Sete, pagando a corretagem.

ERNESTO

(*contrariado*)

Pelo quê, Sr.?... Disse-lhe que desejava vender alguma coisa para que o Sr. esteja a maçar-me há meia hora, oferecendo-me preços?

AUGUSTO

Não me disse; mas eu adivinhei. Nós cá, homens habilitados ao negócio, não precisamos que nos digam as coisas. Apenas o vi, descobri logo que era acionista...

ERNESTO

O quê? Acionista?...

AUGUSTO

Sim; que tinha sido contemplado na distribuição das ações da Estrada de Ferro, na qualidade de lavrador naturalmente; por isso ofereço-lhe os meus serviços.

ERNESTO

E o que é o Sr.?

AUGUSTO

Corretor de fundos e mercadorias; incumbo-me de todas as transações de crédito e câmbio, como saques, descontos...

ERNESTO

Pois, meu Sr., sinto dizer-lhe que nem sou acionista, nem fui contemplado em distribuição de coisa alguma.

AUGUSTO

Deveras?

ERNESTO

Dou-lhe minha palavra.

AUGUSTO

Basta; às suas ordens. (*a Braga*) Levei um logro! uma transação magnífica! Também não sei onde estava com a cabeça! Devia ver logo que este sujeitinho não tem a cara respeitável de um acionista! (*vai sair pelo fundo*)

ERNESTO

(*a Braga*)

Que diabo de profissão é a que exerce este buscapé vestido de paletó?

BRAGA
Creio que é um corretor.

ERNESTO
Fico-o conhecendo.

(*Augusto saindo, encontra Custódio que entra.*)

Cena IV

Os mesmos e CUSTÓDIO

CUSTÓDIO
(*cumprimentando Augusto*)
Passou bem, Sr. Augusto? Que há de novo?...

AUGUSTO
(*rápido*)
Câmbio 27½; juros 9 e 10%; cotação oficial.
Ações – vendas animadas; Estradas de Ferro, dez,
bastante procuradas. Tem Estrada de Ferro?...

CUSTÓDIO
Dizem que o ministério não está seguro?...

AUGUSTO
(*rápido*)
Seguro monstro – estacionário. Banco do Brasil
– 102; Hipotecário 205 – mercado regular, poucas
vendas. Mangaratiba – frouxo; Paquetes e Gás – os-
cilam; Rua do Cano – baixa completa, desconto.

CUSTÓDIO

Então não diz nada a respeito da política?

AUGUSTO

Digo que tome o meu conselho; Estrada de Ferro, Estrada de Ferro, e largue o mais. Adeus; vou concluir uma operação importante. (*sai*)

ERNESTO

(*a Braga*)

Eis como se diverte um homem aqui na corte, olhando para o tempo e sofrendo as maçadas de todos estes importunos! Oh! os Srs. folhetinistas com os seus contos de mil e uma noites são os culpados do que me acontece! Quem os lê e quem vê a realidade!

(*Custódio dá um passeio pela loja e dirige-se a Ernesto; Braga vai ao fundo.*)

Cena V

ERNESTO, CUSTÓDIO

CUSTÓDIO

Muito bom dia? (*apertam as mãos*)

ERNESTO

Viva, senhor! (*a Braga*) Eis um sujeito que me conhece, mas que naturalmente nunca me viu.

CUSTÓDIO

Que há de novo?

ERNESTO

E esta? O senhor não leu os jornais?

CUSTÓDIO

Passei apenas os olhos… (*senta-se*)

ERNESTO

Pois eu nem isto. (*a Braga*) Pensa este senhor que sou algum almanaque de notícias? Achou-me com cara de boletim?

CUSTÓDIO

Que calor que está fazendo. Creio que teremos mudança de tempo. O senhor não acha?

ERNESTO

Vou ver, depois lhe direi.

(*Vai sair, encontra-se com Henrique que entra.*)

Cena VI

Os mesmos e HENRIQUE

HENRIQUE

Ernesto! Oh! Quando chegaste?

ERNESTO

Adeus; como vais, Henrique?

HENRIQUE

Perfeitamente, e tu? Alegro-me muito em ver-te por aqui.

ERNESTO

Não esperava ter o prazer de te encontrar.

HENRIQUE

Desembarcaste hoje mesmo?

ERNESTO

Não; há oito dias.

HENRIQUE

Como deixaste São Paulo?

ERNESTO

No mesmo estado.

HENRIQUE

É verdade; aproveito a ocasião para pedir-te um pequeno obséquio.

ERNESTO

Estou às tuas ordens.

HENRIQUE

Chegaste há pouco, e naturalmente deves ter curiosidade de ver os nossos teatros; aceita este bilhete, é do benefício de um hábil artista.

ERNESTO

(*com ironia*)

Ora, meu amigo, és tu que me fazes o obséquio: obrigadíssimo.

HENRIQUE

Onde estás morando?

ERNESTO

No Hotel de Botafogo.

HENRIQUE

Sei; adeus. Havemos de nos ver.

ERNESTO

Sim; quando quiseres.

HENRIQUE
(*saindo, passa por Custódio*)
Tem passado bem, Sr. Custódio?

CUSTÓDIO
(*levanta-se*)
Bem, obrigado. Que há de novo?

HENRIQUE

Quer ficar com um bilhete do benefício de…

CUSTÓDIO

Nada. Há vinte anos não freqüento os espetáculos; no meu tempo…

HENRIQUE
(*rindo-se*)
Freqüentava o teatrinho de bonecos! (*sai*)

CUSTÓDIO

Criançola!

Cena VII

ERNESTO *e* CUSTÓDIO

ERNESTO

(*mostrando o cartão*)
Mais uma bucha!

CUSTÓDIO

Pois caiu?

ERNESTO

Está me parecendo que esta gente não faz outra coisa desde o princípio até o fim do ano senão beneficiar-se mutuamente; mas beneficiar-se desta maneira! Proudhomme que definiu a propriedade um roubo legitimado pela lei, se viesse ao Rio de Janeiro, não podia deixar de definir o benefício um estelionato legitimado pela sociedade. A pretexto de teatro e de baile um amigo abusa da nossa confiança e nos toma cinco ou dez mil-réis contra a nossa vontade.

CUSTÓDIO

Pensa muito bem! O governo é o culpado...

ERNESTO

Dos benefícios?

CUSTÓDIO

De tudo!

(*Entram Henrique e Pereira.*)

Cena VIII

Os mesmos, Henrique *e* Pereira

Henrique

Meu amigo, desculpa; não pude deixar de voltar para ter o prazer de apresentar-te o Sr. Pereira, um dos nossos poetas mais distintos.

Pereira

É bondade de meu amigo!

Custódio

(*a meia-voz*)

Que firma!

Ernesto

Ah! O Sr. é poeta! Estimo muito conhecê-lo: tenho uma grande simpatia pelos poetas, embora na minha vida nunca conseguisse fazer um verso.

Pereira

Isto não quer dizer nada; Chateaubriand é um grande poeta e escreveu em prosa.

Henrique

Meu amigo, nós não queremos tomar-te o tempo. O Sr. Pereira vai publicar um volume de suas primeiras poesias e espera que tu, que és amante da literatura, protejas essa publicação.

Ernesto

Tu pedes, Henrique, não posso recusar.

PEREIRA

Submeto à consideração de V. Sa. o programa da assinatura. Um belo volume in-8º francês, de cem páginas, 5$000 no ato da entrega. Não exijo adiantado.

ERNESTO

Mas não há necessidade de demorar uma coisa que pode ficar concluída. (*tira a carteira*)

PEREIRA

V. Sa. ordena…

HENRIQUE

Tomas duas assinaturas ou três?

ERNESTO

Uma basta, Henrique; sabes que a minha fortuna não está a par do meu gosto pela literatura.

PEREIRA

É sempre assim; os grandes talentos são ricos de inteligência, mas pobres desse vil objeto a que se chama dinheiro. (*recebe a nota*) Muito obrigado, Sr. …

ERNESTO

Não tem de quê.

(*Entra D. Luísa.*)

Cena IX

Os mesmos e D. LUÍSA

D. Luísa

Perdão, meus Srs.; tenham a bondade de ler este papel.

Henrique

(*finge não ouvir*)

Até logo, Ernesto.

Pereira

(*a Ernesto*)

Tive muito prazer em conhecer a V. Sa.

D. Luísa

Uma pobre viúva! Meu marido…

Pereira

Se puder servir-lhe para alguma coisa…

Ernesto

Igualmente!

Henrique

(*a Pereira*)

Vamos; tenho pressa.

D. Luísa

Então, Srs.! Qualquer coisa…

Pereira

Às suas ordens. (*sai*)

D. Luísa

Não lê?

HENRIQUE

Adeus, adeus. (*sai*)

Cena X

ERNESTO, CUSTÓDIO *e* D. LUÍSA

ERNESTO
(*a Custódio*)

Que papel será esse que aquela Sra. pede com tanta instância para ler? Talvez alguma notícia importante?

CUSTÓDIO
(*levantando-se*)

Com sua licença.

D. LUÍSA
(*a Custódio, apresentando o papel*)

O Sr. faz obséquio?…

CUSTÓDIO
(*saindo*)

Esqueci os óculos em casa. (*sai*)

Cena XI

ERNESTO, D. LUÍSA, *depois* BRAGA

D. LUÍSA

V. Sa. ao menos me fará a caridade!

Ernesto

Deixe ver. (*abre o papel*) Ah! uma subscrição! Por isso é que os tais amigos se puseram todos ao fresco, fazendo-se desentendidos; um tinha pressa, o outro esqueceu os óculos. (*fecha*) Desculpe, minha Sra.; não posso dar nada; tenho feito muitas despesas.

D. Luísa

Pouco mesmo que seja; tudo serve. É para fazer o enterro do meu pobre marido que expirou esta noite e deixou-me ao desamparo com oito filhinhos…

Ernesto

Pobre mulher! Para esta não há um benefício! Mas diga-me, seu marido nada possuía? A Sra. não tem parentes?

D. Luísa

Nem um; não tenho ninguém de quem me valer. Acredite, Sr., que para chegar a este estado de recorrer à piedade dos que não me conhecem, foi preciso ver meus pobres filhinhos nus, e chorando de fome, os coitadinhos.

Braga
(*dentro do balcão*)
Temos choradeira!

Ernesto

Corta o coração, não acha? Tome, minha Sra.; sinto não poder dar mais; porém não sou rico. (*dá uma nota*)

D. Luísa
(*examinando a nota*)

Cinco mil-réis!... (*olha Ernesto com ar de zombaria e sai*)

Ernesto

E esta! Nem sequer um obrigado; julga que não lhe fiz favor?

Braga

Ora o Sr. ainda deixa-se lograr por esta gente?

Ernesto

E o Sr. não viu? Por que não me avisou?

Braga

Não gosto de me intrometer nos negócios dos outros.

Ernesto

Boa moral!... Oh! mas esta não aturo.

(*Vai sair correndo e encontra-se com Teixeira, Júlia e D. Mariana que entram.*)

Cena XII

Ernesto, Teixeira, Júlia, D. Mariana *e* Braga

Ernesto

Ah!

####### Júlia
Ernesto!

####### Teixeira
Bom dia, sobrinho.

####### Ernesto
Adeus, meu tio. D. Mariana... Como está, prima?

####### Júlia
Boa, obrigada.

####### Ernesto
Anda passeando?

####### Júlia
Não; vim fazer algumas compras.

####### Teixeira
Júlia, enquanto ficas vendo as fazendas com D. Mariana, vou à Praça e já volto.

####### Júlia
Sim, papai; mas não se demore.

####### Teixeira
É um instante! (*sai*)

####### Braga
(*fora do balcão*)
O que deseja V. Exa.?

####### Júlia
Alguns cortes de musselina e barege.

BRAGA

Temos lindíssimos, do melhor gosto, chegados no paquete, da última moda; hão de agradar a V. Exa.; é fazenda superior.

JÚLIA

Pois deite-os lá dentro que já vou escolher.

BRAGA

Sim, Sra.; V. Exa. há de ficar satisfeita. (*sobe a cena com D. Mariana*)

ERNESTO

Como, prima! A Sra. já tem excelência?

JÚLIA

(*sorrindo*)

Aqui na corte todo o mundo tem, Ernesto. Não custa dinheiro.

ERNESTO

Entendo! Entendo! Mais esta singularidade para as minhas notas.

BRAGA

(*dentro do balcão à D. Mariana*)

Sim, minha Sra.; tenha a bondade de esperar um momento; já venho mostrar-lhe fazenda que há de agradar-lhe.

(*Júlia senta-se.*)

Cena XIII

ERNESTO, JÚLIA, D. MARIANA, *depois* BRAGA

JÚLIA

Diga-me, Ernesto, como tem achado o Rio de Janeiro?

ERNESTO

Quer que lhe confesse a verdade, Júlia?

JÚLIA

Decerto, primo; não há necessidade de encobrir. Já sei que não gostou?

ERNESTO

Ah! Se fosse só isso! (*D. Mariana desce*)

JÚLIA

O que é mais então?

ERNESTO

Sinto declarar; mas o seu Rio de Janeiro é um verdadeiro inferno!

D. MARIANA

Com efeito, Sr. Ernesto!

JÚLIA

Não diga isto, primo.

ERNESTO

Digo e repito; um verdadeiro inferno.

JÚLIA

Mas por quê?

ERNESTO

Eu lhe conto. Logo que cheguei, não vi, como já lhe disse, no aspecto geral da cidade, nada que me impressionasse. Muita casa, muita gente, muita lama; eis o que há de notável. Porém isto não é nada; de perto é mil vezes pior.

JÚLIA

E depois? Quando passeou?

ERNESTO

Quando passeei? Porventura passeia-se no Rio de Janeiro? O que chama a senhora passear? É andar um homem saltando na lama, como um passarinho, atropelado por uma infinidade de carros, e acotovelado por todo o mundo? É não ter um momento de sossego, e estar obrigado a resguardar os pés de uma carroça, o chapéu de um guarda-chuva, a camisa dos respingos de lama, e o ombro dos empurrões? Se é isto que a senhora chama passear, então sim, admite que se passeie no Rio de Janeiro; mas é preciso confessar que não são muito agradáveis esses passeios.

JÚLIA

Já vejo que o primo não gosta da sociedade; é mais amigo da solidão.

D. MARIANA
(*no balcão vendo fazendas*)
Pois em um moço admira.

ERNESTO

Perdão, Júlia; gosto da sociedade; com ser estudante de São Paulo, não desejo passar por um roceiro. Mas quero estar na sociedade à minha vontade e não à vontade dos outros; quero divertir-me, olhar, observar; e não ser obrigado a responder a um sujeito que me pede fogo, a outro que me pergunta o que há de novo, e a outro que deseja saber quantas horas são.

JÚLIA

E a Rua do Ouvidor? Que me diz? Não achou bonita? À noite sobretudo?

ERNESTO

Oh! não me fale na tal Rua do Ouvidor! Se o Rio de Janeiro é o inferno, a Rua do Ouvidor é o purgatório de um pobre estudante de São Paulo que vem passar as férias na corte.

JÚLIA

Não o compreendo, primo; é inteiramente o contrário do que me dizem todos.

D. MARIANA

(*sempre no balcão*)
Decerto; não há quem não fique encantado!

ERNESTO

Pode ser, D. Mariana, não contesto; os gostos são diferentes, mas eu lhe digo os encantos que achei na Rua do Ouvidor. Apenas dei o primeiro passo, saltou-me um sujeito gritando a goelas despregadas: "Fósfo-

ros! Fósforos inalteráveis e superiores! A vintém!"
Para me ver livre do tal menino tive que trocar uma
nota e comprar um embrulho de caixas de fósforos.

JÚLIA
(*rindo*)
Mas para que comprou?

D. MARIANA
Não tinha necessidade...

ERNESTO
Queriam que andasse com aquele pajem de
nova espécie a aturdir-me os ouvidos?... Porém não
fica nisto; apenas vejo-me livre de um, eis-me com
outro: "Vigésimos, quartos, bilhetes, meios e inteiros!
Sorte grande!" Lá se foram dez mil-réis.

JÚLIA
Ainda? Foi também para se ver livre?

ERNESTO
E porque estavam muitas pessoas que olhavam
para mim, e não queria que me tomassem por um
pobretão.

JÚLIA
Que idéia! Todos eles estão acostumados a isso,
e não fazem caso.

ERNESTO
Ainda não acabei. Daí a pouco um benefício do
ator tal, uma subscrição para isto, um cartão de baile

das sociedades de beneficência de todas as nações do mundo. Enfim encontro um amigo que não me via há três anos, e o primeiro cumprimento que me dirigiu foi empurrar-me este bilhete e ainda em cima um volume de poesias que já paguei, mas que ainda não está impresso.

JÚLIA

(sorrindo)

Abusam de sua boa-fé, meu primo. É natural; ainda não conhece os nossos costumes; mas no meio de tudo isso, não vejo razão para desgostar-se tanto do Rio de Janeiro.

ERNESTO

Pois eu vejo. Que quer dizer sair um homem de casa para divertir-se, e voltar com as algibeiras cheias (tirando) de caixas de fósforos, de programas de espetáculos, de bilhetes de todas as qualidades, e de todas as cores, menos do tesouro; e além de tudo com a carteira vazia? Não, a Sra. pode achar muito boa a sua terra, mas eu não estou disposto a aturá-la por mais tempo.

JÚLIA

Que diz, primo?

ERNESTO

Vou-me embora; amanhã sai o vapor Josefina e eu aproveito.

JÚLIA

Deveras, Ernesto? Não é possível!

D. Mariana

Não vê que está brincando?

Ernesto

Palavra de honra! Tenho pressa de dizer adeus a esta terra dos fósforos, das loterias, e dos benefícios... Oh! dos benefícios sobretudo!...

Júlia

Escute, meu primo. Admito que essas primeiras impressões influam no seu espírito; que o Rio de Janeiro tenha realmente estes inconvenientes; mas vá passar um dia conosco nas Laranjeiras, e eu lhe mostrarei que em compensação há muitas belezas, muitos divertimentos que só na corte se podem gozar.

Ernesto

Quais são eles? Os passeios dos arrabaldes? – Um banho de poeira e de suor. Os bailes? – Um suplício para os calos e um divertimento só para as modistas e os confeiteiros. O teatro lírico? – Uma excelente coleção de medalhas digna do museu. As moças?... Neste ponto bem vê que não posso ser franco, prima.

Júlia

Fale; não me importa. Tenho até curiosidade em saber o que pensa das moças do Rio. Fale!

Ernesto

Pois bem; já que manda, dir-lhe-ei que isto de moça é espécie desconhecida aqui na corte.

Júlia

Como? Não sei o que quer dizer.

ERNESTO

Quero dizer que não há moças no Rio de Janeiro.

JÚLIA

E eu o que sou?

ERNESTO

Pior é esta! Não falo dos presentes.

JÚLIA

Bem; mas explique-se.

ERNESTO

No Rio de Janeiro, prima, há balões, crinolinas, chapéus à pastora, bonecas cheias de arames, tudo o que a Sra. quiser; porém, moças, não; não posso admitir. Ignoro que haja no mundo uma degeneração da raça humana que tenha a cabeça mais larga do que os ombros; que carregue uma concha enorme como certos caramujos; que apresente enfim a forma de um *cinco*.

JÚLIA

De um cinco? Que esquisitice é esta?

ERNESTO

É a verdade. Olhe uma moça de perfil, a verá um cinco perfeito. O corpo é a haste fina, o balão é a volta, e o chapéu arrebitado é o corte. (*apontando para o espelho fronteiro*) Olhe! Lá está um.

JÚLIA

(*voltando-se*)

Aonde?

ERNESTO

(*rindo-se*)

Ah! Perdão, prima, era a Sra.

JÚLIA

Obrigada pelo cumprimento! (*senta-se*)

ERNESTO

Ficou zangada comigo, Júlia?

JÚLIA

Não; zangada, por quê?

ERNESTO

Cuidei. (*uma pausa*)

JÚLIA

À vista disto o primo não viu no Rio de Janeiro nada que lhe agradasse?

ERNESTO

Nada absolutamente, não; vi alguma coisa, mas...

JÚLIA

Mas... Acabe!

ERNESTO

O que me agrada é justamente o que não me persegue, o que me foge mesmo.

JÚLIA

Diga o que é?

ERNESTO

Não posso… Não devo…

JÚLIA

Ora quer fazer mistério.

ERNESTO

Pois bem; vai por sua conta; depois não se zangue. D. Mariana, faça que não ouve. São seus olhos, Júlia!

D. MARIANA

Hem!…

JÚLIA

(*corando*)

Ah! Ernesto! Quer zombar de mim?

ERNESTO

Olhe que eu não sou cá do Rio de Janeiro.

JÚLIA

Não importa; mas é estudante.

ERNESTO

Boa maneira de lembrar-me a minha humilde posição.

JÚLIA

Primo, não interprete mal as minhas palavras.

ERNESTO

Oh! Não pense que desconfio, não! Sei que um estudante é um animal que não tem classificação social;

pode ser tudo, mas ainda não é nada. É uma letra de câmbio que deve ser descontada pelo futuro, grande capitalista de sonhos e de esperanças. Ora as moças têm medo do futuro, que para elas quer dizer o cabelo branco, a ruga, o carmim, o pó-de-arroz, *et cœtera.*

JÚLIA

Isto são as moças vaidosas que só vivem de frivolidades, e eu creio, meu primo, que o Sr. não deve fazer esta idéia de mim; ao contrário...

BRAGA
(*adianta-se entre os dois*)
Minha Sra., os cortes de vestidos estão às ordens de V. Exa.

ERNESTO
(*consigo*)
Maldito caixeiro!

JÚLIA
Já vou.

ERNESTO
Adeus, Júlia, lembranças a meu tio, D. Mariana...

JÚLIA
Venha cá, Ernesto, espere por papai.

ERNESTO
Não posso; adeus. (*sai*)

Cena XIV

JÚLIA *e* D. MARIANA

JÚLIA

Não sei por que me interessa esse caráter original. Tenho-lhe amizade já, e apenas o vi há oito dias, e com esta a segunda vez.

D. MARIANA

Ouviu o que ele disse?… Seus olhos…

JÚLIA

Qual, D. Mariana, não creia. Cumprimentos de moço… Parte amanhã!…

D. MARIANA

Isto diz ele.

JÚLIA

Ora, deixe-me escolher os vestidos. Vamos!… (*entram no interior da loja*)

Cena XV

FILIPE *e* D. LUÍSA

D. LUÍSA

O Sr. tenha a bondade de ler este papel.

FILIPE

Vejamos. (*lê*) A Sra. é viúva então?

D. Luísa

É verdade; perdi meu marido; estou na maior desgraça; nove filhinhos dos quais o maior não tem cinco anos.

Filipe

Nesse caso nasceram de três meses como os cordeiros. Nove filhos em cinco anos!

D. Luísa

São gêmeos, Sr.

Filipe

Ah! tem razão! Foi uma ninhadazinha de pintos.

D. Luísa

O Sr. está zombando de mim? Se não fosse a dor de ver os pobrezinhos nus, chorando de fome, coitadinhos, não me animaria a recorrer à esmola das pessoas caridosas.

Filipe

Fique certa que elas não deixarão de ampará-la nessa desgraça.

D. Luísa

E o Sr.... pouco mesmo...

Filipe

Eu, minha Sra., não posso ser insensível ao seu infortúnio; a Sra. está justamente no caso de ser feliz. Não há desgraça que sempre dure. Só a sorte grande a pode salvar.

D. Luísa

Que diz, senhor?

Filipe

(*tirando os bilhetes*)

Um meio, um quarto, um vigésimo! Não perca esta ocasião; não rejeite a fortuna que a procura.

D. Luísa

Ora, senhor! Não se ria da desgraça do próximo.

Filipe

Eu rir-me da desgraça dos outros! Eu que vivo dela!

D. Luísa

Estou quase aproveitando os cinco mil-réis de há pouco.

Filipe

Vamos, resolva-se.

D. Luísa

Está bom! Sempre compro um quarto.

Filipe

Antes um meio.

D. Luísa

Não quero; há de ser um quarto.

Filipe

Aqui tem. (*a meia-voz*) E pede esmolas!...

*(Entra uma menina de realejo que pede a gorjeta
com um pandeiro.)*

D. Luísa

Sai-te, vadia! A polícia não olha para estas coisas.

Filipe

É verdade; não sei para que servem as autoridades.

D. Luísa

Deixam as pessoas honestas serem perseguidas
por esta súcia de mendigos…

Filipe

Que não têm profissão.

*(Saem à direita; Júlia, D. Mariana e Braga entram
do interior da loja.)*

Cena XVI

Júlia, D. Mariana *e* Braga
(Braga traz uma caixa de corte de vestido)

D. Mariana

São muito bonitos os vestidos; você soube-os escolher, Júlia.

Braga

A senhora tem muito bom gosto.

Júlia

Mande deixar isto no meu carro.

BRAGA

Vou eu mesmo. (*sai pelo fundo*)

Cena XVII

ERNESTO, JÚLIA *e* D. MARIANA

ERNESTO

(*entrando à direita todo enlameado*)
Bonito!... Estou fresco.

D. MARIANA
(*rindo*)

Ah! ah! ah!

JÚLIA

O que é isto, Ernesto?

ERNESTO

O que vê, prima. A sua Rua do Ouvidor pôs-me neste estado miserável! Uma maldita carroça! Estúpidos que não olham para quem passa!

JÚLIA
(*sorrindo*)

Foi uma vingança, primo; o senhor acabava de dizer mal do Rio de Janeiro.

ERNESTO

E não tinha razão? Uma cidade de lama! Felizmente já mandei tomar a minha passagem. (*entra Teixeira*)

JÚLIA

Como! Sempre vai amanhã?

ERNESTO

Que dúvida! E até por segurança embarco hoje mesmo.

Cena XVIII

Os mesmos e TEIXEIRA

TEIXEIRA

Que é isto! Fâlas em embarcar. Para onde vais?

ERNESTO

Volto para São Paulo, meu tio.

JÚLIA

Veio-lhe agora esta idéia! Diz que não gosta da corte, que é uma terra insuportável...

D. MARIANA

Um inferno!

TEIXEIRA

Caprichos de rapaz! Não há cidade como o Rio de Janeiro. É verdade que já não é o que foi. Bom tempo, o tempo das trovoadas. Que diz, D. Mariana?

D. MARIANA

Tem razão, Sr. Teixeira.

ERNESTO

Faço idéia! Se sem as tais trovoadas estou neste estado!

TEIXEIRA

Não sabes o que dizes. As trovoadas é que nos preservam da febre amarela, do cólera e de todas essas moléstias que nos perseguem agora.

ERNESTO

Não quero contrariá-lo, meu tio; a sua corte é bela, é magnífica, com ou sem trovoadas. Mas eu por causa das dúvidas vou admirá-la de longe.

JÚLIA

Já tomou passagem, papai; vai amanhã.

TEIXEIRA

(*a Ernesto*)

Pois não! Julgas que consinto nessa loucura! Em falta de meu irmão, teu pai, eu faço as suas vezes. Proíbo-te expressamente...

ERNESTO

Meu tio, é impossível, moralmente impossível...

TEIXEIRA

Tá, tá, tá! Não me entendo com os teus palavrões de Academia. Eu cá sou homem de pão, pão, queijo, queijo: disse que não irás e está dito.

JÚLIA

Muito bem, papai. (*a Ernesto*) Não tem remédio senão ficar.

D. MARIANA

E não se há de arrepender.

ERNESTO

Meu tio, previno-lhe que se me obriga a ficar nesta terra, suicido-me.

JÚLIA

Ah! Ernesto!

D. MARIANA

Que rapaz cabeçudo!

TEIXEIRA

Fumaças! Não façam caso.

ERNESTO

Ou me suicido, ou mato o primeiro maçante que vier importunar-me.

TEIXEIRA

Lá isto é negócio entre ti e a polícia. (*tira o relógio*) Quase três horas! Vamos D. Mariana, Júlia... Ande, Sr. recalcitrante, há de jantar hoje conosco.

JÚLIA

(*a Ernesto*)

Bravo! Estou contente, vou vingar-me.

ERNESTO

(*enquanto os outros se dirigem à porta*)

Três meses nesta terra! Meus três meses de férias do quinto ano, que eu contava fossem três dias de prazer! Vão ser três séculos de aborrecimento.

46

JÚLIA
(*da porta*)
Ernesto, venha.

ERNESTO
Lá vou, prima! (*vai sair e encontra Custódio que entra*)

Cena XIX

ERNESTO *e* CUSTÓDIO

CUSTÓDIO
(*cumprimentando*)
Como tem passado? Que há de novo?

ERNESTO
(*ao ouvido*)
Que não estou disposto a aturá-lo. (*sai*)

(*Custódio fica pasmo no meio da cena; cai o pano.*)

ATO SEGUNDO

(*Uma sala elegante em casa de Teixeira nas La-ranjeiras, abrindo sobre um jardim.*)

Cena I

JÚLIA *e* D. MARIANA
(*D. Mariana lê os jornais junto à mesa*)

JÚLIA
(*entrando*)
Ernesto ainda não acordou?

D. MARIANA
Creio que não.

JÚLIA
Que preguiçoso! Nem por ser o último dia que tem de passar conosco. Às onze horas deve embarcar. (*olhando a pêndula*) Ah! meu Deus já são nove!

Vou acordá-lo!... Sim; ele disse-me ontem que era um dos seus maiores prazeres acordar ao som do meu piano, quando eu estudava minha lição.

D. Mariana

Não tem mau gosto.

Júlia

Obrigada!... Mas qual é a música de que ele é mais apaixonado? Ah! a ária da *Sonâmbula*! (*abre o piano e toca*)

Cena II

Os mesmos e Ernesto

Ernesto

(*aparecendo à direita*)

Sinto não ser poeta, minha prima, para responder dignamente a um tão amável *bom-dia*. Como passou, D. Mariana?

D. Mariana

Bem; e o Sr.?

Júlia

(*levantando-se*)

Ah! já estava acordado! (*apertam as mãos*)

Ernesto

Há muito tempo; aproveitei a manhã para fazer uma porção de despedidas que me faltavam. Não se lembra que hoje é sábado?

JÚLIA

(*entristecendo*)

É verdade; daqui a pouco…

ERNESTO

Quis ficar livre para gozar dessas duas últimas horas que devemos passar juntos. Fui a Botafogo, a S. Clemente, e ainda voltei à cidade.

JÚLIA

Tudo esta manhã?

ERNESTO

Sim; admira-se? Oh! no Rio de Janeiro pode-se fazer isto. Com essa infinidade de carros sempre às ordens!…

JÚLIA

(*sorrindo*)

E que atropelam a gente que anda nas ruas.

ERNESTO

Aqueles que andam a pé; mas os que vão dentro, vão depressa e comodamente.

D. MARIANA

(*erguendo-se*)

Estimo muito ouvir isto do Sr. (*Júlia faz à D. Mariana sinal de silêncio.*)

ERNESTO

Por quê, D. Mariana?

JÚLIA

(*a Ernesto*)

Até logo; agora não tem mais despedidas a fazer.

ERNESTO

Por isso mesmo não deve deixar-me.

JÚLIA

Vou dar algumas ordens; volto já. Uma dona de casa tem obrigações a cumprir, sobretudo quando deve fazer as últimas honras a um hóspede que vai deixá-la. Não me demoro.

ERNESTO

Olhe lá!...

JÚLIA

(*sorrindo*)

Um minuto! (*sai*)

Cena III

ERNESTO *e* D. MARIANA

ERNESTO

Que graça e elegância ela tem nos seus menores movimentos; e ao mesmo tempo que simplicidade!... Oh! não há como as moças do Rio de Janeiro para fazerem de um nada, de uma palavra, de um gesto, um encanto poderoso! Seu espírito anima tudo; onde elas se acham tudo brinca, tudo sorri, porque a sua alma se comunica a todos os objetos que as cercam.

D. Mariana

Que entusiasmo!

Ernesto

E não é justo, D. Mariana?

D. Mariana

Certamente! (*uma pausa*)

Ernesto

Como passaram rápidos estes três meses! Parece-ram-me um sonho!

D. Mariana

Sim?

Ernesto

Oh! tenho-os impressos na memória hora por hora, instante por instante. De manhã os sons prazenteiros do piano de Júlia acordavam-me no fim de um sono tranqüilo. Daí a um instante uma xícara de excelente chocolate confortava-me o estômago, condição essencial para a poesia.

D. Mariana

Ah! Não sabia...

Ernesto

Pois fique sabendo, D. Mariana. Esses poetas que se alimentam de folhas de rosas, têm a imaginação pobre e raquítica. Pouco depois dava um passeio com Júlia pelo jardim, apanhávamos juntos flores para os vasos, eu escolhia a mais linda para os seus cabelos, e assim passávamos o tempo até a hora do almoço, em que meu tio ia para a cidade tratar dos seus negócios na Praça... Bela instituição esta da Praça do Comércio! Foi criada expressamente para que os pais e maridos deixassem as suas filhas e mulheres livres, sob pretexto de tratar dos negócios. A princípio aborreceu-me...

D. MARIANA

E agora?

ERNESTO

Agora compreendo as suas imensas vantagens.

D. MARIANA

Ora, Sr. Ernesto, já vê que as velhas do Rio de Janeiro têm sempre algum préstimo.

ERNESTO

Que quer dizer, D. Mariana?

D. MARIANA

Quero dizer que uma parenta velha que acompanha uma prima bonita serve não só para fazer-lhe companhia, como para receber as confidências de um primo apaixonado.

ERNESTO

(*rindo*)

Ora!... Não tem razão!

D. MARIANA

Não se ria; é sério! (*sobe*) Aí vem um moço que eu não conheço.

ERNESTO
(*olhando*)
Ah! Henrique!

D. MARIANA
É seu amigo? Deixo-lhe com ele. (*sai*)

Cena IV

ERNESTO *e* HENRIQUE

HENRIQUE
(*entrando*)
Aqui me tens às tuas ordens. Como passas?

ERNESTO
Bem, meu amigo; peço-te desculpa do incômodo que te dei.

HENRIQUE
(*com volubilidade*)
Qual incômodo! Recebi o teu bilhete, dizias que precisavas de mim; fiz o que farias. Vejamos; de que se trata?

ERNESTO
Desejava pedir-te um obséquio; mas tenho acanhamento; temo abusar da tua amizade.

HENRIQUE
Escuta, Ernesto. Nós aqui no Rio de Janeiro costumamos ser francos; quando um amigo precisa de

outro, pede; se ele pode, satisfaz; se não, diz abertamente: e nem por isso deixam de estimar-se da mesma maneira.

Ernesto

Tu me animas; vou dizer-te tudo.

Henrique

É o meio de nos entendermos. (*sentam-se*)

Ernesto

Sabes que ainda sou estudante, e por conseguinte não tenho grande abundância de dinheiro; vindo passar aqui as férias, julguei que a mesada que o meu pai me dava chegasse para as minhas despesas. Mas na corte são tantos os prazeres e divertimentos, que quanto se tenha, gasta-se; e gasta-se mesmo mais do que se tem. Foi o que me sucedeu.

Henrique

Fizeste algumas dívidas? Não é isso?

Ernesto

Justamente: procedi mal. Mas que queres? Encontrei no Rio de Janeiro uma coisa que eu não conhecia senão de nome – o crédito; hoje que experimentei os seus efeitos não posso deixar de confessar que é uma instituição maravilhosa.

Henrique

Vale mais do que dinheiro!

ERNESTO

Decerto; é a ele que devo ter comprado o que precisava, sem mesmo passar pelo incômodo de pagar. Mas agora vou retirar-me para São Paulo, e não desejava que viessem incomodar meu tio, além de que seria desairoso para mim partir sem ter saldado essas contas.

HENRIQUE

Tens razão; um homem honesto pode demorar por necessidade o pagamento de uma dívida; mas não deve fugir de seu credor.

ERNESTO

Quis a princípio falar a meu tio, mas tive vergonha de tocar nisso; resolvi-me recorrer a ti.

HENRIQUE

Em quanto importam essas dívidas?

ERNESTO

Não chegam a cem mil-réis.

HENRIQUE

Ora! uma bagatela. (*abre a carteira*) Aqui tens.

ERNESTO

Obrigado, Henrique, não fazes idéia do serviço que me prestas! Vou passar-te um recibo ou um vale…

HENRIQUE

Que lembrança, Ernesto! Não sou negociante; tiro-te de um pequeno embaraço; quando puderes me pagarás. Não há necessidade de papel e tinta em negócios de amizade.

ERNESTO

A tua confiança ainda mais me penhora. Entretanto mesmo para tranqüilidade minha desejava…

HENRIQUE

Não falemos mais nisso. Quando embarcas?

ERNESTO

Hoje; daqui a duas horas.

HENRIQUE

Pois se não nos virmos mais, conta que aqui tens um amigo.

ERNESTO

Eu te escreverei.

HENRIQUE

Se é por simples atenção, não tomes esse incômodo; escreve-me quando precisares de qualquer coisa.

ERNESTO

Ora, graças a ti, estou livre de uma grande inquietação!… Mas quero confessar-te uma injustiça que cometi para contigo, e de que me acuso.

HENRIQUE

Como assim?

ERNESTO

Quando vi os moços aqui da corte, com seu ar de pouco caso, julguei que não passavam de espíritos levianos! Hoje reconheço que sob essa aparência frívola, há merecimento real e muita nobreza de caráter. Tu és um exemplo. A princípio, desculpa, mas tomei-te por um sujeito que especulava sobre a amizade para a emissão de bilhetes de benefício e de poesias inéditas!

HENRIQUE
(*rindo-se*)
E mais é que às vezes assim é necessário! Não podemos recusar certos pedidos!…

Cena V

Os mesmos e CUSTÓDIO

CUSTÓDIO
(*na porta*)
Muito bons dias tenham todos nesta casa.

ERNESTO
(*a Henrique*)
Oh! Aí vem o nosso compadre com o seu eterno *que há de novo.* (*a Custódio*) Bom dia, Sr. Custódio, como vai?

CUSTÓDIO
Bem, obrigado! Vai-se arrastando a vida enquanto Deus é servido. (*aperta-lhe a mão*) Que há de novo?

ERNESTO

Tudo é velho; ali estão os jornais, mas não trazem coisas de importância.

CUSTÓDIO

Conforme o costume. (*voltando a Henrique*) Tem passado bem? Que há...

HENRIQUE

Nada, Sr. Custódio, nada absolutamente.

(*Custódio vai sentar-se à mesa e lê os jornais.*)

ERNESTO

(*a Henrique*)

Nas províncias não se encontra essa casta de bípedes implumes, que vivem absorvidos com a política, esperando antes de morrer ver realizada uma espécie de governo que sonharam e que se parece com a república de Platão!... Eis o verdadeiro tipo da raça desses fósseis da Independência e do Sete de Abril. Cinqüenta anos de idade, empregado aposentado, bengala, caixa de rapé e gravata branca. Não tem outra ocupação mais do que ler os jornais, perguntar o que há de novo e queixar-se da imoralidade da época.

HENRIQUE

(*rindo*)

Serviam outrora para parceiro de gamão nas boticas.

CUSTÓDIO

(*lendo*)

Oh! Cá temos um artiguinho da oposição!... Começa! Já era tempo! Com este ministério não sei onde iremos parar.

ERNESTO

(*a Henrique*)

Agora ei-lo ferrado com o tal artigo! Bom homem! Quando eu queria conversar com Júlia, nós o chamávamos sempre. Assim éramos três, e ao mesmo tempo estávamos sós; porque, agarrando-se a um jornal, não ouve, fica cego. Podia apertar a mão de minha prima que ele não percebia!

HENRIQUE

Esta habilidade não sabia que eles tinham.

ERNESTO

Pois recomendo-te!

HENRIQUE

Fica ao meu cuidado. Adeus; dá cá um abraço; até a volta.

ERNESTO

(*abraça*)

Adeus, Henrique; lembra-te dos amigos. (*quer segui-lo*)

HENRIQUE

Não te incomodes. (*sai*)

Cena VI

ERNESTO, CUSTÓDIO, TEIXEIRA e JÚLIA

CUSTÓDIO
(*erguendo-se com o jornal na mão*)
Isto é desaforo!... Como é que um governo se anima a praticar semelhantes coisas na capital do império?

(*Teixeira e Júlia têm entrado enquanto fala Custódio.*)

TEIXEIRA
Que é isto, compadre! Por que está tão zangado? (*a Ernesto*) Ernesto, como passaste a noite?

ERNESTO
Bem, meu tio.

CUSTÓDIO
(*mostrando o jornal*)
Pois não leu? Criou-se uma nova repartição! Um bom modo de arranjar os afilhados! No meu tempo havia menos empregados e trabalhava-se mais. O Real Erário tinha dezessete, e fazia-se o serviço perfeitamente!

(*Júlia senta-se na conversadeira.*)

TEIXEIRA
Que quer, compadre? É o progresso.

CUSTÓDIO

O progresso da imoralidade.

(*Teixeira toma um jornal sobre a mesa; Custódio continua a ler; Ernesto aproxima-se de Júlia.*)

ERNESTO

Um minuto!... Foi um minuto com privilégio de hora!

JÚLIA

(*sorrindo*)

Acha que me demorei muito?

ERNESTO

Inda pergunta! E agora aí está meu tio, não teremos um momento de liberdade!

JÚLIA

Sente-se! Podemos conversar.

ERNESTO

(*sentando-se*)

Preferia que conversássemos sem testemunhas!

JÚLIA

Tenha paciência, não é culpa minha.

ERNESTO

E de quem é, Júlia? Se não se demorasse! (*entra Augusto*)

Cena VII

Os mesmos e AUGUSTO

AUGUSTO
(*entrando*)
Com licença!

TEIXEIRA
Oh! Sr. Augusto!

AUGUSTO
(*a Júlia*)
Minha senhora! (*a Ernesto e Custódio*) Meus Srs.!
(*a Teixeira*) Como passou de ontem, Sr. Teixeira?
Peço desculpa da hora imprópria... (*Ernesto levanta-se e passa ao outro lado*)

TEIXEIRA
Não tem de quê. Estou sempre às suas ordens.

AUGUSTO
Como me disse que talvez não fosse hoje à cidade...

TEIXEIRA
Sim; por causa de meu sobrinho que embarca às onze horas.

AUGUSTO
Assentei de passar por aqui, para saber o que decide sobre aquelas cem ações. Talvez hoje tenham subido, mas em todo o caso, não é bom fiar. Se quer

o meu conselho – Estrada de Ferro – Estrada de Ferro – e largue o mais. Rua do Cano, nem de graça! Seguros estão em completa oscilação.

TEIXEIRA

O Sr. pode demorar-se cinco minutos?

AUGUSTO

Como? Mais que o Sr. queira; apesar de que são quase dez horas, e às onze devo fechar uma transação importante. Mas temos tempo...

TEIXEIRA

Pois então faça favor; passemos ao meu gabinete; quero incumbir-lhe de uns dois negócios que podem ser lucrativos.

AUGUSTO

Vamos a isso! (*cumprimentando*) Minha Sra.! Meus Srs.! (*a Teixeira, dirigindo-se ao gabinete*) E sobre estradas de ferro? (*saem, Ernesto aproxima-se de Júlia*)

Cena VIII

ERNESTO, CUSTÓDIO *e* JÚLIA

CUSTÓDIO

Estrada de ferro! Outra mania! No meu tempo viajava-se perfeitamente daqui para Minas, e as estradas eram de terra. Agora querem de ferro! Naturalmente para estragar os cascos dos animais.

ERNESTO

Tem razão, Sr. Custódio, tem toda a razão!

JÚLIA

(*a meia-voz*)

Vá, vá excitá-lo, depois não se queixe, quando armar uma das suas questões intermináveis.

ERNESTO

É verdade! Mas fiquei tão contente, quando meu tio saiu, que não me lembrei que estávamos sós. (*senta-se*) Diga-me uma coisa, prima; que profissão tem este Sr. Augusto?

JÚLIA

É um zangão!

ERNESTO

Estou na mesma. Que emprego é esse?

JÚLIA

(*sorrindo*)

Eu lhe explico. Quando passeávamos pelo jardim, não se lembra que às vezes parávamos diante dos cortiços de vidro que meu pai mandou preparar, e escondidos entre as folhas levávamos horas e horas a ver as abelhas fabricarem os seus favos?

ERNESTO

Lembro-me; e por sinal que uma tarde uma abelha fez para mim um favo de mel mais doce do que o seu mel de flores. Tomou a sua face por uma rosa, quis mordê-la; a Sra. fugiu com o rosto, mas eu que nunca volto a cara ao perigo, não fugi... com os lábios.

JÚLIA

(*confusa*)

Está bom, primo! Ninguém perguntou-lhe por esta história! Se quer que lhe acabe de contar, cale a boca.

ERNESTO

Estou mudo como um governista. Vamos ao zangão!

JÚLIA

Enquanto estávamos embebidos a olhar aquele trabalho delicado, víamos um besouro parecido com uma abelha, que entrava disfarçado no cortiço; e em vez de trabalhar, chupava o mel já fabricado. Não via?

ERNESTO

O que eu me recordo ter visto perfeitamente eram dois olhozinhos travessos…

JÚLIA

(*batendo o pé*)

Via sim; eu lhe mostrei muitas vezes.

ERNESTO

Está bom! Já que descia, confesso que via; via com seus olhos!

JÚLIA

Pois suponha que a Praça do Comércio é uma colméia: e que o dinheiro é um favo de mel. Este sujeito que saiu daqui é o besouro disfarçado, o zangão. Os corretores arranjam as transações, dispõem os negócios; vem o zangão e atravessa os lucros.

ERNESTO

Compreendo agora o que é o zangão; é uma excelente profissão para quem não tem nada que fazer, e demais bastante útil para a sociedade.

JÚLIA

Útil em quê?

ERNESTO

Oh! Se não fosse ele, ficaríamos sós? Se não fosse ele, meu tio estaria ainda aqui, querendo por força provar-me que a desgraça dos fluminenses provém de não haver mais trovoadas! Querendo convencer-me que as maravilhas do Rio de Janeiro são a laranja seleta, o badejete, a farinha de Suruí e a água da Carioca! Sim! É uma profissão muito útil! Aconselharei a todos os meus amigos que desejarem seguir o comércio, se façam zangãos da praça!...

JÚLIA

Então é nisso que está a grande utilidade...

ERNESTO

Mas seriamente, prima; essa profissão fácil e lucrativa é uma carreira aberta à mocidade, que pretenda seguir a vida comercial.

CUSTÓDIO

Vou até a cidade! Já passaria o ônibus das dez?

JÚLIA

Não sei, Sr. Custódio; mas o senhor não almoça conosco?

CUSTÓDIO

(*erguendo-se*)

Almoçar a esta hora! Obrigado!... Sr. Ernesto, boa viagem!

ERNESTO

(*apertando-lhe a mão*)

Adeus, Sr. Custódio.

CUSTÓDIO

Dê-nos notícias suas. Sem mais... D. Júlia! (*sai*)

Cena IX

ERNESTO *e* JÚLIA

(*Ernesto vem sentar-se na conversadeira junto de Júlia; ambos estão confusos*)

JÚLIA

(*erguendo a cabeça*)

Então, meu primo, ainda não me disse se leva saudades do Rio de Janeiro?

ERNESTO

É preciso que lhe diga, Júlia!

JÚLIA

Naturalmente não sente deixar a corte; não achou aqui atrativos que o prendessem; viu uma grande cidade, é verdade; muita gente, muita casa, muita lama.

ERNESTO

Sim, mas no meio desse vasto montão de edifícios, encontra-se aqui e ali um oásis magnífico, onde a vida é um sonho, um idílio; onde nada falta para a comodidade da existência e o gozo do espírito; onde apenas se forma um desejo, ele é logo satisfeito. Vi alguns desses paraísos terrestres, minha prima, e vivi três meses em um deles, aqui nas Laranjeiras, nesta casa…

JÚLIA

Não exagere, não é tanto assim; há algumas casas bonitas, com efeito, mas a cidade em si é insuportável; não se pode andar pelas ruas sem ver-se incomodado a cada momento pelas carroças, pelos empurrões dos que passam.

ERNESTO

Que tem isso? Essa mesma confusão tira a monotonia do passeio. Demais, quando se anda pela Rua do Ouvidor, como andamos tantas vezes, todos esses contratempos são prazeres. O susto de um carro faz com que a moça que nos dá o braço se recline sobre nós; um sujeito que impede a passagem dá um pretexto para que se pare e se torne o passeio mais longo.

JÚLIA

Ao menos não negará uma coisa; e é que temos uma verdadeira praga aqui no Rio de Janeiro.

ERNESTO

Qual, prima?… Não sei.

JÚLIA

Os benefícios.

ERNESTO

Não diga isso, Júlia. Que coisa mais bela, do que as pessoas que vivem na abastança protegerem divertindo-se aqueles que necessitam e são pobres! O prazer eleva-se à nobreza da virtude; o dinheiro que o rico esperdiça para satisfazer os seus caprichos, transforma-se em oferta generosa, mas nobremente disfarçada, que anima o talento do artista e alivia o sofrimento do enfermo; a caridade evangélica torna-se uma instituição social. Não; não tem razão, prima! Esses benefícios, que a Sra. censura, formam um dos mais belos títulos do Rio de Janeiro, o título de cidade generosa e hospitaleira.

JÚLIA

Não sei por quê, meu primo, o Sr. vê tudo, agora, de bons olhos. Por mim, confesso-lhe que, apesar de ser filha daqui, não acho na corte nada que me agrade. O meu sonho é viver no campo; a corte não tem seduções que me prendam.

ERNESTO

Ora, Júlia, pois realmente não há no Rio de Janeiro nada que lhe agrade?

JÚLIA

Nada absolutamente. Os passeios nos arrabaldes são um banho de poeira; os bailes, uma estufa; os teatros, uma sensaboria.

ERNESTO

Como se diz isto, meu Deus! Pode haver coisa mais linda do que um passeio ao Corcovado, donde se vê toda esta cidade que merece bem o nome que lhe deram de *princesa do vale*? Pode haver nada de mais encantador do que um baile no Clube? Que noites divertidas não se passa no Teatro Lírico, e mesmo no Ginásio, onde fomos tantas vezes?

JÚLIA

Fui por comprazer, e não por gostar. Acho tudo isto tão insípido! Mesmo as moças do Rio de Janeiro…

ERNESTO

Que têm?

JÚLIA

Não são moças. São umas bonecas de papelão, uma armação de arames.

ERNESTO

Mas é a moda, Júlia. Que remédio têm elas senão usar? Hão de fazer-se esquisitas? Demais, prima, quer que lhe diga uma coisa? Essas saias balões, cheias de vento, têm uma grande virtude.

JÚLIA

Qual é?

ERNESTO

Fazer com que um homem acredite mais na realidade e não se deixe levar tanto pelas aparências.

JÚLIA

Não o entendo; é charada.

ERNESTO

Ora! Está tão claro! Quando se dá a um pobre um vintém de esmola, ele recebe e agradece; mas, se lhe derem uma moeda que pareça ouro, desconfiará. Pois o mesmo me sucede com a moda. Quando vejo uma crinolina, digo com os meus botões – "é mulher ou pode ser". Quando vejo um balão, não tem dúvida: – "é saia, e saia unicamente!"

JÚLIA
(*rindo*)

Pelo que vejo, não há nada no Rio de Janeiro, ainda mesmo o que é ruim, que não tenha um encanto, uma utilidade para o senhor, meu primo? Na sua opinião é uma terra excelente.

ERNESTO

Diga um paraíso, um céu na terra! (*Júlia dá uma gargalhada*) De que ri-se, Júlia?

JÚLIA
(*rindo-se*)

Muito bem! Eis onde eu queria chegar. Há três meses no primeiro dia em que veio morar conosco, tivemos uma conversa perfeitamente igual a esta; com a diferença que então os papéis estavam trocados; o senhor achava que o Rio de Janeiro era um inferno.

ERNESTO

Não me fale desse tempo! Não me lembro dele! Estava cego!

JÚLIA

Bem; o que eu desejava era vingar a minha terra. Estou satisfeita: esqueço tudo o que houve entre nós.

ERNESTO

Como! Que diz, Júlia? Não, é impossível! Esses três meses que se passaram, esses três meses de felicidade, foi apenas uma vingança de sua parte?

JÚLIA

Apenas.

ERNESTO

(*despeitado*)

Oh! Obrigado, prima.

JÚLIA

Não tem de quê, meu primo; jogamos as mesmas armas; o senhor ganhou a primeira partida, eu tomei a minha desforra.

ERNESTO

Eu ganhei a primeira partida! De que maneira? Acreditando na senhora.

JÚLIA

Fazendo que eu chegasse a aborrecer o meu belo Rio de Janeiro, tão cheio de encantos; que achasse feio tudo quanto me agradava; que desprezasse os meus teatros, as minhas modas, os meus enfeites, tudo para…

ERNESTO

Para… Diga, diga, Júlia!

JÚLIA

Tudo para satisfazer um capricho do senhor; tudo por sua causa! (*foge*)

ERNESTO

Ah! perdão... A vingança foi doce ainda; mas agora vou sofrer uma mais cruel. Oito meses de saudade e ausência!

JÚLIA

Para quem tem uma memória tão fraca... Adeus! (*vai sair*) Adeus!

ERNESTO

Ainda uma acusação.

JÚLIA

E se fosse um receio! (*sai de repente*)

ERNESTO

(*seguindo-a*)

Júlia! Escute, prima! (*sai*)

Cena X

AUGUSTO *e* D. LUÍSA

AUGUSTO

(*na porta, a Teixeira*)

Sim, senhor; pode contar que hoje mesmo fica o negócio concluído! Vou hoje à praça. Quinze e quinhentos, o último. (*dirige-se à porta e encontra-se com D. Luísa que entra*)

D. Luísa

O senhor faz obséquio de ver este papel?

Augusto

Ações?... De que companhia? Estrada de ferro? Quantas? A como? Hoje baixaram. (*abre o papel*)

D. Luísa

Qualquer coisa me serve! Pouco mesmo! Oito filhinhos...

Augusto

Uma subscrição!... (*entregando*) Não tem cotação na praça.

D. Luísa

Uma pobre viúva...

Augusto

É firma que não se desconta. Com licença!

D. Luísa

Para fazer o enterro de meu marido! A empresa funerária...

Augusto

Não tenho ações desta empresa; creio mesmo que ainda não foi aprovada. Naturalmente alguma especulação... Passe bem! (*sai*)

Cena XI

D. Luísa *e* Teixeira

TEIXEIRA

(*atravessando a sala*)

Hoje não nos querem dar almoço.

D. LUÍSA

Sr. Teixeira!

TEIXEIRA

(*voltando-se*)

Viva, senhora.

D. LUÍSA

Vinha ver se me podia dar alguma coisa!

TEIXEIRA

Já? Pois acabou-se o dinheiro que lhe dei?

D. LUÍSA

O pecurrucho faz muita despesa! É verdade que o Sr. não tem obrigação de carregar com elas! Mas seu amigo, o pai da criança não se importa…

TEIXEIRA

Quem lhe diz que não se importa? Tem família, deve respeitar as leis da sociedade; demais, sabe que eu tomei isto a mim.

D. LUÍSA

Sim, senhor.

TEIXEIRA

Espere; vou dar-lhe dinheiro.

Cena XII

ERNESTO *e* D. LUÍSA

ERNESTO

(*entra sem ver D. Luísa*)

Oito meses sem vê-la!

D. LUÍSA

V. Sa. ainda não leu este papel.

ERNESTO

(*voltando-se*)

Já vi a senhora... Sim e por sinal que... Pode guardar o seu papel; sei o que ele contém; uma história de oito filhinhos.

D. LUÍSA

Nus os pobrezinhos, sem ter o que comer.

ERNESTO

Não me logra segunda vez.

D. LUÍSA

Mas V. Sa. talvez precise de uma pessoa...

ERNESTO

Onde mora a senhora?

D. LUÍSA

Rua da Guarda Velha, nº 175; se o senhor deseja alguma comissão, algum recado... estou pronta.

ERNESTO

Diga-me; se eu lhe mandasse de São Paulo por todos os vapores uma carta para entregar a uma moça, dentro de uma sua, a senhora entregava?

D. LUÍSA

Ora, na carreira; contanto que a carta de dentro viesse com o porte pago.

ERNESTO

Há de vir; um bilhete de 5$000.

D. LUÍSA

Serve; pode mandar.

ERNESTO

Pois então está dito; deixe-me tomar a sua morada.

D. LUÍSA

Não precisa; leve esse papel.

ERNESTO

E a senhora fica sem ele?

D. LUÍSA

Tenho outro. (*tira do bolso rindo*) Essa história de viúva já está muito velha, agora sou mulher de um entrevado.

ERNESTO

Que mulher impagável! Isto só se encontra aqui no Rio de Janeiro. Oh! agora! Posso escrever-lhe a Júlia.

(*Entra Júlia.*)

Cena XIII

Os mesmos e JÚLIA, *depois* TEIXEIRA

ERNESTO
(a Júlia)
Sabe? Estou alegre.

JÚLIA
Por quê?

ERNESTO
Achei uma maneira de escrever-lhe de São Paulo
sem que meu tio saiba.

JÚLIA
Oh! não, meu primo! Não posso receber!...

ERNESTO
Mas então quer que passemos oito meses sem
ao menos trocar uma palavra.

JÚLIA
Se houvesse outro meio...

ERNESTO
Que melhor do que uma carta inocente?...

JÚLIA
Sem consentimento de meu pai?... Não!

ERNESTO
Então eu falo a meu tio logo de uma vez, e está
acabado. Quer?

JÚLIA

Não sei. Faça o que entender.

ERNESTO

Espere! Mas não sei como hei de dizer-lhe isto.

(*Entra Teixeira e dá dinheiro a Luísa.*)

TEIXEIRA

Aqui tem; creio que isto é suficiente para um mês; portanto não me apareça antes.

D. LUÍSA

Sim senhor, obrigada. (*a Júlia*) Minha senhora! (*baixo, a Ernesto, cumprimentando*) O dito, dito.

ERNESTO

Sim. (*sai Luísa*)

Cena XIV

TEIXEIRA, ERNESTO *e* JÚLIA

JÚLIA

Não sei, papai, por que ainda dá dinheiro a esta velha. É uma vadia!

TEIXEIRA

Uma pobre mulher! Para que Deus deu aos abastados senão para esperdiçar com os que não têm?

ERNESTO

Se o Sr. compromete-se a fazer aceitar esta teoria, meu tio, declaro que me inscrevo no número dos pobretões.

TEIXEIRA

Já mandaste deitar o almoço, Júlia?

JÚLIA

Já dei ordem, papai.

TEIXEIRA

Ernesto precisa almoçar quanto antes, pois não lhe resta muito tempo para embarcar.

JÚLIA

Não é às onze horas?

TEIXEIRA

Sim, e já são dez. (*sobe*)

ERNESTO
(*baixo, a Júlia*)

Não a deixo senão no último momento; hei de aproveitar um minuto.

JÚLIA
(*baixo, a Ernesto*)

Um minuto nessas ocasiões vale uma hora.

TEIXEIRA
(*descendo*)

Agora, Ernesto, tão cedo não te veremos por cá!

ERNESTO

Daqui a oito meses estou de volta, meu tio.

TEIXEIRA

Pois não! Teu pai, na última carta que me escreveu, disse que estava arrependido depois que consentira em que viesses ao Rio, e que pelo gosto dele não voltarás tão cedo. Queixa-se porque tens gasto muito!

JÚLIA

Ah!

ERNESTO

Meu pai disse isto?

TEIXEIRA

Posso mostrar-te a carta.

ERNESTO

Paciência. Ele está no seu direito.

TEIXEIRA

Agora é tratares de te formar, e ganhar uma posição; poderás fazer o que te aprouver. (*sobe*) Nada de almoço.

JÚLIA

(*baixo*)

Quando nos veremos!

ERNESTO

Quem sabe! Talvez meu pai... (*com ironia*) É muito para esperar, não é, prima?

JÚLIA

(*sentida*)

Não, Ernesto; mas é muito para sofrer!

Cena XV

Os mesmos e FILIPE

FILIPE

(*entra na carreira e faz um grande barulho*)

Alvíssaras! Alvíssaras! Número 1221! Sorte grande! Premiado! Alvíssaras! Número 1221!

TEIXEIRA

Que louco é este?

ERNESTO

Está danado!

FILIPE

Enganado, não! Número 1221! Sorte grande!

TEIXEIRA

O que quer o Sr.?

FILIPE

As minhas alvíssaras!

TEIXEIRA

Mas pelo quê? Explique-se.

FILIPE

Pelo bilhete que vendi ao Sr. (*aponta para Ernesto*) e que saiu premiado.

ERNESTO

A mim? É engano.

FILIPE

Engano! Não é possível! Ontem, na Rua do Ouvidor, em casa do Wallerstein; por sinal que o Sr. estava comprando uns corais, justamente aqueles! (*aponta para o colo de Júlia, a qual volta-se confusa*)

ERNESTO

Tem razão, nem me lembrava; deve estar na carteira. Ei-lo! Número mil duzentos...

FILIPE

E vinte e um! Não tem que ver!, é o mesmo. Não me engano nunca!

ERNESTO

Assim, este papel... eu tirei?...

FILIPE

A sorte grande... É meio bilhete! Pertencem-lhe nove contos e duzentos!

ERNESTO

Nove contos! Sou rico! Tenho dinheiro para vir ao Rio de Janeiro, ainda que meu pai não consinta.

TEIXEIRA

Agora vai gastá-los em extravagâncias!

ERNESTO

Pois não! Servirão para me estabelecer aqui; montar minha casa. Quero uma linda casinha como esta, um retiro encantador, onde a vida seja um sonho eterno! (*a Júlia, baixo*) Onde recordaremos os nossos três meses de felicidade!

TEIXEIRA

Vamos; despacha este homem.

ERNESTO

Tome, meu tio; tome o bilhete e arranje isto como entender. V. Mcê. me guardará o dinheiro.

(Teixeira e Filipe saem; Teixeira examina o bilhete.)

JÚLIA
(a Ernesto)

Como a felicidade vem quando menos se espera! Há pouco tão tristes!

ERNESTO

É verdade! E se soubesse como isto me caiu do céu! Nem me passava pela idéia semelhante coisa, quando este homem começou a importunar-me de tal maneira, que tomei-lhe o bilhete para ver-me livre da maçada. É só a ele que devo a fortuna.

JÚLIA
(sorrindo)

Eis então mais uma vantagem do Rio de Janeiro.

ERNESTO

(*sorrindo*)

Tem razão!

TEIXEIRA

(*a Filipe, dando-lhe dinheiro*)

Tome; como alvíssaras, basta.

FILIPE

Obrigado! (*desce a cena, a Ernesto*) Então, um meio, um inteiro, um quarto? Enquanto venta, molha-se a vela.

ERNESTO

Agradeço; não sou ambicioso. Quero deixar a sorte grande também para os outros.

FILIPE

E a senhora? E a Sra. e o Sr.?... Um meio?... Tenho justamente o número premiado.

TEIXEIRA

Nada, nada; já compramos!

FILIPE

Às suas ordens. (*sai*)

Cena XVI

TEIXEIRA, ERNESTO *e* JÚLIA

TEIXEIRA

Ora, enfim, vamos almoçar.

ERNESTO

Espere, meu tio, tenho uma palavra a dar-lhe.

TEIXEIRA

Pois então já; uma palavra custa pouco a dizer.

ERNESTO
(*baixo, a Júlia*)
Sim! Porém, a mim custa mais do que um discurso!

JÚLIA
(*baixo a Ernesto*)
Que vai fazer? Ao menos deixe-me retirar.

ERNESTO
(*baixo, a Júlia*)

Para quê?

JÚLIA
(*baixo, a Ernesto*)
Morro de vergonha.

TEIXEIRA

Então? A tal palavra? Estão combinados? Tu sabes o que é, Júlia?

JÚLIA
(*vexada*)
Eu, papai!... Não, Sr.

TEIXEIRA

Ora, tu sabes! Ficaste corada.

JÚLIA

Foi porque Ernesto riu-se.

TEIXEIRA

(*a Ernesto*)

Falas ou não?

ERNESTO

Tenho a palavra aqui atravessada na garganta! Lá vai!

TEIXEIRA

Ainda bem! O que é?

ERNESTO

Escute, meu tio. Eéééé…

TEIXEIRA

É…

ERNESTO

Queêêêê…

TEIXEIRA

Já vejo que é preciso ajudar-te! É que…

ERNESTO

Euuu… (*Júlia faz sinal que não*) Quero…

TEIXEIRA

Ah! Queres brincar? Pois não estou para te aturar. (*sobe*)

Cena XVII

Os mesmos e D. Mariana, *depois* Pereira

D. Mariana
(*entrando*)
Então, por quem se espera? São quase dez horas.

Teixeira
Vamos, D. Mariana.

Ernesto
(*a Júlia, baixo*)
Está tudo perdido.

Pereira
Permitam o ingresso. O Sr. Teixeira?

Teixeira
Um seu criado. O que pretende o Sr.?

Pereira
Tomei a liberdade de oferecer a V. Exa. esta minha produção poética por ocasião do fausto motivo que enche hoje esta casa de júbilo.

Teixeira
Não tenho excelência; nem o compreendo. Queira explicar-se.

Pereira
Com muito gosto. A minha veia poética inspirou-me este epitalâmio que ofereço ao doce himeneu, às núpcias venturosas, ao feliz consórcio da senhora sua filha com o senhor seu sobrinho. (*Espanto geral.*)

JÚLIA
(*escondendo o rosto*)

Ah!…

ERNESTO

Bravo!

D. MARIANA

Calúnias, Sr. Teixeira!

TEIXEIRA

O consórcio de minha filha com meu sobrinho!…
O senhor está louco!

PEREIRA
(*a Teixeira*)

É verdade que alguns espíritos mesquinhos chamam os poetas de loucos, porque não os compreendem; mas V. Exa. não está neste número.

TEIXEIRA

Entretanto, o senhor vem com um despropósito!
Onde ouviu falar de casamento de minha filha?

PEREIRA

Há muito tempo sabia que o senhor seu sobrinho e a senhora sua filha se amam ternamente…

TEIXEIRA
(*olhando Júlia e Ernesto, cabisbaixos*)

Se amam ternamente!… (*a Pereira*) E que tem isto? Quando mesmo fosse verdade, é natural; são moços, são primos…

PEREIRA

Por isso, sendo hoje um sábado, e não tendo V. Exa. ido à Praça, conjeturei que as bodas, a feliz união dos dois corações...

TEIXEIRA

Pois conjeturou mal; e para outra vez seja mais discreto em não intrometer-se nos negócios de família.

PEREIRA

E a poesia? V. Exa. não a recebe?

TEIXEIRA

Leve a quem a encomendou; ele que lhe pague! (*voltando-lhe as costas*)

ERNESTO

(*baixo, a Pereira*)

É justo que seja eu que aproveitei. O senhor não sabe o serviço que me prestou. (*dando-lhe um bilhete*) Tome e safe-se quanto antes.

PEREIRA

Entendo!

ERNESTO

(*a Júlia e D. Mariana*)

Sublime raça que é esta dos poetas! Sem o tal Sr. Pereira ainda estava engasgado com a palavra, e ele achou uma porção de sinônimos: consórcio, feliz união, bodas, núpcias, himeneu e não sei que mais...

PEREIRA
(*a Teixeira*)
Peço a V. Exa. queira desculpar.

TEIXEIRA
Está bom, Sr., não falemos mais nisto.

PEREIRA
Passar bem. (*sai*)

Cena XVIII

TEIXEIRA, ERNESTO, JÚLIA, MARIANA, *depois* CUSTÓDIO
(*Teixeira acompanha Pereira que sai pelo fundo.*)

JÚLIA
(*a D. Mariana*)
Não tenho ânimo de olhar para meu pai!

D. MARIANA
Ele não foi moço? Não amou?

(*Teixeira desce.*)

ERNESTO
Aí vem o temporal desfeito.

TEIXEIRA
Com que então ama-se nesta casa; a gente de fora sabe; e eu sou o último a quem se diz...

ERNESTO
Perdão, meu tio, não tive ânimo de confessar-lhe.

TEIXEIRA

E tu, Júlia, que dizes a isto?

D. MARIANA

(*a Júlia, baixo*)

Fale! Não tenha medo!

JÚLIA

Papai!...

TEIXEIRA

Percebo... Queres casar com teu primo, não é? Pois está feito!

JÚLIA

Ah!

D. MARIANA

Muito bem!

TEIXEIRA

(*a Ernesto*)

Com uma condição, porém; não admito epitalâmios, nem versos de qualidade alguma.

ERNESTO

Sim, meu tio; tudo quanto o Sr. quiser! Hoje mesmo podia ser... É sábado...

TEIXEIRA

Alto lá, Sr. estudante! Vá se formar primeiro e volte.

(*D. Mariana sobe e encontra-se com Custódio.*)

ERNESTO

Oito meses!…

D. MARIANA
(*a Custódio*)

Voltou?

CUSTÓDIO

Perdi o ônibus! O recebedor roeu-me a corda!

ERNESTO
(*a Júlia*)

Esperar tanto tempo!

JÚLIA

Mas assim é doce esperar.

ERNESTO

Oito meses longe do Rio de Janeiro! Que martírio, meu Deus!

TEIXEIRA
(*levantando-se*)

Vamos! O café já deve estar frio. (*sobe e vê Custódio*) Oh! compadre!

CUSTÓDIO

Perdi o ônibus. Que há de novo?

TEIXEIRA

Que vamos almoçar.

FIM

O DEMÔNIO FAMILIAR

A COMÉDIA BRASILEIRA*

José de Alencar

Ao Sr. Dr. Francisco Otaviano

Esperei que passassem as primeiras impressões boas ou más produzidas pela representação d'*O demônio familiar*; deixei que a crítica literária emitisse livremente a sua opinião; para responder à saudação de um colega que respeito, apresentando-lhe a defesa de minha obra, como ao mais competente e ao mais benévolo dos seus juízes.

A imprensa desta corte entendeu que devia animar generosamente o escritor que deixava um momento a pena de jornalista para traçar um esboço dramático imperfeito, e falto de beleza; ou por espírito de classe, ou por desejo de dar um impulso à li-

---

* *Diário do Rio de Janeiro*. Rio de Janeiro, 14 de novembro de 1857. Reproduzido de João Roberto Faria, *Idéias teatrais: o século XIX no Brasil*. São Paulo: Perspectiva/Fapesp, 2001, coleção Textos.

teratura do seu país; todas as folhas, exceto aquelas que só falam do que lhes interessa, deram à comédia um merecimento que ela não tem realmente.

A crítica, como é costume entre nós, fugiu da publicidade e refugiou-se em um ou outro círculo onde se comenta a obra, o nome, e as intenções do autor, sem receio de que a resposta faça calar essas pequenas intrigas que não deviam manchar as questões literárias.

Embora às vezes me cheguem amortecidos os ecos dessa crítica de esquina, não me ocupo em responder-lhe; não seria digno nem do colega a quem me dirijo, nem do público que nos fará a honra de assistir a esta pequena palestra literária de dois escritores, que no meio das lidas jornalísticas falam de arte e de poesia num canto de sua folha, como dois amigos na Europa *au coin du feu.*

Prefiro contar-lhe a história de minha comédia; fazer a autópsia desse corpo que eu mesmo criei; dissecar-lhe as fibras e os nervos, para que possa julgar se a carnação, se as formas e o colorido que dei a esse esqueleto não encobrem algum defeito de organismo.

A primeira idéia que tive de escrever para o teatro foi-me inspirada por um fato bem pequeno, e aliás bem comezinho na cena brasileira.

Estava no Ginásio e representava-se uma pequena farsa, que não primava pela moralidade e pela decência da linguagem; entretanto o público aplaudia e as senhoras riam-se, porque o riso é contagioso; porque há certas ocasiões em que ele vem aos lábios, embora o espírito e o pudor se revoltem contra a causa que o provoca.

Este reparo causou-me um desgosto, como lhe deve ter causado muitas vezes, vendo uma senhora enrubescer nos nossos teatros, por ouvir uma graça livre, e um dito grosseiro; disse comigo: "Não será possível fazer rir, sem fazer corar?".

Esta reflexão, coincidindo com alguns dias de repouso, criou *O Rio de Janeiro*, espécie de revista ligeira que na minha opinião não tem outro merecimento senão o de ser breve, e não cansar o espírito do espectador.

O público, que ouve de bom humor, diz que consegui o primeiro fim, o de fazer rir; os homens os mais severos em matéria de moralidade não acham aí uma só palavra, uma frase, que possa fazer corar uma menina de quinze anos.

Quando acabei de escrever *O Rio de Janeiro*, não supunha que ele estivesse destinado a subir à cena tão cedo; partilhava então a opinião geral de que os nossos teatros desprezavam as produções nacionais, e preferiam traduções insulsas, inçadas de erros e galicismos.

Não sei até que ponto é verdadeira essa opinião em relação aos outros teatros que só conheço como espectador; mas tenho motivos para declarar que ela é inteiramente falsa a respeito do Ginásio.

Esse teatro, que soube merecer as simpatias do público, é dirigido por um empresário que, não sendo artista, tem contudo esse tato e discernimento necessário para a escolha das peças do seu repertório, e para a sua *positura cênica*. Às vezes é obrigado a transigir com o gosto da época; mas conhece-se que a sua tendência é introduzir nesta corte a verdadeira escola moderna.

O Rio de Janeiro encontrou um acolhimento muito favorável nesse teatro, tanto da parte do empresário, como dos artistas, que assistiram à sua leitura; podia ser melhor representado do que foi, se não houvesse em todos os teatros certos atores que se desonram em fazer pequenos papéis, e que por isso não se importam de sacrificar uma peça, um autor e o teatro que os sustenta.

Lembro-me que Alexandre Dumas, falando nas suas memórias do grande triunfo que tiveram as tragédias medíocres de Arnaud, e atribuindo este fato à boa vontade dos atores, diz: "Feliz época em que homens de merecimento aceitavam papéis em que tinham somente *uma* cena e nesta cena *alguns* versos".

Se não fosse essa época, o teatro francês não se regeneraria tão depressa; os autores passariam pelo dissabor de ver sua obra sacrificada, e desanimariam no começo da carreira.

Se não tivermos também uma época semelhante, será bem difícil criar um teatro nacional; nenhum autor dramático deseja que o mais pequeno papel desapareça na representação; só quem tem experiência da cena é que sabe quando uma palavra, um gesto, dão realce a uma composição.

Desculpe-me essa digressão; conversamos de um objeto que nos interessa a ambos e a todos que gastam o melhor de seus anos correndo loucamente atrás de um *fogo-fátuo* que brilha nas noites de vigília; atrás de uma sombra que a esperança chama a *glória*, e que a realidade com um riso de escárnio diz ser apenas – *a velhice prematura*.

Quando se mostra a possibilidade de abrir uma carreira brilhante a todo aquele que Deus marcou com o selo da inteligência, para ser como o *Assuerus* da civilização, caminhando sempre e sempre para o futuro, sem parar diante da indiferença do presente; o homem que tem uma pena deve fazer dela um alvião, e cavar o alicerce do edifício que os bons filhos erguerão à glória de sua pátria.

Nós todos jornalistas estamos obrigados a nos unir e a criar o teatro nacional; criar pelo exemplo, pela lição, pela propaganda. É uma obra monumental que excede as forças do indivíduo, e que só pode ser tentada por muitos, porém muitos ligados pela confraternidade literária, fortes pela união que é a força do espírito, como a adesão é a força do corpo.

Eu compreendi perfeitamente, meu colega, a palavra com que começou o seu artigo; a *inveja* que sentia, não era nenhuma palavra humorística de folhetim, nenhum cumprimento feito aos escritores que citou; era uma nobre aspiração de fazer mais, era um grito de consciência que traía a modéstia do escritor.

Obedeça a esse impulso e deixe correr a pena; se não duvidasse de si, não seria o mestre quem hoje animaria o discípulo em sua nova tentativa, e sim o discípulo que seguiria o exemplo de seu mestre; se tivesse querido, a pena que recebi de sua mão em 1854, e que se esforça para seguir o trilho a que a habituou, não ousaria dar um passo em terreno que não tivesse sido preparado por mão experiente.

Outras glórias o atraíram, outros cuidados o ocuparam; mas ainda é tempo; não chega primeiro quem primeiro parte, e sim quem mais veloz caminha; abra as asas ao pensamento, e desvende à nossa literatura novos horizontes; crie o teatro brasileiro, que ainda não existe.

No momento em que resolvi a escrever *O demônio familiar*, sendo minha tenção fazer uma alta comédia, lancei naturalmente os olhos para a literatura dramática do nosso país em procura de um modelo. Não o achei; a verdadeira comédia, a reprodução exata e natural dos costumes de uma época, a vida em ação não existe no teatro brasileiro. Dois escritores, é verdade, começaram entre nós a escrever para o teatro; mas a época em que compuseram as suas obras devia influir sobre a sua escola.

O primeiro, Pena, muito conhecido pelas suas farsas graciosas, pintava até certo ponto os costumes brasileiros; mas pintava-os sem criticar, visava antes ao efeito cômico do que ao efeito moral; as suas obras são antes uma sátira dialogada, do que uma comédia.

Entretanto Pena tinha esse talento de observação, e essa linguagem chistosa, que primam na comédia; mas o desejo dos aplausos fáceis influiu no seu espírito, e o escritor sacrificou talvez suas idéias ao gosto pouco apurado da época.

Se tivesse vivido mais alguns anos, estou convencido que, saciado dos seus triunfos, empreenderia uma obra mais elevada, e introduziria talvez no Brasil a escola de Molière e Beaumarchais, a mais perfeita naquele tempo.

Depois de Pena veio o Sr. Dr. Macedo, que, segundo supomos, nunca se dedicou seriamente à comédia; escreveu em alguns momentos de folga duas ou três obras que foram representadas com muito aplauso.

Podemos dizer deste autor o mesmo que do primeiro: sentiu a influência do seu público; se continuasse porém, o Sr. Dr. Macedo tem bastante talento e muito bom gosto literário, para que conseguisse a pouco e pouco corrigir a tendência popular, e apresentar no nosso teatro a verdadeira comédia.

Com franqueza dizemos que sentimos ver nas obras dramáticas do Dr. Macedo uns laivos de imitação estrangeira, que lhes tira o cunho de originalidade; se ele não tivesse imaginação e poesia, seria isto desculpável; mas quando pode ser belo, sendo brasileiro, não tem justificação; é vontade de trabalhar depressa.

Não achando pois na nossa literatura um modelo, fui buscá-lo no país mais adiantado em civilização, e cujo espírito tanto se harmoniza com a sociedade brasileira; na França.

Sabe, meu colega, que a escola dramática mais perfeita que hoje existe é a de Molière, aperfeiçoada por Alexandre Dumas Filho, e de que a *Question d'argent* é o tipo mais bem acabado e mais completo.

Molière tinha feito a comédia quanto à pintura dos costumes e à moralidade da crítica; ele apresentava no teatro quadros históricos nos quais se viam perfeitamente desenhados os caracteres de uma época.

Mas esses quadros eram sempre quadros; e o espectador vendo-os no teatro não se convencia da sua verdade; era preciso que a arte se aperfeiçoasse tanto que imitasse a natureza; era preciso que a imaginação se obscurecesse para deixar ver a realidade.

É esse aperfeiçoamento que realizou Alexandre Dumas Filho; tomou a comédia de costumes de Molière, e deu-lhe a naturalidade que faltava; fez que o teatro reproduzisse a vida da família e da sociedade, como um daguerreótipo moral.

O jogo de cena, como se diz em arte dramática, eis a grande criação de Dumas; seus personagens movem-se, falam, pensam como se fossem indivíduos tomados ao acaso em qualquer sala; não representam, vivem; e assim como a vida tem seus momentos fúteis e insípidos, a comédia, a imagem da vida, deve ter suas cenas frias e calmas.

Os franceses vão ao Ginásio em Paris ver uma dessas comédias; e no meio do mais profundo silêncio escutam o ator que só depois de cinco minutos diz uma palavra; acompanham a cena que se arrasta vagarosamente; e aplaudem essa naturalidade com muito maior entusiasmo do que esses lances dramáticos tão cediços, que se arranjam com duas palavras enfáticas, e uma entrada imprevista.

Eles sabem que a naturalidade nas obras de imaginação é o sublime; que a natureza, obra de Deus, é tão perfeita que torna-se bem difícil ao homem imitá-la. Eles sabem que custa pouco fazer rir com um disparate, ou um incidente cômico; mas que nem todos sabem fazer rir pela força do dito espirituoso, e pela graça da observação delicada. Mas o nosso público, não por sua culpa, sim pela nossa e pela de todos, não está ainda muito bem-disposto a favor desta escola; ele prefere que aquilo que se representa seja fora do natural; e só aplaude quando lhe chocam os nervos, e não o espírito, ou o coração.

Eu sabia isto, eu via constantemente nos nossos teatros as peças que eram mais aplaudidas, e podia por conseguinte favonear esse gosto, e visar a muito aplauso e a muita risada.

Não quis; preferi resistir, e escrever a minha comédia, como a minha consciência e o meu gosto aconselhassem; preferi ser natural, a ser dramático; preferi ser apreciado por aqueles que sabem o que é uma comédia, a ser aplaudido com entusiasmo pelas platéias.

Fui feliz; o público ilustrado foi mais benévolo do que eu esperava e merecia; *O demônio familiar*, escrito conforme a escola de Dumas Filho, sem lances cediços, sem gritos, sem pretensão teatral, agradou.

Consegui pois o meu desejo, e creio que fiz um bem; porque os que vierem depois não hão de lutar com a prevenção que eu tinha contra mim; e acharão o público disposto a aceitar a comédia como ela é.

Sou o primeiro a reconhecer que minha obra tem grandes defeitos; mas também estou convencido que mais tarde hão de reconhecer que ela tem alguma coisa de bom.

Il tempo è galantuomo; dizem os italianos. O tempo dirá que muitos defeitos que hoje se notam, são qualidades; o tempo dirá que não existem muitas comédias sem um monólogo e um aparte, como *O demônio familiar*. A última comédia de Dumas, que eu já citei, e que é para mim o tipo da escola, não tem um monólogo; mas tem alguns apartes. *O Demi-Monde* tem monólogos, porque é ainda uma transição da escola de Molière.

Aquele autor conheceu quanto era absurdo apresentar um homem falando consigo mesmo, tão alto que o público todo o ouvia, enquanto que o personagem que estava a seu lado nada percebia; querendo a naturalidade e unicamente a naturalidade, proscreveu esses recursos da arte antiga.

Quanto aos finais dos atos, outrora era costume fazê-los como se costuma praticar com os romances em folhetim; deixando o espectador suspenso sobre um acontecimento inesperado.

Atualmente os mestres baniram semelhante extravagância; o ato termina quando a cena fica naturalmente deserta; é o exemplo de Ponsard, de Dumas, e dos melhores autores franceses.

Entretanto aqui entre nós o público chama a isso frieza e talvez falta de imaginação: mal sabe ele que os finais dos três primeiros atos d'*O demônio familiar* custaram-me mais do que a cena última.

É fácil escrever belas palavras de imaginação, mas é difícil fazer que oito ou dez personagens criados pelo nosso pensamento vivam no teatro como se fossem criaturas reais, habitando uma das casas do Rio de Janeiro.

Tinha ainda muito que dizer-lhe, meu colega, mas temo que ache importunas e baldas de interesse essas reflexões, e por isso paro aqui.

Minha intenção escrevendo-lhe tão largamente não foi encarecer o que fiz; ao contrário quis provar-lhe que, se não fossem as suas palavras e dos nossos colegas, talvez a representação d'*O demônio familiar* passasse despercebida; quis mostrar-lhe que para criar-se a comédia brasileira é preciso o concurso de todos.

Este concurso estou certo que meu colega o dará; não só como jornalista, mas principalmente como autor, realizando em mais vasta escala o que eu desejei fazer.

Terminarei com uma palavra sobre os artistas que representaram a minha comédia, e a quem agradeço a boa coadjuvação que me prestaram. Todos foram bem; uns melhor, porque o seu papel os ajudava; outros pior porque o seu gênero não se harmonizava com esses caracteres novos que pela primeira vez iam aparecer em cena.

Todos cumpriram o seu dever de atores e de artistas; alguns porém cumpriram mais do que o seu dever de atores, tiveram uma condescendência para com o autor.

Foram as Sras. Velluti, Noronha, e o Sr. Graça. A primeira aceitou de muito boa vontade um papel pequeno e que não era do seu gênero; a segunda, quer n'*O Rio de Janeiro*, quer no *Demônio*, criou dois papéis que estavam abaixo do seu talento. O Sr. Graça é um artista que tem a habilidade de fazer de uma palavra um grande papel: não recusa parte alguma, porque tem consciência do seu mérito e sabe que pode fazer de nada muita coisa, que pode dar a sua graça e naturalidade ao que não tem.

O Sr. Martins, para quem escrevi de propósito o papel de *moleque*, foi além do que eu esperava. A Sra. Adelaide e o Sr. Pedro Joaquim são um exemplo de que as obras nacionais é que hão de criar os grandes artistas.

O tempo das caretas e das exagerações passou. *Inês de Castro*, que já foi uma grande tragédia, hoje é para os homens de gosto uma farsa ridícula.

Rio de Janeiro, 13 de novembro.

O DEMÔNIO FAMILIAR

Comédia em 4 atos

Representada pela primeira vez no
Teatro Ginásio Dramático, no Rio de Janeiro,
no dia 5 de novembro de 1857.

PERSONAGENS

Carlotinha
Henriqueta
Eduardo
Pedro
Jorge
Alfredo
Azevedo
D. Maria
Vasconcelos

ATO PRIMEIRO

(*Em casa de Eduardo. Gabinete de estudo.*)

Cena I

CARLOTINHA *e* HENRIQUETA

CARLOTINHA

Mano, mano! (*voltando-se para a porta*) Não te disse? Saiu! (*acenando*) Vem, psiu, vem!

HENRIQUETA

Não, ele pode zangar-se quando souber.

CARLOTINHA

Quem vai contar-lhe? Demais, que tem isso? Os homens não dizem que as moças são curiosas?

HENRIQUETA

Mas, Carlotinha, não é bonito uma moça entrar no quarto de um moço solteiro.

CARLOTINHA

Sozinha, sim; mas com a irmã não faz mal.

HENRIQUETA

Sempre faz.

CARLOTINHA

Ora! Estavas morrendo de vontade.

HENRIQUETA

Eu não; tu é que me chamaste.

CARLOTINHA

Porque me fazias tantas perguntinhas, que logo percebi o que havia aqui dentro. (*no coração*)

HENRIQUETA

Carlotinha!…

CARLOTINHA

Está bom, não te zangues.

HENRIQUETA

Não; mas tens lembranças!

CARLOTINHA

Que parecem esquecimentos, não é? Esquecia-me que não gostas que adivinhem os teus segredos.

HENRIQUETA

Não os tenho.

CARLOTINHA

Anda lá!... Oh! meu Deus! Que desordem! Aquele moleque não arranja o quarto do senhor; depois mano vem e fica maçado.

HENRIQUETA

Vamos nós arranjá-lo?

CARLOTINHA

Está dito; ele nunca teve criadas desta ordem.

HENRIQUETA

(*a meia-voz*)

Porque não quis!

CARLOTINHA

Que dizes?... Cá está uma gravata.

HENRIQUETA

Um par de luvas.

CARLOTINHA

As botinas em cima da cadeira.

HENRIQUETA

Os livros no chão.

CARLOTINHA

Ah! Agora pode-se ver!

HENRIQUETA

Não abrimos a janela?

CARLOTINHA

É verdade. (*abre*)

HENRIQUETA

Daqui vê-se a minha casa; olha!

CARLOTINHA

Pois agora é que sabes? Nunca viste mano Eduardo nesta janela?

HENRIQUETA

Não; nunca.

CARLOTINHA

Fala a verdade, Henriqueta!

HENRIQUETA

Já te disse que não: se vi, não me lembra. Há tanto tempo que esta janela não se abre!

CARLOTINHA

Bravo! Depois não digas que são lembranças minhas.

HENRIQUETA

O quê? O que disse eu?

CARLOTINHA

Nada; traíste o teu segredo, minha amiguinha. Se tu sabes que esta janela não se abre, é porque todos os dias olhas para ela.

HENRIQUETA

Pois não...

CARLOTINHA

Para que procuras esconder uma coisa que teus olhos estão dizendo? Tu choras!... Por quê? É pelo que eu disse? Perdoa, não falo mais em semelhante coisa.

HENRIQUETA

Sim; eu te peço, Carlotinha. Se soubesses o que eu sofro...

CARLOTINHA

Como! Meu irmão é tão indigno de ti, Henriqueta, que te ofendes com um simples gracejo a seu respeito?

HENRIQUETA

Eu é que não sou digna dele; não mereço, nem mesmo por tua causa, uma palavra de amizade!

CARLOTINHA

Que dizes! Mano Eduardo te trata mal?

HENRIQUETA

Mal, não; mas com indiferença, com uma frieza!... Às vezes nem me olha.

CARLOTINHA

Mas antes, quando nos visitavas mais a miúdo, e passavas dia conosco, ele brincava tanto contigo!

HENRIQUETA

Sim; porém, um dia, tu não reparaste, talvez; eu me lembro... ainda me dói! Um dia vim passar a tarde contigo, e durante todo o tempo que estive aqui ele não me deu uma palavra.

CARLOTINHA

Distração! Não foi de propósito.

HENRIQUETA

Oh! foi! Desde então essa janela nunca mais se abriu. Agora posso dizer-te tudo... Eu o via do meu quarto a todas as horas do dia; de manhã, apenas acordava, já ele estava; antes de jantar, quando ele chegava, eu o esperava; e à tarde, ao escurecer.

CARLOTINHA

E nunca me disseste nada!

HENRIQUETA

Tinha vergonha. Hoje mesmo se não adivinhasses, se eu não me traísse...

CARLOTINHA

Deixa estar que hei de perguntar-lhe a razão disto.

HENRIQUETA

Eu te suplico! Não lhe digas nada. Para quê? Sofri dois meses, sofri como tu não fazes idéia. Uns versos sobretudo que ele me mandou fizeram-me chorar uma noite inteira.

CARLOTINHA

Mas por isso mesmo! Não quero que ele te faça chorar. Hei de obrigá-lo a ser para ti o mesmo que era.

HENRIQUETA

Agora… É impossível!

CARLOTINHA

Por quê?

HENRIQUETA

Não tenho coragem de dizer; e, entretanto, vim hoje só para dar-te parte e para… despedir-me desta casa.

CARLOTINHA

Vais fazer alguma viagem?

HENRIQUETA

Não, mas vou… (*ouve-se subir a escada*)

CARLOTINHA

É ele! É mano!

HENRIQUETA

Ah! Meu Deus!

CARLOTINHA

Depressa! Corre!…

Cena II

EDUARDO *e* CARLOTINHA

EDUARDO

Pedro!… Moleque!… O brejeiro anda passeando, naturalmente! Pedro!

CARLOTINHA

(*entrando*)

O que quer, mano? Pedro saiu.

EDUARDO

Onde foi?

CARLOTINHA

Não sei.

EDUARDO

Por que o deixaste sair?

CARLOTINHA

Ora! Há quem possa com aquele seu moleque? É um azougue; nem à mamãe tem respeito.

EDUARDO

Realmente é insuportável; já não o posso aturar.

Cena III

Os mesmos e PEDRO

PEDRO

Senhor chamou?

EDUARDO

Onde andava?

PEDRO

Fui ali na loja da esquina.

EDUARDO

Fazer o quê? Quem lhe mandou lá?

CARLOTINHA

Foi vadiar; é só o que ele faz.

PEDRO

Não, nhanhã; fui comprar soldadinho de chumbo.

EDUARDO

Ah! O senhor ainda brinca com soldados de chumbo... Corra, vá chamar-me um tílburi na praça; já, de um pulo.

PEDRO

Sim, senhor.

Cena IV

EDUARDO *e* CARLOTINHA

CARLOTINHA

Onde vai, mano?

EDUARDO

Vou ao Catete ver um doente; volto já.

CARLOTINHA

Eu queria falar-lhe.

EDUARDO

Quando voltar, menina.

CARLOTINHA

E por que não agora?

EDUARDO

Tenho pressa, não posso esperar. Queres ir hoje ao Teatro Lírico?

CARLOTINHA

Não, não estou disposta.

EDUARDO

Pois representa-se uma ópera bonita. (*enche a carteira de charutos*) Canta a Charton. Há muito tempo que não vamos ao teatro.

CARLOTINHA

É verdade; mas quem nos acompanha é você, e seus trabalhos, sua vida ocupada... Depois, mano, noto que anda triste.

EDUARDO

Triste? Não, é meu gênio; sou naturalmente seco; gosto pouco de divertimentos.

CARLOTINHA

Mas houve um tempo em que não era assim; brincávamos, passávamos as noites a tocar piano e a conversar; você, Henriqueta e eu? Lembra-se?

EDUARDO

Se me lembro!... Estava formado há pouco, não tinha clínica. Hoje falta-me o tempo para as distrações.

Cena V

Os mesmos e PEDRO

PEDRO

Está aí o tílburi, sim, senhor; carro novo, cavalinho bom.

EDUARDO

Agora veja se se larga outra vez. Quero tudo isto arrumado, no seu lugar; não me toque nos meus livros; escove esta roupa. Respeite-me os charutos. Quem abriu aquela janela?

CARLOTINHA

Fui eu, mano. Fiz mal?

EDUARDO

Não gosto que esteja aberta; o vento leva-me os papéis. (*a Pedro*) Fecha!

CARLOTINHA

Você outrora gostava de passar as tardes ali, fumando ou lendo.

EDUARDO

Até logo, Carlotinha. Moleque, não saia.

CARLOTINHA

Ouça, mano!… Não quer ver Henriqueta?

EDUARDO

Ah!… Há muito tempo que não te visitava!

CARLOTINHA

Por isso mesmo, venha falar-lhe.

EDUARDO

Não; já me demorei mais do que pretendia.

CARLOTINHA

Escute!

Cena VI

PEDRO *e* CARLOTINHA

PEDRO

Sr. moço Eduardo pensa que a gente tem perna de pau e não precisa andar!

CARLOTINHA

Fecha aquela porta!

PEDRO

Então, nhanhã, vmcê. não recebe aquele bilhete, não?

CARLOTINHA

Moleque! Tu estás muito atrevido!…

PEDRO

Pois olhe, nhanhã; o moço é bonito, petimetre mesmo da moda!… Mais do que o Sr. moço Eduardo. Xi!… Nem tem comparação!

CARLOTINHA

Não o conheço!

PEDRO

Pois ele conhece nhanhã; passa aqui todo o dia. Chapéu branco de castor, deste de aba revirada; chapéu fino; custa caro! Sobrecasaca assim meio recortada, que tem um nome francês; calça justinha na perna; bota do Dias; bengalinha desse bicho, que se chama *unicorne*. Se nhanhã chegar na janela depois do almoço há de ver ele passar, só gingando: Tchá, tchá, tchá... Hum!... Moço bonito mesmo!

CARLOTINHA

Melhor para ele; não faltará a quem namore.

PEDRO

Não falta, não; mas ele só gosta de nhanhã. Quando passa, nhanhã não vê; mas eu, cá de baixo, estou só espreitando. Vai olhando para trás, de pescocinho torto! Porém nhanhã não faz caso dele!

CARLOTINHA

É um desfrutável! Está sempre a torcer o bigode!

PEDRO

É da moda, nhanhã! Aquele bigodinho, assim enroscado, onde nhanhã vê, é um anzol; anda só pescando coração de moça.

CARLOTINHA

Moleque, se tu me falares mais em semelhante coisa, conto a teu senhor. Olha lá!

PEDRO

Está bom, nhanhã; não precisa se zangar. Eu digo ao moço que nhanhã não gosta dele, que ele tem uma cara de frasquinho de cheiro...

CARLOTINHA

Dize o que tu quiseres, contanto que não me contes mais histórias.

PEDRO

Mas agora como há de ser!... Ele me deu dez mil-réis.

CARLOTINHA

Para quê?

PEDRO

Para entregar bilhete a nhanhã. (*tira o bilhete*) Bilhetinho cheiroso; papel todo bordado!

CARLOTINHA

Ah! se mano soubesse!

PEDRO

Ele é amigo de Sr. moço Eduardo.

CARLOTINHA

Nunca vem aqui!

PEDRO

Oh! se vem; ainda ontem; por sinal que me perguntou se já tinha entregado.

CARLOTINHA

E tu que respondeste?

PEDRO

Que nhanhã não queria receber.

CARLOTINHA

E por que não restituíste a carta?

PEDRO

Porque a carta vem com os dez mil-réis... e eu gastei o dinheiro, nhanhã.

CARLOTINHA

Ah! Pedro, sabes em que te meteste?

PEDRO

Mas que tem que nhanhã receba! É um moço mesmo na ordem!

CARLOTINHA

Não!... não devo! (*chega-se à estante e escolhe um livro*)

PEDRO

Nhanhã não há de ser freira!... (*mete a carta no bolso sem que ela o perceba*) Entregue está ela!

CARLOTINHA

Que dizes?

PEDRO

Nada, nhanhã! Que vmcê. é uma moça muito bonita e Pedro um moleque muito sabido!

CARLOTINHA

É melhor que arrumes o quarto de teu senhor, vadio! (*Carlotinha senta-se e lê*)

PEDRO

Isto é um instante! Mas nhanhã precisa casar! Com um moço rico como Sr. Alfredo, que ponha nhanhã mesmo no tom, fazendo figuração. Nhanhã há de ter uma casa grande, grande, com jardim na frente; moleque de gesso no telhado; quatro carros na cocheira; duas parelhas e Pedro de cocheiro de nhanhã.

CARLOTINHA

Mas tu não és meu, és de mano Eduardo.

PEDRO

Não faz mal; nhanhã fica rica, compra Pedro; manda fazer para ele sobrecasaca preta à inglesa: bota de canhão até aqui (*marca o joelho*); chapéu de castor; tope de sinhá, tope azul no ombro. E Pedro só, trás, zás, zás! E moleque da rua dizendo: "Eh! cocheiro de sinhá D. Carlotinha!"

CARLOTINHA

Cuida no que tens que fazer, Pedro. Teu senhor não tarda.

PEDRO

É já; não custa! Meio-dia, nhanhã vai passear na Rua do Ouvidor, no braço do marido. Chapeuzinho aqui na nuca, peitinho estufado, tundá arrastando só! Assim, moça bonita! Quebrando debaixo da seda, e a saia fazendo xô, xô, xô! Moço, rapaz deputado, tudo na casa do Desmarais de luneta no olho: "Oh! Que paixão!..." O outro já: "V. Exa. passa bem?" E aquele homem que escreve no jornal tomando nota para meter nhanhã no folhetim.

CARLOTINHA

Oh! meu Deus! Que moleque falador! Não te calarás? (*lê*)

PEDRO

Quando é de tarde, carro na porta; parelha de cavalos brancos, fogosos; Pedro na boléia, direitinho, chapéu de lado, só tenteando as rédeas. Nhanhã entra; vestido toma o carro todo, corpinho reclinado embalançando: "Botafogo!" Pedro puxou as rédeas; chicote estalou; tá, tá, tá; cavalo, toc, toc, toc; carro trrr!... Gente toda na janela perguntando: "Quem é? Quem é?" – "D. Carlotinha...". Bonito carro! Cocheiro bom!... E Pedro só deitando poeira nos olhos de boleeiro de aluguel.

CARLOTINHA

Ora, mano não vem! Disse que voltava já!

PEDRO

De noite, baile de estrondo, como baile do Sr. Barão de Meriti; linha de carro na porta, até no fim da rua, e torce na outra; ministro, deputado, senador, homem do paço, só de farda bordada, com pão-de-rala no peito. Moça como formiga! Mas nhanhã pisa tudo; brilhante reluzindo na testa como faísca, leque abanando, vestido cheio de renda. Tudo caído só, com o olho de jacaré assim. E nhanhã sem fazer caso.

CARLOTINHA

(*rindo*)

Onde é que tu aprendeste todas essas histórias, moleque? Estás adiantado!

PEDRO

Pedro sabe tudo!... Daí a pouco, música vom, vom, vom, tra-ra-lá, tra-ra-lá-ta; vem ministro, toma nhanhã para dançar contradança; e nhanhã só requebrando o corpo! (*arremeda a contradança*)

CARLOTINHA

Ora, senhor! já se viu que capetinha!

Cena VII

Os mesmos e JORGE

JORGE

Mana Carlotinha, Henriqueta está lhe chamando para dizer-lhe adeus.

PEDRO

Sinhá Henriqueta está aí?

CARLOTINHA

Ela já vai?

JORGE

Já está deitando o chapéu.

CARLOTINHA

É tão cedo ainda!

PEDRO

Duas horas já deu há muito tempo em S. Francisco de Paula.

CARLOTINHA
(*à janela*)
Mano não voltará para jantar?...

PEDRO

Não tarda aí, nhanhã!

JORGE
(*na mesa*)
Olha! que pintura bonita, Pedro!

PEDRO

Comece, comece a remexer! Depois fica todo derretido. Foi moleque!...

CARLOTINHA

Quando Eduardo voltar, vai me chamar, ouviste, Pedro?... Jorge, venha!

JORGE

Já vou, Carlotinha!

CARLOTINHA

Não toque nos papéis de Eduardo, ele não gosta.

Cena VIII

PEDRO *e* JORGE

PEDRO

(*querendo tomar o livro*)

Ande, ande, nhonhô; vá lá para dentro! Deixe o livro.

JORGE

Se tu és capaz, vem tomar!

PEDRO

Ora! É só querer!

JORGE

Pois eu to mostrarei!

PEDRO

Está arrumado! Pedro, moleque capoeira, mesmo da malta, conta lá com menino de colégio! Caia! É só neste jeito; pé no queixo, testa na barriga.

JORGE

Espera; vou dizer a mamãe que tu estás te engraçando comigo!

PEDRO

É só o que sabe fazer; enredo da gente! Nhonhô não vê que é de brincadeira. Olhe este livro; tem pintura também; mulher bonita mesmo! (*abre o livro*)

JORGE

Deixa ver! Bravo!... Que belo! (*tirando um papel*) Que é isto?

PEDRO

Um verso!... Oh! Pedro vai levar à viúva!

JORGE

Que viúva?

PEDRO

Essa que mora aqui adiante!

JORGE

Para quê?

PEDRO

Nhonhô não sabe? Ela tem paixão forte por Sr. moço Eduardo; quando vê ele passar, coração faz tuco, tuco, tuco! Quer casar com doutor.

JORGE

E mano vai casar com ela?

PEDRO

Pois então! Mas não vá agora contar a todo o mundo.

JORGE

E ele gosta daquela mulher tão feia? Antes fosse com D. Henriqueta.

PEDRO

Menino não entende disto! Sinhá Henriqueta é moça bonita mas é pobre! A viúva é rica, duzentos contos! Sr. moço casa com ela e fica capitalista, com dinheiro grosso! Compra carro e faz Pedro cocheiro!... Leia o verso, nhonhô.

JORGE

Deixa-me; não estou para isto!

PEDRO

Ah! Se Pedro soubesse ler (*sentando-se*) fazia como doutor, sentado na poltrona, com o livro na mão e puxando só a fumacinha do havana. Por falar em havana… (*ergue-se, vai à mesa e mete a mão na caixa dos charutos*) Com efeito! Sr. moço Eduardo está fumando muito! Uma caixa aberta ontem: neste jeito acaba-me os charutos.

JORGE

Ah! tu estás tirando os charutos de mano!

PEDRO

Cale a boca, nhonhô Jorge! É para fumar quando nós formos passear lá na Glória, de tarde.

JORGE

Amanhã?

PEDRO

Sim.

JORGE

Eu vou pedir a mamãe.

PEDRO

Espere, deite sobrescrito neste verso, roxo, não; viúva não gosta desta cor; verde, cor de esperança!

JORGE

Toma!

PEDRO

Pronto!... Agora Pedro chega lá, deita na banquinha de costura, depois volta as costas fazendo que não vê! Ela, fogo! (*finge que beija*) Lê. E guarda no seio, tal qual como se o Sr. moço mandasse. O pior é se vai perguntar, como outro dia, por que Sr. moço não vai visitar ela; eu respondi que era para não dar que falar; mas viúva não quer saber de nada; está morrendo por tomar banho na igreja para deixar vestido preto!

JORGE

Então tu levas versos a ela sem mano mandar?

PEDRO

Pedro sabe o que faz! Agora veja se vai contar!

JORGE

Eu não! Que me importa isto!

Cena IX

PEDRO *e* ALFREDO

ALFREDO

O Dr. Eduardo não está?

PEDRO

Não, senhor; saiu, Sr. Alfredo!

ALFREDO

Então, já entregaste?

PEDRO

Hoje mesmo!

ALFREDO

A resposta?

PEDRO

Logo; é preciso dar tempo. Vmcê. cuida que moça escreve a vapor! Pois não; primeiro passa um dia inteiro a ler a carta, depois outro dia a olhar assim para o ar com a mão no queixo, depois tem dor de cabeça para dormir acordada; por fim vai escrever e rasga um caderno de papel.

ALFREDO

Parece-me que tu me estás enganando; não entregaste a carta a D. Carlotinha, e para te desculpar me contas estas histórias.

PEDRO

Não sou capaz de enganar a meu senhor.

ALFREDO

Pois bem; o que disse ela quando recebeu?

PEDRO

Perguntou quem era vmcê.

ALFREDO

E tu, que respondeste?

PEDRO

Ora, já se sabe: moço rico bem parecido.

ALFREDO

Quem te disse que eu era rico? Não quero passar pelo que não sou.

PEDRO

Não tem nada; riqueza faz crescer amor.

ALFREDO

Também sabes isto?... Mas depois, que fez ela da carta?

PEDRO

Deitou no bolso. Fui eu que deitei; mas é o mesmo.

ALFREDO

Como? Foste tu que deitaste...

PEDRO

No bolso do vestido! Ela estava com vergonha. Sr. Alfredo não sabe moça como é, não?

ALFREDO

Bem; olha que espero a resposta!

PEDRO

Dê tempo ao tempo, que tudo se arranja.

Cena X

Os mesmos e CARLOTINHA

CARLOTINHA
(*fora*)

Pedro!

PEDRO
(*puxando Alfredo para a porta*)
É nhanhã!

ALFREDO
Não faz mal!

PEDRO
Este negócio assim não está bom, não!

ALFREDO
Por quê?

CARLOTINHA
Moleque, tu tiveste o atrevimento... (*vendo Alfredo*) Ah!

ALFREDO
Perdão, minha senhora; procurava o Dr. Eduardo.

CARLOTINHA
Ele saiu... Eu vou chamar mamãe...

ALFREDO
Não precisa, minha senhora, eu me retiro já; mas antes desejava ter a honra de...

PEDRO
(*baixo, puxando-lhe pela manga*)
Não assuste a moça! Senão está tudo perdido.

ALFREDO
E não hei de fazer a declaração do meu amor?

PEDRO

Qual declaração! Já não se usa!

ALFREDO

Então julgas que não devo falar-lhe?

PEDRO

Nem uma palavra. Mostre-se arrufado, que é para ela responder. Moça é como carrapato, quanto mais a gente machuca, mais ela se agarra.

ALFREDO

Ah! Ela não quer responder-me! (*cumprimenta friamente*)

CARLOTINHA

Não espera por mano?

ALFREDO

Obrigado; não desejo incomodá-la.

CARLOTINHA

A mim!

Cena XI

CARLOTINHA *e* PEDRO

CARLOTINHA

Nem sequer me olhou! E diz que gosta de mim! A primeira vez que me fala…

PEDRO

O moço está queimado, hi!...

CARLOTINHA

Ora, que me importa? O que te disse ele?

PEDRO

Perguntou por que nhanhã não queria responder à carta dele.

CARLOTINHA

Ah! É sobre isto mesmo... Tu sabes o que vim fazer, Pedro?

PEDRO

(*rindo-se*)

Veio ver Sr. Alfredo!

CARLOTINHA

Eu adivinhava que ele estava aqui?... Vim te chamar porque mamãe quer te perguntar donde saiu esta carta que deitaste no meu bolso.

PEDRO

Nhanhã foi dizer?... Pois não!... Esta Pedro não engole.

CARLOTINHA

Chego na sala; vou meter a mão no bolso, encontro um papel; abro-o; é uma carta de namoro! Não sei como mamãe não percebeu!...

PEDRO

Ah! Nhanhã abriu!... Então leu.

CARLOTINHA

Não li! É mentira!

PEDRO

(*com um muxoxo*)

Mosca anda voando; tocou no mel, caiu dentro do prato. Nhanhã leu!

CARLOTINHA

E que tinha que lesse?

PEDRO

Se leu, deve responder!

CARLOTINHA

Faz-te de engraçado! (*dando a carta*) Toma, não quero!

PEDRO

Nhanhã faz isto a um moço delicado!

CARLOTINHA

Saiu; e nem sequer me olhou.

PEDRO

Não sabe por quê? Porque nhanhã não quis responder à carta dele.

CARLOTINHA

E o que hei de eu responder?

PEDRO

Um palavreado, como nhanhã diz quando está no baile.

CARLOTINHA

Mas ele escreveu em verso.

PEDRO

Ah, é verso! E vmcê. não sabe fazer verso?

CARLOTINHA

Eu não; nunca aprendi.

PEDRO

É muito fácil, eu ensino a nhanhã; vejo Sr. moço Eduardo fazer. Quando é esta coisa que se chama prosa, escreve-se o papel todo; quando é verso, é só no meio, aquelas carreirinhas. (*vai à mesa*) Olhe! olhe, nhanhã!

CARLOTINHA

Sabes que mais? A resposta que eu tenho de dar é esta: dize-lhe que, se deseja casar comigo, fale a Mano.

PEDRO

Ora, tudo está em receber a primeira; depois é carta para lá e carta para cá; a gente anda como correio de ministro.

CARLOTINHA

Eu te mostrarei.

Cena XII

PEDRO, EDUARDO *e* AZEVEDO

EDUARDO

Onde vai?

PEDRO

Ia abrir a porta a meu senhor!

EDUARDO

(*para a escada*)

Entra, Azevedo! Eis aqui o meu aposento de rapaz solteiro; uma sala e uma alcova. É pequeno, porém basta-me!

AZEVEDO

É um excelente *appartement*! Magnífico para um *garçon*... Este é o teu *valet de chambre*?

EDUARDO

É verdade; um vadio de conta!

PEDRO

(*a Azevedo, em meia-voz*)

Ô... Senhor está descompondo Pedro na língua francesa.

EDUARDO

Deste lado é o interior da casa; aqui tenho janelas para um pequeno jardim e uma bela vista. Vivo completamente independente da família. Tenho esta entrada separada. Por isso podes vir conversar quando quiseres, sem a menor cerimônia; estaremos em perfeita liberdade escolástica.

AZEVEDO

Obrigado, hei de aparecer. Ah! tens as tuas paisagens *signées* Lacroix? Mas não são legítimas, vi-as em Paris *chez Goupil*; fazem uma diferença enorme.

EDUARDO

Não há dúvida; mas não as comprei pelo nome, achei-as bonitas. Queres fumar?

AZEVEDO

Aceito. Esqueci o meu *porte-cigarres*. São excelentes os teus charutos. Onde os compras? No Desmarais?

EDUARDO

Onde os encontro melhores. (*Pedro acende uma vela*)

PEDRO

(*baixo*)

Rapaz muito desfrutável, Sr. moço! Parece cabeleireiro da Rua do Ouvidor!

EDUARDO

Cala-te!

AZEVEDO

(*acende o charuto*)

Obrigado!... Eis o que se chama em Paris – *parfumer la causerie*!

Cena XIII

EDUARDO *e* AZEVEDO

EDUARDO

Com que então, vais te casar? Ora quem diria que aquele Azevedo, que eu conheci tão volúvel, tão apologista do celibato...

AZEVEDO

E ainda sou, meu amigo; dou-te de conselho que não te cases. O celibato é o verdadeiro estado!... Lembra-te que Cristo foi *garçon*!

EDUARDO

Sim; mas as tuas teorias não se conformam com esse exemplo de sublime castidade!

AZEVEDO

Considera, meu caro, a diferença que vai da divindade ao homem.

EDUARDO

Mas enfim, sempre te resolveste a casar?

AZEVEDO

Certas razões!

EDUARDO

Uma paixão?

AZEVEDO

Qual! Sabes que sou incapaz de amar o que quer que seja. Algum tempo quis convencer-me que o meu *eu* amava a minha *bête*, que era egoísta, mas desenganei-me. Faço tão pouco caso de mim, como do resto da raça humana.

EDUARDO

Assim, não amas a tua noiva?

AZEVEDO

Não, decerto.

EDUARDO

É rica, talvez; casas por conveniências?

AZEVEDO

Ora, meu amigo, um moço de trinta anos, que tem, como eu, uma fortuna independente, não precisa tentar a *chasse au mariage*. Com trezentos contos pode-se viver.

EDUARDO

E viver brilhantemente; porém não compreendo então o motivo…

AZEVEDO

Eu te digo! Estou completamente *blasé*, estou gasto para essa vida de *flâneur* dos salões; Paris me saciou. *Mabille* e *Château des Fleurs* embriagaram-me tantas vezes de prazer que me deixaram insensível. O amor hoje é para mim um copo de *Cliqcot* que espuma no cálice, mas já não me tolda o espírito!

EDUARDO

E esperaste chegar a este estado para te casares?

AZEVEDO

Justamente. Tiro disso duas conveniências: a primeira é que um marido como eu está preparado para desempenhar perfeitamente o seu grave papel de carregador do mantelete, do leque ou do binóculo, e de apresentador dos apaixonados de sua mulher.

EDUARDO

Com efeito! Admiro o sangue-frio com que descreves a perspectiva do teu casamento.

AZEVEDO

Chacun son tour, Eduardo, nada mais justo. A segunda conveniência, e a principal, é que, rico, independente, com alguma inteligência, quanto basta para esperdiçar em uma conversa banal, resolvi entrar na carreira pública.

EDUARDO

Seriamente?

AZEVEDO

Já dei os primeiros passos; pretendo a diplomacia ou a administração.

EDUARDO

E para isso precisas casar?

AZEVEDO

Decerto!... Uma mulher é indispensável, e uma mulher bonita!... É o meio pelo qual um homem se distingue no *grand monde*!... Um círculo de adoradores cerca imediatamente a senhora elegante, espirituosa, que fez a sua aparição nos salões de uma maneira deslumbrante! Os elogios, a admiração, a consideração social acompanharão na sua ascensão esse astro luminoso, cuja cauda é uma crinolina, e cujo brilho vem da casa do Valais ou da Berat, à custa de alguns contos de réis! Ora, como no matrimônio, existe a comunhão de corpo e de bens, os apaixonados da mulher tornam-se amigos do marido, e vice-versa; o triunfo que tem a beleza de uma, lança um reflexo sobre a posição do outro. E assim consegue-se tudo!

EDUARDO

Tu gracejas, Azevedo; não é possível que um homem aceite dignamente esse papel. A mulher não é, nem deve ser, um objeto de ostentação que se traga como um alfinete de brilhante ou uma jóia qualquer para chamar a atenção!

AZEVEDO

Bravo! Fizeste a mais justa das comparações, meu amigo! Disseste com muito espírito; a mulher é uma jóia, um traste de luxo... E nada mais!

EDUARDO

Ora, não acredito que fales seriamente!

AZEVEDO

Podes não acreditar, mas isso não impede que a realidade seja essa. Estás ainda muito poeta, meu Eduardo! Vai a Paris e volta! Eu fui criança no espírito e voltei com a razão de um velho de oitenta anos!

EDUARDO

Mas com o coração pervertido!... Ouve, Azevedo. Estou convencido que há um grande erro na maneira de viver atualmente. A sociedade, isto é, a vida exterior, tem-se desenvolvido tanto que ameaça destruir a família, isto é, a vida íntima. A mulher, o marido, os filhos, os irmãos, atiram-se nesse turbilhão dos prazeres, passam dos bailes aos teatros, dos jantares às partidas; e quando, nas horas de repouso, se reúnem no interior de suas casas, são como estrangeiros que se encontram um momento sob a tolda do mesmo navio para se separarem logo. Não há ali a doce efusào dos sentimentos, nem o bem-estar do homem que respira numa atmosfera pura e suave. O serào da família desapareceu; são apenas alguns parentes que se juntam por hábito, e que trazem para a vida doméstica, um, o tédio dos prazeres, o outro, as recordações da noite antecedente, o outro, o aborrecimento das vigílias!

Azevedo
E que concluis desta tirada filosófico-sentimental?

Eduardo
Concluo que é por isso que se encontram hoje tantos moços gastos como tu; tantas moças para quem a felicidade consiste em uma quadrilha; tantos maridos que correm atrás de uma sombra chamada consideração; e tantos pais iludidos que se arruínam para satisfazer o capricho de suas filhas julgando que é esse o meio de dar-lhes a ventura!

Azevedo
Realmente estás excêntrico. Onde é que aprendeste estas teorias?

Eduardo
Na experiência. Também fui atraído, também fui levado pela imaginação que me dourava esses prazeres efêmeros, e conheci que só havia neles de real uma coisa.

Azevedo
O quê?

EDUARDO

Uma lição; uma boa e útil lição. Ensinaram-me a estimar aquilo que eu antes não sabia apreciar; fizeram-me voltar ao seio da família, à vida íntima!

AZEVEDO

Hás de mudar. (*toma o chapéu e as luvas*)

EDUARDO

Não creio!... já te vais?

AZEVEDO

Tenho que fazer. Algumas maçadas de homem que se despede da sua vida de *garçon*. Janto hoje com minha noiva; amanhã parto para minha fazenda, onde me demorarei alguns dias, e na volta terei o prazer de te anunciar, com todas as formalidades de estilo, em *carton porcelaine* sob o competente *enveloppe satinée et dorée sur tranche*, o meu casamento com a Sra. D. Henriqueta de Vasconcelos.

EDUARDO

Henriqueta!... Ah! É com ela que te casas?

AZEVEDO

Sim. De que te admiras?

EDUARDO

Julguei que escolhesses melhor! É tão pobre!

AZEVEDO

Mas é bonita e tem muito espírito. Há de fazer furor quando a Gudin ajeitá-la à parisiense.

EDUARDO

Dizem que é muito modesta.

AZEVEDO

Toda a mulher é vaidosa, Eduardo; a modéstia mesmo é uma espécie de vaidade inventada pela pobreza para seu uso exclusivo.

EDUARDO

Assim, estás decidido?

AZEVEDO

Mais que decidido! Estou noivo já. Adeus, aparece; andas muito raro.

Cena XIV

EDUARDO *e* PEDRO

PEDRO

O jantar está na mesa.

EDUARDO

Não me maces! Vai-te embora.

PEDRO

Sr. não vem, então?

EDUARDO

Chega aqui. Tu sabias que D. Henriqueta estava para casar?

PEDRO

Sabia, sim, senhor; rapariga dela me contou.

EDUARDO

E por que não vieste dizer-me?

PEDRO

Porque vmcê. me deu ordem que não falasse mais no nome dela.

EDUARDO

É verdade.

Cena XV

Os mesmos e CARLOTINHA

CARLOTINHA

Demorou-se muito, mano. Eu lhe esperei!… Agora vamos jantar.

EDUARDO

Não; não tenho vontade, deixa-me.

PEDRO

Sr. moço está triste porque sinhá Henriqueta vai casar!

EDUARDO

Moleque!

CARLOTINHA

Você sabia? Era dela mesmo que eu queria falar-lhe.

EDUARDO

Sabia; o seu noivo acaba de sair daqui.

CARLOTINHA

Um Azevedo, não é?

EDUARDO

Sim, um homem que, além de não amá-la, estima-a tanto como as suas botas envernizadas e os seus cavalos do Cabo!

CARLOTINHA

Mas você não sabe a razão desse casamento?

EDUARDO

Sei, Carlotinha. Um amor pobre possui tesouros de sentimento, mas não é moeda com que se comprem veludos e sedas!

CARLOTINHA

Oh! mano, não seja injusto! Ela me contou tudo!

EDUARDO

Desejava saber o que te disse.

CARLOTINHA

Logo depois de jantar, no jardim. Venha, mamãe está nos esperando.

FIM DO PRIMEIRO ATO

ATO SEGUNDO

(*Em casa de Eduardo. Jardim.*)

Cena I

EDUARDO, CARLOTINHA *e* D. MARIA

EDUARDO
Lembras-te do que me prometeste?

CARLOTINHA
Falar-lhe de Henriqueta?... Lembro-me.

EDUARDO
Que te disse ela?

CARLOTINHA
Muita coisa! Mamãe não nos ouvirá?

EDUARDO
Não; podes falar. Estou impaciente!

CARLOTINHA

Aí vem ela!

D. MARIA

Ora, Carlotinha, tu com as tuas flores tens tomado de tal maneira os canteiros que já não posso plantar uma hortaliça.

CARLOTINHA

Porém, mamãe... É tão bonito a gente ter uma flor, uma rosa para oferecer a uma amiga que nos vem visitar!

D. MARIA

É verdade, minha filha; mas não te lembras que também gostas de dar-lhes uma fruta delicada... Assim os meus morangos estão morrendo, porque as tuas violetas não deixam...

CARLOTINHA

É a flor da minha paixão! As violetas! Que perfume!

D. MARIA

E os meus morangos, que sabor! Não tenho mais um pé de alface ou de chicória...

EDUARDO

Não se agonie, minha mãe, eu mandarei fazer uma pequena divisão no quintal. Deste lado Carlotinha terá o seu jardim; do outro vmcê. mandará preparar a sua horta.

D. Maria

Estimo muito, meu filho! É por vocês que eu tomo este trabalho.

Eduardo

E nós não o sabemos? Todo o nosso amor não paga esses pequenos cuidados, essas atenções delicadas de uma mãe que só vive para seus filhos.

D. Maria

O único amor que não pede recompensa, Eduardo, é o amor de mãe; mas se eu a desejasse, que melhor podia ter do que o orgulho de ver-te em uma bonita posição, admirado pelos teus amigos e estimado mesmo pelos que não te conhecem?

Carlotinha

Não o deite a perder, mamãe; depois fica todo cheio de si!

Eduardo

Por ter uma irmã como tu, não é?

Carlotinha

Não se trata de mim.

D. Maria

Vocês ficam? A tarde está bastante fresca!

Eduardo

Já vamos, minha mãe.

Cena II

EDUARDO *e* CARLOTINHA

CARLOTINHA

Ora, enfim! Podemos conversar, mano!

EDUARDO

Sim! Estou ansioso por saber o que ela te disse! Com que fim veio ver-te! Naturalmente foi para dar-me mais uma prova de indiferença, participando-te o seu casamento!

CARLOTINHA

Foi para vê-lo uma última vez! Ah! você não se lembra, então, do que se passou! Fala de indiferença? É ela que se queixa da sua frieza, do seu desdém!

EDUARDO

Ela queixa-se... E de mim!... Estava zombando?

CARLOTINHA

Zomba-se com as lágrimas nos olhos e com a voz cortada pelos soluços.

EDUARDO

Que dizes? Ela chorava!...

CARLOTINHA

Sobre o meu seio; e eu não sabia como a consolasse.

EDUARDO

Não compreendo!

CARLOTINHA

Por quê?

EDUARDO

Eu te direi depois. Conta-me o que ela te disse.

CARLOTINHA

Foi tanta coisa!... Sim; disse-me que todos os dias lhe via da casa dela, de manhã e à tarde, na janela do seu quarto.

EDUARDO

É verdade.

CARLOTINHA

Mas que uma tarde, vindo aqui, mano não lhe deu uma palavra.

EDUARDO

E a razão disto não declarou?

CARLOTINHA

Ela ignora!

EDUARDO

Como!

CARLOTINHA

Procurou recordar-se das suas menores ações para ver se poderia ter dado causa à sua mudança; e não achou nada que devesse servir nem mesmo de pretexto.

EDUARDO

Com efeito! o fingimento chega a esse ponto!!

CARLOTINHA

É injusto, mano; aquele amor não se finge. Quando ela me recitou os versos que você lhe mandou...

EDUARDO

Eu... versos?

CARLOTINHA

Sim; uns versos em que a chamava de namoradeira, em que a ridicularizava.

EDUARDO

Mas não há tal, nunca lhe mandei versos!

CARLOTINHA

Ela os recebeu de Pedro; eu os vi, escritos por sua letra.

EDUARDO

Não é possível!

CARLOTINHA

Há nisto algum engano. Deixe-me acabar, depois verá.

EDUARDO

Eu te escuto.

CARLOTINHA

Os seus versos...

160

EDUARDO

Meus, não.

CARLOTINHA

Pois bem, os versos causaram-lhe uma dor mortal; conheceu que o mano escarnecia dela, e desde então passava as noites a chorar, e o dia a olhar entre as cortinas para ao menos ter o consolo de avistá-lo de longe e de relance. Mas você conservava fechada a única janela na qual ela podia vê-lo.

EDUARDO

Não sabes por quê? Um dia mandou-me dizer por Pedro que a minha curiosidade a incomodava. Desde então privei-me do prazer de olhá-la...

CARLOTINHA

É inexplicável!... Mas como lhe dizia, passaram-se dois meses; ela perdeu a esperança; seu pai tratou de casá-la. Desde que não podia lhe pertencer, pouco lhe importava o homem a quem a destinavam. Consentiu em tudo, mas antes de dar a sua promessa definitiva, quis vê-lo pela última vez...

EDUARDO

Para quê?

CARLOTINHA

Para quê?... O noivo foi hoje jantar em sua casa; aí às três horas devia decidir-se tudo... Pois bem, antes de dizer sim, ela veio e jurou-me, por sua mãe, que se encontrasse mano em casa, se mano a olhasse docemente, sem aquele olhar severo de outrora...

EDUARDO

Que faria?

CARLOTINHA

Não se casaria e viveria com essa única esperança de que um dia mano compreenderia o seu amor!

EDUARDO

Assim, como não me encontrou...

CARLOTINHA

Como você não quis vê-la...

EDUARDO

Eu não quis?... É verdade!

CARLOTINHA

Quando o chamei, ela nos esperava toda trêmula.

EDUARDO

Podia eu saber? Podia conceber semelhante coisa à vista do que se passou! (*refletindo*) Não; não acredito.

CARLOTINHA

O quê?

EDUARDO

Que Pedro tenha maquinado semelhante coisa.

CARLOTINHA

E eu acredito.

EDUARDO

Vou saber disto! Porém, dize-me! Depois?

CARLOTINHA

Você saiu. Eu esperei muito tempo no seu quarto para ver se voltava. Tardou tanto, que por fim vi-me obrigada a desenganá-la.

EDUARDO

Então, ela voltou...

CARLOTINHA

Com o coração partido...

EDUARDO

E foi dar esse consentimento, que seu pai esperava. A esta hora é noiva de um homem que faz dela um objeto de especulação. (*passeia*)

Cena III

Os mesmos e PEDRO

PEDRO

Sinhá velha está chamando nhanhã Carlotinha lá na sala.

CARLOTINHA

Para quê?

PEDRO

Para ver moleque de realejo que está passando. (*a meia-voz*) Mentira só!

CARLOTINHA

O quê?

PEDRO

Boneco de realejo que está dançando!

CARLOTINHA

Ora, não estou para isso.

PEDRO

Umm!... menina está reinando. Nhanhã não vai?

CARLOTINHA

Que te importa? Chega aqui, quero saber uma coisa.

PEDRO

Que é, nhanhã?

CARLOTINHA

Mano, vamos perguntar-lhe?

EDUARDO

Deixa estar, eu pergunto! (*afasta-se com ela*) Escuta, queria pedir-te um favor.

CARLOTINHA

Fale, mano; precisa pedir?

EDUARDO

Desejo falar à Henriqueta. Podes fazer com que ela venha passar a noite contigo?

CARLOTINHA

Vou escrever-lhe! Estou quase certa de que ela vem!

EDUARDO

Obrigado!

Cena IV

EDUARDO *e* PEDRO

EDUARDO

Vem cá!

PEDRO

Senhor!

EDUARDO

Responde-me a verdade.

PEDRO

Pedro não mente nunca.

EDUARDO

Que versos são uns que entregaste a D. Henriqueta, de minha parte?

PEDRO

Foram versos que senhor escreveu...

EDUARDO

Que eu escrevi?

PEDRO

Sim, senhor.

EDUARDO

À Henriqueta?

PEDRO

Não, senhor.

EDUARDO

A quem, então?

PEDRO

À viúva.

EDUARDO

Que viúva?

PEDRO

Essa que mora aqui adiante; mulher rica, do grande tom.

EDUARDO
(*rindo*)

Ah! lembro-me! E tu levaste esses versos à Henriqueta?

PEDRO

Levei, sim, senhor.

EDUARDO

Com que fim, Pedro?

PEDRO

Sr. não se zanga, Pedro diz por que fez isso.

EDUARDO

Fala logo de uma vez. Que remédio tenho eu senão rir-me do que me sucede?

PEDRO

Sinhá Henriqueta é pobre; pai anda muito por baixo; senhor casando com ela não arranja nada! Moça gasta muito; todo o dia vestido novo, camarote no teatro para ver aquela mulher que morre cantando, carro de aluguel na porta, vai passear na Rua do Ouvidor, quer comprar tudo que vê.

EDUARDO

Ora, não sabia que tinha um moralista desta força em casa!

PEDRO

Depois modista, costureira, homem da loja, cabeleireiro, cambista, cocheiro, ourives, tudo mandando a conta e senhor vexado: "Diz que não estou em casa", como faz aquele homem que mora defronte!

EDUARDO

Então foi para que eu não casasse pobre que fizeste tudo isto? Que inventaste o recado que me deste em nome de Henriqueta?…

PEDRO

Pedro tinha arranjado casamento bom; viúva rica, duzentos contos, quatro carros, duas parelhas, sala com tapete. Mas senhor estava enfeitiçado por sinhá Henriqueta e não queria saber de nada. Precisava trocar; Pedro trocou.

EDUARDO

O que é que trocaste?

PEDRO

Verso feio da viúva foi para sinhá Henriqueta; verso bonito de sinhá Henriqueta foi para a viúva.

EDUARDO

De maneira que estou com um casamento arranjado com uma correspondência amorosa e poética; e tudo isto graças à tua habilidade?

PEDRO

Negócio está pronto, sim senhor; é só querer. Pedro de vez em quando leva uma flor ou um verso que senhor deixa em cima da mesa. Já perguntou por que vmcê. não vai visitar ela!

EDUARDO

(rindo-se)

Eis um corretor de casamentos, que seria um achado precioso para certos indivíduos do meu conhecimento! Vou tratar de vender-te a algum deles para que possas aproveitar o teu gênio industrioso.

PEDRO

Oh! Não! Pedro quer servir a meu senhor! Vmcê. perdoa; foi para ver senhor rico!

EDUARDO

E que lucras tu com isto! Sou tão pobre que te falte aquilo de que precisas? Não te trato mais como um amigo do que como um escravo?

PEDRO

Oh! Trata muito bem, mas Pedro queria que senhor tivesse muito dinheiro e comprasse carro bem bonito para...

EDUARDO

Para... Dize!

PEDRO

Para Pedro ser cocheiro de senhor!

EDUARDO

Então a razão única de tudo isto é o desejo que tens de ser cocheiro?

PEDRO

Sim, senhor!

EDUARDO
(rindo-se)

Muito bem! Assim, pouco te importava que eu ficasse mal com uma pessoa que estimava; que me casasse com uma velha ridícula, contanto que governasses dois cavalos em um carro! Tens razão!... E eu ainda devo dar-me por muito feliz, que fosse esse o motivo que te obrigasse a trair a minha confiança.

Cena V

PEDRO *e* CARLOTINHA

CARLOTINHA
Já escrevi! Ah! Mano não está!... Pedro!...

PEDRO
Nhanhã!

CARLOTINHA
Que fazes tu aí?

PEDRO
Oh! Pedro não está bom hoje, não; senhor está zangado.

CARLOTINHA
Por quê? Por causa de Henriqueta?

PEDRO
Sim. Pedro fez história de negro, enganou senhor. Mas hoje mesmo tudo fica direito.

CARLOTINHA
Que vais tu fazer? Melhor é que estejas sossegado.

PEDRO
Oh! Pedro sabe como há de arranjar este negócio. Nhanhã não se lembra, no teatro lírico, uma peça que se representa e que tem homem chamado Sr. Fígaro, que canta assim:

Tra-la-la-la-la-la-la-la-tra!!
Sono un barbiere di qualità!
Fare la barba per carità!…

CARLOTINHA

(*rindo-se*)
Ah! *O barbeiro de Sevilha*!

PEDRO

É isso mesmo. Esse barbeiro, Sr. Fígaro, homem fino mesmo, faz tanta coisa que arranja casamento de sinhá Rosinha com nhonhô Lindório. E velho doutor fica chupando no dedo, com aquele frade D. Basílio!

CARLOTINHA

Que queres tu dizer com isto?

PEDRO

Pedro tem manha muita, mais que Sr. Fígaro! Há de arranjar casamento de Sr. moço Eduardo com sinhá Henriqueta. Nhanhã não sabe aquela ária que canta sujeito que fala grosso? (*cantando*) "La calunnia!…"

CARLOTINHA

Deixa-te de prosas!

PEDRO

Prosa, não; é verso! Verso italiano que se canta!

CARLOTINHA

(*rindo*)
Tu também sabes italiano?

PEDRO

Ora! Quando Sr. moço era estudante e mandava levar ramo de flor à dançarina do teatro, aquela que tem perna de engonço, Pedro falava mesmo como patrício dela: *Un fiore, signorina!*

CARLOTINHA

Ah! Mano mandava flores a dançarinas... (*a meia-voz*) E diz que amava a Henriqueta!

PEDRO

Ora, moço pode gostar de três moças ao mesmo tempo. Esse bicho que se chama amor, está nos olhos, nos ouvidos e no coração: moço gosta de mulher bonita só para ver, de mulher de teatro só para ouvir cantar e de mulher de casamento para pensar nela todo o dia!

CARLOTINHA

Não sejas tolo! A gente só deve gostar de uma pessoa! Aposto que o tal Sr. Alfredo é desses!

PEDRO

Qual! Sr. Alfredo é só de nhanhã; mas é preciso responder a ele.

CARLOTINHA

Já não te disse a resposta? Por que não deste?

PEDRO

Homem não gosta dessa resposta de boca, diz que é mentira. Gosta de papelinho para guardar na carteira, lembrando-se do anjinho que escreveu.

CARLOTINHA

Escrever, nunca; não tenho ânimo!...

PEDRO

Pois, olhe, nhanhã tira duas violetas; põe uma nos cabelos, manda outra a ele! Isto de flor!... Hum!... Faz cócegas no coração.

CARLOTINHA

Deste modo... sim... eu podia...

PEDRO

Então vá buscar a flor já! Pedro leva!

CARLOTINHA

Não, não quero!

PEDRO

Eu vou ver!

CARLOTINHA

Não é preciso! Eu tenho!...

PEDRO

Ah! Nhanhã já tem!

CARLOTINHA

Estão aqui. (*no seio*)

PEDRO

Melhor! De cá, nhanhã.

CARLOTINHA

Mas olha!... Não!

PEDRO

(*tomando*)

Hi!... Sr. Alfredo vai comer esta violeta de beijo só, quando souber que esteve no seio de nhanhã!

CARLOTINHA

Dá-me! Não quero!

Cena VI

CARLOTINHA *e* EDUARDO

CARLOTINHA

Meu Deus! Ah! Mano!

EDUARDO

Já soube tudo, uma malignidade de Pedro. É a conseqüência de abrigarmos em nosso seio esses reptis venenosos, que quando menos esperamos nos mordem no coração! Mas, enfim, ainda se pode reparar. Escreveste a Henriqueta?

CARLOTINHA

Sim; a resposta não deve tardar!

EDUARDO

Tu és um anjo, Carlotinha!

CARLOTINHA

Como se engana, mano!

EDUARDO

Que queres dizer?

CARLOTINHA

Nada! Eu devia lhe contar! Mas…

EDUARDO

Tens alguma coisa a dizer-me? Por que não falas?

CARLOTINHA

Tenho medo!

EDUARDO

De teu irmão! Não tens razão!

CARLOTINHA

Mesmo por ser meu irmão, não gostará…

EDUARDO

Mais um motivo. Um irmão, Carlotinha, é para sua irmã menos do que uma mãe, porém mais do que um pai; tem menos ternura do que uma, e inspira menos respeito do que o outro. Quando Deus o colocou na família a par dessas almas puras e inocentes como a tua, deu-lhe uma missão bem delicada; ordenou-lhe que moderasse para sua irmã a excessiva austeridade de seu pai e a ternura muitas vezes exagerada de sua mãe; ele é homem e moço, conhece o mundo, porém também compreende o coração de uma menina, que é sempre um mito para os velhos já esquecidos de sua mocidade. Portanto, a quem melhor podes contar um segredo do que a mim?

CARLOTINHA

É verdade, suas palavras me decidem. Você é meu irmão, e o chefe da nossa família, desde que perdemos nosso pai. Devo dizer-lhe tudo; tem o direito de repreender-me!

EDUARDO
Cometeste alguma falta?

CARLOTINHA
Creio que sim. Uma falta bem grave!

EDUARDO
Minha irmã... Acaso terás esquecido!...

CARLOTINHA
Oh! Se toma esse ar severo, não terei ânimo de dizer-lhe!

EDUARDO
(*com esforço*)
Estou calmo, mana, não vês? Fala!

CARLOTINHA
Sim! Sim! É que me custa a dizer!... Não faz idéia!

EDUARDO
Vamos! Coragem!

CARLOTINHA
Conhece um moço, que às vezes lhe vem procurar... chama-se Alfredo!...

EDUARDO
Que tem!...

176

CARLOTINHA

Pois esse moço… ama-me, e…

EDUARDO

E que fizeste?

CARLOTINHA

(*atirando-se ao peito de Eduardo*)
Mandei-lhe uma flor!… Mas uma só!

EDUARDO

Ah! Assim é esta a falta que cometeste! A primeira e a única!

CARLOTINHA

Não!… Devo dizer-lhe tudo! Li esta carta. Tome, ela queima-me o seio.

EDUARDO

(*lendo*)
Quem te entregou?

CARLOTINHA

Pedro deitou no meu bolso sem que o percebesse.

EDUARDO

Oh! Eu adivinhava! E respondeste?

CARLOTINHA

Pois a violeta foi a resposta! Não queria dar. Mas lembrei-me que assim como Henriqueta lhe amava, também eu podia amá-lo!…

EDUARDO

Tens razão, minha irmã. Cometeste uma falta, mas te arrependeste a tempo. Não te envergonhes disto; és moça e inexperiente, a culpa foi minha, e minha só.

CARLOTINHA

Sua, mano! Como?

EDUARDO

Eu te digo: acabas de dar-me uma prova do teu discernimento; o que vou dizer-te será uma lição. Os moços, ainda os mais tímidos como eu, minha irmã, sentem quando entram na vida uma necessidade de gozar desses amores que duram alguns dias e que passam deixando o desgosto n'alma! Eu fui fascinado pela mesma miragem; depois quis esquecer Henriqueta e procurei nos olhares e nos sorrisos das mulheres um bálsamo para o que eu sofria. Ilusão! O amor vivia, e nas minhas extravagâncias o que eu esquecia é que tinha uma irmã inocente confiada à minha guarda. Imprudente eu abrigava no seio de minha família, no meu lar doméstico, a testemunha e o mensageiro de minhas loucuras: alimentava o verme que podia crestar a flor de tua alma. Sim, minha irmã! Tu cometeste uma falta; eu cometi um crime!

CARLOTINHA

Não se acuse, mano; é severo demais para uma coisa que ordinariamente fazem os moços na sua idade!

EDUARDO

Porque não refletem!... Se eles conhecessem o fel que encobrem essas rosas do prazer deixá-lasiam murchar, sem sentir-lhes o perfume! Há certos objetos tão sagrados que não se devem manchar nem mesmo com a sombra de um mau exemplo! A reputação de uma moça é um deles. O homem que tem uma família está obrigado a respeitar em todas as mulheres a inocência de sua irmã, a honra de sua esposa e a virtude de sua mãe. Ninguém deve dar direito a que suas ações justifiquem uma suspeita ou uma calúnia.

CARLOTINHA

Está bom, não vá agora ficar triste e pensativo por isso. Já lhe disse tudo, já lhe dei a carta; prometo-lhe não pensar mais nele. Duvida de mim?

EDUARDO

Não. Agradeço a tua confiança e acredita que saberei usar dela. Já volto.

CARLOTINHA

Que vai fazer?

EDUARDO

Escrever uma carta; ou antes, responder à que recebeste.

CARLOTINHA

Como, Eduardo!

EDUARDO

Logo saberás.

CARLOTINHA

Mas não se zangue com ele; sim?

EDUARDO

Tranqüiliza-te; ele te interessa, é um título para que eu o respeite.

Cena VII

CARLOTINHA *e* HENRIQUETA

HENRIQUETA
(fora)

Carlotinha!...

CARLOTINHA

Henriqueta! – Ah! Eu te esperava!

HENRIQUETA

E tinhas razão... Mas antes de tudo... É verdade?... O que me escreveste?

CARLOTINHA

Sim; ele te ama e te amou sempre! Um engano, uma fatalidade...

HENRIQUETA

Bem cruel!... Eu perdoaria de bom grado à sorte todas as minhas lágrimas, mas não lhe perdôo o fazer-me mulher de outro!

CARLOTINHA

Então, está decidido!

Henriqueta

Eu não te disse! Sou sua noiva! Meu pai deu-lhe a sua palavra. Ele me acompanha já com direito de senhor. Por sua causa estive quase não vindo…

Carlotinha

Como assim? Ele recusaria…

Henriqueta

Não; mas meu pai convidou-o para acompanhar-nos, e eu lembrei-me que Eduardo sofreria tanto vendo-me junto desse homem, que um momento fi-quei indecisa!

Carlotinha

Por quê? Ele sabe que tu não o amas.

Henriqueta

Não importa.

Carlotinha

Mas enfim vieste. Fizeste bem!

Henriqueta

Não sei se fiz bem. Fui arrastada! Creio que aos pés do altar, se ele me chamasse, eu ainda me volta-ria para dizer-lhe, enquanto sou livre, que o amo e que só amarei a ele!

Cena VIII

Os mesmos, Vasconcelos, D. Maria *e* Azevedo

VASCONCELOS

Onde está o nosso doutor? Não há mais quem o veja.

CARLOTINHA

Subiu ao seu quarto, já volta.

VASCONCELOS

Oh! D. Carlotinha! Como está?!... Apresento-lhe meu genro, o Sr. Azevedo. (*a Azevedo*) É a mais íntima amiga de Henriqueta.

AZEVEDO

E eu o mais íntimo amigo de seu irmão! Há, portanto, dois motivos bastante fortes para o meu respeito e consideração.

CARLOTINHA

Muito obrigada! (*a Henriqueta*) Vai-te sentar; estás toda trêmula!

HENRIQUETA
(*baixo*)

E ele, por que não vem?

CARLOTINHA

Não tarda! (*afastam-se*)

VASCONCELOS
(*a Maria*)

Parece-me um excelente moço, e estou certo que há de fazer a felicidade de minha filha.

D. Maria

É o que desejo; tenho muita amizade à sua menina e estimo que seu marido reúna todas as qualidades.

Vasconcelos

Para mim, se quer que lhe diga a verdade, só lhe noto um pequeno defeito.

D. Maria

Qual? É jogador?

Vasconcelos

Não; o jogo já não é um defeito, segundo dizem; tornou-se um divertimento de bom-tom. O que noto em meu genro, e que desejo corrigir-lhe, é o mau costume de falar metade em francês e metade em português, de modo que ninguém o pode entender!

D. Maria

Ah! Não observei ainda!

Vasconcelos

É uma mania que eles trazem de Paris e que os torna sofrivelmente ridículos. Mas não se querem convencer!

Azevedo

Tem um belo jardim, minha senhora, um verdadeiro *bosquet*. Oh! *c'est charmant*! Não perdôo, porém, a meu amigo Eduardo, não o ter aproveitado para fazer um *kiosque*. Ficaria magnífico!

Vasconcelos

Então, entendeu?

D. Maria

Não, absolutamente nada!

Vasconcelos

O mesmo me sucede! Tanto que às vezes ainda duvido que realmente ele me tenha pedido a mão de Henriqueta!

D. Maria

Ora! É demais! (*sobem*)

Azevedo

(*a Carlotinha*)

Aqui passa V. Exa. naturalmente as tardes, conversando com as suas flores, em doce e suave *rêverie*!

Carlotinha

Não tenho o costume de sonhar acordada; isso é bom para as naturezas poéticas.

Azevedo

Les hommes sont poètes; les femmes sont la poésie, disse um distinto escritor. Oh! Eis a flor clássica da beleza.

Carlotinha

A camélia?

Azevedo

Sim, a camélia é hoje, em Paris, mais do que uma simples flor; é uma condecoração que a moda, verdadeira soberana, dá à mulher elegante.

CARLOTINHA

Parece-me que uma senhora não precisa de outro distintivo além de suas maneiras e de sua graça natural. Que dizes, Henriqueta?...

HENRIQUETA

Tens razão, Carlotinha; não é o enfeite que faz a mulher; é a mulher que faz o enfeite, que lhe dá a expressão e o reflexo de sua beleza.

AZEVEDO

Teorias!... *Fumées d'esprit...* (*a Carlotinha*) Mas, minha senhora, disse há pouco que se podia fazer deste jardim um paraíso!

CARLOTINHA

Como? Diga-me; quero executar perfeitamente o seu plano.

AZEVEDO

Com muito gosto. Vou traçar-lhe em miniatura o jardim de minha casa; de nossa casa, D. Henriqueta.

CARLOTINHA
(*a Henriqueta*)
Deixo-te só! (*dá o braço a Azevedo*)

AZEVEDO

Aqui *un jet d'eau.* À noite é de um efeito maravilhoso! Além de que espalha uma frescura! (*afastam-se*)

Cena IX

Os mesmos, Henriqueta, Eduardo,
Vasconcelos *e* D. Maria

EDUARDO

D. Henriqueta!

HENRIQUETA

Ah!… Sr. Eduardo!

VASCONCELOS

Como está? Eu não passo bem das minhas enxaquecas!

D. MARIA

É do tempo!

VASCONCELOS

Qual, D. Maria! Moléstia de velho! Onde está ele? (*a Eduardo*) Quero apresentar-lhe meu futuro genro.

EDUARDO

Conheço-o; é um dos meus camaradas de colégio!

VASCONCELOS

Ah! Estimo muito. (*a D. Maria*) Eu cá não tenho camaradas de colégio; mas tenho os de fogo! Na guerra da Independência…

AZEVEDO

(*voltando*)
Acabo de dar um passeio pelos Campos Elíseos!

CARLOTINHA

Na imaginação... É lisonjeiro para mim!

EDUARDO

Boa tarde, Azevedo!

HENRIQUETA
(*a Carlotinha*)

Ah! Nunca esperei!

CARLOTINHA

O quê?

HENRIQUETA

Tu me iludiste!

AZEVEDO

Participo-te, meu caro, que tens uma irmã encantadora. Estou realmente fascinado. A sua conversa é uma *gerbe* de graça; uma *fusée* de ditos espirituosos!

EDUARDO

Admira! Pois nunca foi a Paris, nem está habituada a conversar com os moços elegantes!...

AZEVEDO

É realmente *étonnant*!

VASCONCELOS

Ora, meu genro, se o Sr. continua a falar desta maneira, obriga-me a trazer no bolso daqui em diante um dicionário de Fonseca.

AZEVEDO

Os estrangeiros têm razão! Estamos ainda muito atrasados no Brasil!

D. MARIA

Entremos, é quase noite!

FIM DO SEGUNDO ATO

ATO TERCEIRO

(Em casa de Eduardo. Sala interior.)

Cena I

Eduardo, Henriqueta, Carlotinha, Azevedo,
Vasconcelos, D. Maria, Pedro *e* Jorge
(Toma-se chá. Na mesa do centro, Carlotinha
e Azevedo; à direita, Vasconcelos e D. Maria;
à esquerda, Henriqueta; Eduardo passeia; Jorge
numa banquinha à esquerda. Pedro serve.)

Carlotinha

Ora, Sr. Azevedo! Pois o senhor esteve em Paris
e não aprendeu a fazer chá?...

Azevedo

Paris, minha senhora, não sabe tomar chá, é o
privilégio de Londres.

D. Maria
(*a Pedro*)
Serve ao Sr. Vasconcelos.

Pedro
(*baixo, a Jorge*)
Eh! Nhonhô! Hoje não fica pão no prato, velho jarreta limpa a bandeja.

Vasconcelos
Excelentes fatias! É uma coisa que em sua casa sabem preparar!

Carlotinha
Mano Eduardo, venha tomar chá.

Eduardo
Não; depois.

Pedro
(*baixo, a Carlotinha*)
Nhanhã está enfeitiçando o moço!

Carlotinha
Henriqueta, não dizes nada! Estás tão calada!

Henriqueta
Tu me deixaste sozinha.

Carlotinha
Tens razão!... Ora, mano, deixe-se de passear e venha conversar com a gente.

AZEVEDO

É verdade. Em que pensas, Eduardo? Na homeo-
patia ou nalguma beleza *inconnue*?

EDUARDO

Penso na teoria do casamento que me expuseste
esta manhã; estou convertido às tuas idéias.

AZEVEDO

Ah!... D. Carlotinha, não quer que a sirva?

CARLOTINHA
(*ergue-se; a Eduardo*)
Vai-te sentar junto de Henriqueta.

EDUARDO
(*baixo*)
Não; se me sento junto dela esqueço tudo. Tu me
lembraste há pouco que sou o chefe de uma família.

CARLOTINHA

Não lhe entendo.

EDUARDO

Daqui a pouco entenderás.

D. MARIA

Tens alguma coisa, meu filho?

EDUARDO

Não, minha mãe; espero alguém que tarda.

CARLOTINHA
(*a Henriqueta*)
Não te zangues!... (*beija-a na face*)

Henriqueta

Não; já estou habituada.

Pedro

(*servindo Henriqueta*)

Sr. moço Eduardo gosta muito de sinhá Henriqueta.

Henriqueta

Agora é que me dizes isto!

Pedro

Ele há de casar com sinhá!

Azevedo

D. Maria, sabe? Sua filha está zombando desapiedadamente de mim.

Carlotinha

Não creia, mamãe.

D. Maria

Decerto; não é possível, Sr. Azevedo.

Vasconcelos

(*a Pedro*)

Deixa ver isto!

Pedro

(*baixo*)

Sr. Vasconcelos come como impingem!

Vasconcelos

Hein!... (*D. Maria senta-se*)

PEDRO

Este pão está muito gostoso!

JORGE

Vem cá, Pedro!

PEDRO

(*baixo*)

Guarda, nhonhô! Sinhá velha está só com olho revirado para ver se Pedro mete biscoito no bolso.

CARLOTINHA

Ora, Sr. Azevedo, não gosto de cumprimentos. Todo esse tempo, Henriqueta, o teu noivo não fez outra coisa senão dirigir-me finezas. Previno-te para que não acredites nelas!

HENRIQUETA

Estás tão alegre hoje, Carlotinha.

CARLOTINHA

(*baixo*)

Isto quer dizer que estás triste! Tens razão! Fui egoísta. Mas ele te ama!

HENRIQUETA

Tu o dizes!

AZEVEDO

(*a Eduardo*)

Realmente não pensava encontrar no Rio de Janeiro uma moça tão distinta como tua irmã. É uma verdadeira parisiense.

CARLOTINHA

Vamos para a sala! Venha Sr. Azevedo. Mano…

Cena II

VASCONCELOS, PEDRO, D. MARIA *e* JORGE

VASCONCELOS

É preciso também pensar em casar a Carlotinha, D. Maria; já é tempo!

D. MARIA

Sim, está uma moça, mas, Sr. Vasconcelos, não me preocupo com isto. Há certas mães que desejam ver-se logo livres de suas filhas, e que só tratam de casá-las; eu sou o contrário.

VASCONCELOS

Tem razão; também eu se não estivesse viúvo!… Mas isso de um homem não ter a sua dona de casa, é terrível! Anda tudo às avessas.

D. MARIA

Por isso não; Henriqueta é uma boa menina! Bem educada!…

VASCONCELOS

Sim; é uma moça do tom; porém não serve para aquilo que se chama uma dona de casa! Estas meninas de hoje aprendem muita coisa: francês, italiano, desenho e música, mas não sabem fazer um bom doce de ovos, um biscoito gostoso! Isto era bom para o nosso tempo, D. Maria!

D. Maria

Eram outros tempos, Sr. Vasconcelos; os usos deviam ser diferentes. Hoje as moças são educadas para a sala; antigamente eram para o interior da casa!

Vasconcelos

Que é o verdadeiro elemento. Confesso que hoje, que vou ficar só, se ainda encontrasse uma daquelas senhoras do meu tempo, mesmo viúva!...

D. Maria

Vamos ouvir as meninas tocarem piano!... Cá deve estar mais fresco! (*durante as cenas seguintes ouve-se, por momentos, o piano*)

Cena III

Pedro *e* Jorge

Pedro

Ô!... Tábua mesmo na bochecha! Sinhá velha não brinca! Ora, senhor. Homem daquela idade, que não serve para mais nada, querendo casar. Para ter mulher que lhe tome pontos nas meias!

Jorge

Vou me divertir com ele.

Pedro

Não; sinhá briga. Vá sentar-se lá junto de nhanhã Carlotinha, e ouça o que Sr. Azevedo está dizendo a ela.

JORGE

Para quê?

PEDRO

Para contar a Pedro depois.

JORGE

Eu, não.

PEDRO

Pois Pedro não leva nhonhô para passear na Rua do Ouvidor.

JORGE

Ora, eu já vi!

PEDRO

Mas agora é que está bonita! Tem homem de pau vestido de casaca, com barba no queixo, em pé na porta da loja, e moça rodando como corrupio na vidraça de cabeleireiro.

JORGE

Está bom! Eu vou!

Cena IV

PEDRO, VASCONCELOS *e* JORGE

VASCONCELOS

Não deixaria por aqui a minha caixa e o meu lenço?

PEDRO
(*a Jorge*)

Um dia é capaz também de deixar o nariz!... Vintém é que não esquece nunca! Está grudado dentro do bolso!

JORGE

Lá no sofá, Sr. Vasconcelos!

VASCONCELOS

Ah! Cá está! Acabou-se-me o rapé! Chega aqui, Pedro!

PEDRO
(*a Jorge*)

Já vem maçada! (*alto*) Sr. quer alguma coisa?

VASCONCELOS

Vai num pulo ali em casa, pede a Josefa que me encha esta caixa de rapé, e traze depressa.

PEDRO

Sim, senhor; Pedro vai correndo.

VASCONCELOS

Olha, não te esqueças de dizer-lhe que eu sei a altura em que deixei o pote. Às vezes gosta de tomar a sua pitada à minha custa.

PEDRO

Mas, Sr. Vasconcelos...

VASCONCELOS

O que é? (*Jorge sai*)

PEDRO

Nhonhô dá uns cobres para comprar... uma jaqueta.

VASCONCELOS

Ora que luxo!... Uma jaqueta com este calor?

PEDRO

É para passear num domingo, dia de procissão!

VASCONCELOS

Pede a teu senhor!

PEDRO

Qual!... Ele não dá!

VASCONCELOS

Bom costume este! Vocês fazem pagar caro o chá que se toma nestas casas! Mas eu não concorro para semelhante abuso!

PEDRO

Ora! dez tostões; moedinha de prata! Chá no hotel custa mais caro!

VASCONCELOS

Sim; vai buscar o rapé e na volta falaremos. (*batem palmas*)

Cena V

EDUARDO *e* ALFREDO

ALFREDO

Boa noite. Ah! Dr. Eduardo…

EDUARDO

Sente-se, Sr. Alfredo; preciso falar-lhe.

ALFREDO

Peço-lhe desculpa de me ter demorado; mas quando levaram o seu bilhete não estava em casa; há pouco é que recebi e imediatamente…

EDUARDO

Obrigado; o que vou dizer-lhe é para mim de grande interesse, e por isso espero que me ouça com atenção.

ALFREDO

Estou às suas ordens.

EDUARDO

Sr. Alfredo, minha irmã me pediu que lhe entregasse esta carta.

ALFREDO

A minha!…

EDUARDO

Sim. Quanto à resposta, é a mim que compete dá-la. É o direito de um irmão, não o contestará, decerto.

ALFREDO

Pode fazer o que entender. (*ergue-se*)

EDUARDO

Queira sentar-se, senhor, creio que falo a um homem de honra, que não deve envergonhar-se dos seus atos.

ALFREDO

Eu o escuto!

EDUARDO

Não pense que vou dirigir-lhe exprobrações. Todo o homem tem o direito de amar uma mulher; o amor é um sentimento natural e espontâneo, por isso não estranho, ao contrário, estimo, que minha irmã inspirasse uma afeição a uma pessoa cujo caráter aprecio.

ALFREDO

Então não sei para que essa espécie de interrogatório!...

EDUARDO

Interrogatório? Ainda não lhe fiz uma só pergunta, e nem preciso fazer. Tenho unicamente um obséquio a pedir-lhe; e depois nos separaremos amigos ou simples conhecidos.

ALFREDO

Pode falar, Dr. Eduardo. Começo a compreendê-lo; e sinto ter a princípio interpretado mal as suas palavras.

EDUARDO

Ainda bem! Eu sabia que nos havíamos de entender; posso ser franco. Um homem que ama realmente uma moça, Sr. Alfredo, não deve expô-la ao ridículo e aos motejos dos indiferentes; não deve deixar que a sua afeição seja um tema para a malignidade dos vizinhos e dos curiosos.

ALFREDO

É uma acusação imerecida! Não dei ainda motivos…

EDUARDO

Estou convencido disso, e é justamente para que não os dê e não siga o exemplo de tantos outros, que tomei a liberdade de escrever-lhe convidando-o a vir aqui esta noite. Quero apresentá-lo à minha família.

ALFREDO

Como? Apesar do que sabe? E do que se passou?

EDUARDO

Mesmo pelo que sei e pelo que se passou. Tenho a este respeito certas idéias, não sou desses homens que entendem que a reputação de uma mulher deve ir até o ponto de não ser amada. Mas é no seio de sua família, ao lado de seu irmão, sob o olhar protetor de sua mãe, que uma moça deve receber o amor puro e casto daquele que ela tiver escolhido.

ALFREDO

Assim, me permite…

EDUARDO

Não permito aquilo que é um direito de todos. Somente lhe lembrarei uma coisa, e para isso não é necessário invocar a amizade. Qualquer alma, ainda a mais indiferente, compreenderá o alcance do que vou dizer.

ALFREDO

Não sei o que quer lembrar-me, doutor; se é, porém, o respeito que me deve merecer sua irmã, é escusado.

EDUARDO

Não; não é isso, nesse ponto confio no seu caráter, e confio sobretudo em minha irmã. O que lhe peço é que, antes de aceitar o oferecimento que lhe fiz, reflita. Se a sua afeição é um capricho passageiro, não há necessidade de vir buscar, no seio da família, a flor modesta que se oculta na sombra e que perfuma com a sua pureza a velhice de uma mãe, e os íntimos gozos da vida doméstica. O senhor é um moço distinto; pode ser recebido em todos os salões. Aí achará os protestos de um amor rapidamente esquecido; aí no delírio da valsa, e no abandono do baile, pode embriagar-se de prazer. E quando um dia sentir-se saciado, suas palavras não terão deixado num coração virgem o germe de uma paixão, que aumentará com o desprezo e o indiferentismo.

ALFREDO

A minha afeição, Dr. Eduardo, é séria e não se parece com esses amores de um dia!

EDUARDO

Bem; é o que desejava ouvir-lhe. (*vai à porta da sala, e faz um aceno*)

Cena VI

Os mesmos e Carlotinha

Eduardo

Vem, mana; quero apresentar-te um dos meus amigos.

Alfredo

Minha senhora... Estimo muito!...

Carlotinha

Agradeço!... (*a Eduardo, e a meia-voz*) Mano!... Que quer dizer isto?

Eduardo

Uma coisa muito simples! Desejo que vejas de perto o homem que te interessa; conhecerás se ele é digno de ti.

Carlotinha

(*com arrufo*)

Não quero!... Não gosto dele!

Eduardo

Dir-lhe-ás isto mesmo. Em todo o caso é um amigo de teu irmão! (*a Alfredo*) Previno-lhe, Sr. Alfredo, que não usamos cerimônias!

Alfredo

Obrigado; quando se está entre amigos a intimidade é a mais respeitosa e a mais bela das etiquetas.

EDUARDO

Muito bem dito! (*Pedro atravessa a cena, entra na sala com a caixa de rapé, volta, e vem aparecer na porta do lado oposto*)

D. MARIA

Henriqueta te chama, Carlotinha!

CARLOTINHA

Sim, mamãe! (*sai*)

EDUARDO

(*a Alfredo*)

É minha mãe! (*a D. Maria*) Um dos meus amigos, o Sr. Alfredo, que vem pela primeira vez à nossa casa e que, espero, continuará a freqüentá-la.

ALFREDO

Terei nisto o maior prazer. Eu estimava já, sem conhecê-la, a sua família.

D. MARIA

Pois venha sempre que queira. Os amigos de Eduardo são aqui recebidos como filhos da casa!

ALFREDO

Não mereço tanto, e a sua bondade, minha senhora, honra-me em extremo.

EDUARDO

Vamos, estão aqui na sala algumas pessoas de nossa amizade, a quem desejo apresentá-lo.

ALFREDO

Com muito gosto.

D. MARIA

Eu já volto!

Cena VII

PEDRO *e* CARLOTINHA

CARLOTINHA

Pedro, traz copos d'água na sala.

PEDRO

Ô! Nhanhã!... Rato está dentro do queijo!

CARLOTINHA

Não te entendo!

PEDRO

Sr. Alfredo já sentado junto do piano, só alisando o bigodinho!

CARLOTINHA

Que tem isso?

PEDRO

Eh!... Casamento está fervendo! Pedro vai mandar lavar camisa de prega para o dia do banquete.

CARLOTINHA

Não andes dizendo estas coisas!

PEDRO

Ora não faz mal! E Sr. Azevedo? Nhanhã viu! Está caído também, só arrastando a asa!

CARLOTINHA

Pedro!

Cena VIII

D. MARIA *e* EDUARDO

D. MARIA

Onde vais?

EDUARDO

Vinha mesmo em sua procura, minha mãe.

D. MARIA

Precisas falar-me?

EDUARDO

Quero dizer-lhe uma coisa que lhe interessa. Este moço, Alfredo…

D. MARIA

O teu amigo… que me apresentaste?

EDUARDO

Ama Carlotinha!

D. MARIA

Ah! E ela sabe?

EDUARDO

Sabe e talvez já o ame!

D. MARIA

Não é possível! Tua irmã!...

EDUARDO

Sim, minha mãe; ela o ama, sem compreender ainda o sentimento que começa a revelar-se.

D. MARIA

E esse moço abriu-se contigo e pediu-te a mão de tua irmã?

EDUARDO

Não, minha mãe; eu disse-lhe que sabia a afeição que tinha a Carlotinha, e por isso queria apresentá-lo à minha família.

D. MARIA

E exigiste dele a promessa de casar-se com ela?

EDUARDO

Não; não exigi promessa alguma.

D. MARIA

Foi ele então que a fez espontaneamente?

EDUARDO

Não podia fazer, porque não tratamos de semelhante coisa.

D. Maria

Mas, meu filho, não te entendo. Tu chamas para o interior da família um homem que faz a corte à tua irmã e nem sequer procuras saber as suas intenções!

Eduardo

As intenções de um homem, ainda o mais honrado, minha mãe, pertencem ao futuro, que faz delas uma realidade ou uma mentira. Para que obrigar um moço honesto a mentir e faltar à sua palavra?...

D. Maria

Assim, tu julgas que é inútil pedir ou receber uma promessa?

Eduardo

Completamente inútil, quando a promessa não constitui uma verdadeira obrigação social e um direito legítimo.

D. Maria

Não te percebo!

Eduardo

É preciso conhecer o coração humano, minha mãe, para saber quanto as pequeninas circunstâncias influem sobre os grandes sentimentos. O amor, sobretudo, recebe a impressão de qualquer acidente, ainda o mais imperceptível. O coração que ama de longe, que concentra o seu amor por não poder exprimi-lo, que vive separado pela distância, irrita-se com os obstáculos, e procura vencê-los para aproximar-se. Nessa luta da paixão cega todos os meios são bons: o afeto puro muitas vezes degenera em desejo insensato e recorre a esses ardis de que um homem calmo se envergonharia; corrompe os nossos escravos, introduz a imoralidade no seio das famílias, devassa o interior da nossa casa, que deve ser sagrada como um templo, porque realmente é o templo da felicidade doméstica.

D. Maria

Nisto tens razão, meu filho! É essa a causa de tantas desgraças que se dão na nossa sociedade e com pessoas bem respeitáveis; mas qual o meio de evitá-las?

Eduardo

O meio?... É simples; é aquele que acabo de empregar e que vmcê. estranhou. Tire ao amor os obstáculos que o irritam, a distância que o fascina, a contrariedade que o cega, e ele se tornará calmo e puro como a essência de que dimana. Não há necessidade de recorrer a meios ocultos, quando se pode ver e falar livremente; no meio de uma sala, no seio da intimidade, troca-se uma palavra de afeto, um sorriso, uma doce confidência; mas, acredite-me, minha mãe, não se fazem as promessas e concessões perigosas que só arranca o sentimento da impossibilidade.

D. Maria

Mas supõe que esse homem, que parece ter na sociedade uma posição honesta, não é digno de tua irmã, e que, portanto, com este meio, proteges uma união desigual?

EDUARDO

Não tenho esse receio. Ninguém conhece melhor o homem que a ama, do que a própria mulher amada; mas para isso é preciso que o veja de perto, sem o falso brilho, sem as cores enganadoras que a imaginação empresta aos objetos desconhecidos e misteriosos. Numa carta apaixonada, numa entrevista alta noite, um desses nossos elegantes do Rio de Janeiro pode parecer-se com um herói de romance aos olhos de uma menina inexperiente; numa sala, conversando, são, quando muito, moços espirituosos ou frívolos. Não há heróis de casaca e luneta, minha mãe; nem cenas de drama sobre o eterno tema do calor que está fazendo.

D. MARIA
(*rindo*)
Pensas bem, Eduardo!

EDUARDO

Continue a educar o espírito da sua filha como tem feito até agora; e fique certa que, se Alfredo tivesse uma alma pequena e um mau caráter, Carlotinha descobriria primeiro, com a segunda vista do amor, do que a senhora com toda a sua solicitude e eu com toda a minha experiência.

D. MARIA

Desculpa, Eduardo. Sou mulher, sou mãe, sei adorar meus filhos, viver para eles, mas não conheço o mundo como tu. Assustei-me vendo que um perigo ameaçava tua irmã; tuas palavras, porém, tranqüilizaram-me completamente.

Cena IX

Os mesmos, CARLOTINHA *e* AZEVEDO

AZEVEDO

Pode-se fumar nesta sala?

EDUARDO

Por que não? Vou mandar-lhe dar charutos.

CARLOTINHA
(*baixo*)

Por que nos deixou, mano? Henriqueta está tão triste!

EDUARDO

Tratava da tua felicidade.

D. MARIA

Acha a nossa casa muito insípida, não é verdade, Sr. Azevedo?

AZEVEDO

Ao contrário, minha senhora, muito agradável; aqui pode-se estar perfeitamente *à son aise*.

EDUARDO
(*a Pedro, na porta*)

Traz charutos.

Cena X

AZEVEDO *e* EDUARDO

AZEVEDO

Realmente, Henriqueta perde vista em uma sala; não tem aquele espírito que brilha, aquela graça que seduz, aquela altivez misturada de uma certa *nonchalance*, que distingue a mulher elegante.

EDUARDO

(*rindo-se*)

Como! Já estás arrependido?

AZEVEDO

Não; não digo isto! É apenas uma comparação que acabo de fazer. Tua irmã Carlotinha é o contrário...

EDUARDO

Sabes a razão disto?

AZEVEDO

Não...

EDUARDO

É porque já vês Henriqueta com olhos de marido!

AZEVEDO

Talvez...

Cena XI

AZEVEDO *e* PEDRO

PEDRO

Charutos, Sr. Azevedo; havanas de primeira qualidade, da casa de Wallerstein!

AZEVEDO

Pelo que vejo já os experimentaste!

PEDRO

Pedro não fuma, não senhor; isto é bom para moço rico, que passeia de tarde, vendo as moças.

AZEVEDO

Então é preciso fumar para ver as moças?

PEDRO

Oh! Moça não gosta de rapaz que toma rapé, não, como esse velho Sr. Vasconcelos, que anda sempre pingando. Velho porco mesmo!…

AZEVEDO

Mas tem uma filha bonita!

PEDRO

Sinhá Henriqueta! Noiva de senhor!…

AZEVEDO

Tu já sabes?…

PEDRO

Ora, já está tudo cheio. Na Rua do Ouvidor não se fala de outra coisa.

AZEVEDO

Ah! Quem espalharia? Apenas participei a alguns amigos…

PEDRO

O velho foi logo dizer a todo o mundo. Vmcê. não sabe por quê?

AZEVEDO

Não; por quê?

PEDRO

Porque... Esse velho deve àquela gente toda da Rua do Ouvidor; filha dele gasta muito, credor não quer mais ouvir história e vai embrulhar o homem em papel selado. Então, para acomodar lojista, foi logo contar que estava para casar a filha com sujeito rico, que há de cair com os cobres!

AZEVEDO

Isso é verdade, moleque?

PEDRO

Caixeiro da loja me contou!

AZEVEDO

Mas é infame!... Um tal procedimento!... Especular com a minha boa-fé!

PEDRO

Sr. Azevedo, não faz idéia. Esse velho, hi!... Tem feito coisas...

AZEVEDO

Vem cá; dize-me o que sabes, e dou-te uma molhadura.

PEDRO

Pedro diz, sim senhor; mesmo que vmcê. não dê nada. É um homem que ninguém pode aturar... Fala mal de todo o mundo. Caloteiro como ele só. Rapé que toma é de meia-cara. Na venda ninguém lhe dá nem um vintém de manteiga. Quando passa na rua, caixeiro, moleque, tudo zomba dele.

AZEVEDO

Um sogro dessa qualidade!… É uma vergonha! Vejo-me obrigado a ir viver na Europa!…

PEDRO

Pedro já vem!… (*vai à porta e volta*) Filha dele, sinhá Henriqueta… Mas Sr. Azevedo vai casar com ela!…

AZEVEDO

Que tem isso? Gosto de conhecer as pessoas com quem tenho de viver.

PEDRO

Pois então, Pedro fala; mas não diga a ninguém.

AZEVEDO

Podes ficar descansado!

PEDRO

Sr. Azevedo acha ela bonita?

AZEVEDO

Acho; por isso é que me caso.

PEDRO

Moça muda muito vista na sala!

AZEVEDO

Que queres dizer?

PEDRO

Modista faz milagre!

AZEVEDO

Então ela não é bem-feita de corpo?

PEDRO

Corpo?... Não tem! Aquilo tudo que senhor vê é pano só! Vestido vem acolchoado da casa da Bragaldi; algodão aqui, algodão aqui, algodão aqui! Cinturinha faz suar rapariga dela; uma aperta de lá, outra aperta de cá...

AZEVEDO

Não acredito! Estás aí a pregar-me mentiras.

PEDRO

Mentira! Pedro viu com estes olhos. Um dia de baile ela foi tomar respiração, cordão quebrou; e rapariga, bum: lá estirada. Moça ficou desmaiada no sofá; preta deitando água-de-colônia na testa para voltar a si.

AZEVEDO

E tu viste isto?

PEDRO

Vi, sim senhor; Pedro tinha ido levar *bouquet* que nhanhã Carlotinha mandava. Mas depois viu outra coisa... Um!...

AZEVEDO

Que foi? dize; não me ocultes nada.

PEDRO

Água-de-colônia caiu no rosto e desmanchou reboque branco!...

AZEVEDO

Que diabo de história é esta! Reboque branco?

PEDRO

Ora, senhor não sabe; este pó que mulher deita na cara com pincel. Sinhá Henriqueta tem rosto pintadinho, como ovo de peru; para não aparecer, caia com pó-de-arroz e essa mistura que cabeleireiro vende.

AZEVEDO

Que mulher, meu Deus! Como um homem vive iludido neste mundo! Aquela candura...

PEDRO

Moça bonita é nhanhã Carlotinha! Essa sim! Não tem cá panos, nem pós! Pezinho de menina; cinturinha bem-feitinha; não carece apertar! Sapatinho dela parece brinquedo de boneca. Cabelo muito; não precisa de crescente. Não é como a outra!

AZEVEDO

Então, D. Henriqueta tem o pé grande?

PEDRO

(*fazendo o gesto*)

Isto só! Palmo e meio!... Às vezes nhanhã Carlotinha e as amigas zombam deveras! Mas não pergunte a ela, não? Sinhá velha fica maçada.

AZEVEDO

Não; não me importo com isto; mas vem cá; dize-me, nhanhã Carlotinha não gosta de moço nenhum?

PEDRO

Qual! Zomba deles todos. Esse rapaz, Sr. Alfredo, anda se engraçando, mas perde seu tempo. Homem sério assim, como Sr. Azevedo, é que agrada a ela.

AZEVEDO

Então pensas que…

PEDRO

Pedro não pensa nada! Viu só quando se tomava chá, risozinho faceiro… segredinho baixo…

AZEVEDO
(*desvanecido*)

Não quer dizer nada!… Moças!…

Cena XII

Os mesmos e ALFREDO

ALFREDO
(*na porta da sala, a Eduardo*)

Não se incomode. Boa noite!…

PEDRO
(*baixo*)

Então, Sr. Alfredo!…

ALFREDO

Deixa-me.

PEDRO

(*baixo*)

Está todo emproado!... Como não precisa mais...

AZEVEDO

(*dando fogo a Alfredo*)

Pedro, amanhã vai à minha casa; tenho uns livros para mandar a Eduardo.

PEDRO

Sim, senhor. A que horas?

AZEVEDO

Depois do almoço.

Cena XIII

ALFREDO *e* AZEVEDO

ALFREDO

É raro encontrá-lo agora, Sr. Azevedo. Já não aparece nos bailes, nos teatros.

AZEVEDO

Estou-me habituando à existência monótona da família.

ALFREDO

Monótona?

AZEVEDO

Sim. Um piano que toca, duas ou três moças que falam de modas; alguns velhos que dissertam sobre a carestia dos gêneros alimentícios e a diminuição do peso do pão, eis um verdadeiro *tableau* de família no Rio de Janeiro. Se fosse pintor faria um primeiro *prix au Conservatoire des Arts.*

ALFREDO

E havia de ser um belo quadro, estou certo; mais belo sem dúvida do que uma cena de salão.

AZEVEDO

Ora, meu caro, no salão tudo é vida; enquanto que aqui, se não fosse essa menina que realmente é espirituosa, D. Carlotinha, que faríamos, senão dormir e abrir a boca?

ALFREDO

É verdade; aqui dorme-se, porém sonha-se com a felicidade; no salão vive-se, mas a vida é uma bem triste realidade. Ao invés de um piano há uma rabeca, as moças não falam de modas, mas falam de bailes; os velhos não dissertam sobre a carestia, mas ocupam-se com a política. Que diz deste quadro, Sr. Azevedo, não acha que também vale a pena de ser desenhado por um hábil artista, para a nossa "Academia de Belas-Artes"?

AZEVEDO

A nossa "Academia de Belas-Artes"? Pois temos isto aqui no Rio?

ALFREDO

Ignorava?

AZEVEDO

Uma caricatura, naturalmente... Não há arte em nosso país.

ALFREDO

A arte existe, Sr. Azevedo, o que não existe é o amor dela.

AZEVEDO

Sim, faltam os artistas.

ALFREDO

Faltam os homens que os compreendam; e sobram aqueles que só acreditam e estimam o que vem do estrangeiro.

AZEVEDO

(*com desdém*)

Já foi a Paris, Sr. Alfredo?

ALFREDO

Não, senhor; desejo, e ao mesmo tempo receio ir.

AZEVEDO

Por que razão?

ALFREDO

Porque tenho medo de, na volta, desprezar o meu país, ao invés de amar nele o que há de bom e procurar corrigir o que é mau.

AZEVEDO

Pois aconselho-lhe que vá quanto antes! Vamos ver estas senhoras!

ALFREDO

Passe bem.

Cena XIV

Os mesmos, CARLOTINHA *e* HENRIQUETA

CARLOTINHA

(*a Henriqueta*)
Já tão cedo? Que horas são, Sr. Azevedo?

ALFREDO

Nove e meia.

AZEVEDO

Quase dez. Como passa rapidamente o tempo aqui! (*entra na sala*)

CARLOTINHA

Então! Demora-te mais algum tempo. Sim?

HENRIQUETA

(*baixo*)
Para quê?... Ele nem me fala!

ALFREDO

Minhas senhoras! Boa noite, D. Carlotinha.

CARLOTINHA

Adeus, Sr. Alfredo. Mamãe já lhe disse que a nossa casa está sempre aberta para receber os amigos.

ALFREDO

Se eu não temesse abusar...

CARLOTINHA

(*estendendo-lhe a mão*)

Até amanhã!

ALFREDO

Boa noite! (*sai*)

Cena XV

CARLOTINHA *e* HENRIQUETA

CARLOTINHA

Olha, Henriqueta! Tu não tens razão! Eduardo te ama, ele já me disse. Se hoje não tem falado contigo, é porque teu pai... teu noivo... não sei a razão! Mas deixa-te dessas desconfianças.

HENRIQUETA

Entretanto, depois de dois meses, ele devia achar um momento para ao menos dizer-me uma palavra que me desse esperança; porque, Carlotinha, se esse casamento era uma desgraça para mim, agora, que tu dizes que ele me ama, tornou-se um martírio! Não sei o que faça... Quero confessar a meu pai!... E tenho medo!... Já deu sua palavra!...

CARLOTINHA

A tua felicidade vale mais do que todas as palavras do mundo.

HENRIQUETA

Tu não sabes!…

CARLOTINHA

Ah! Aqui está Eduardo!

Cena XVI

As mesmas e EDUARDO

EDUARDO

Enfim, posso falar-lhe, D. Henriqueta?

CARLOTINHA

Ela já te acusava!

EDUARDO

A mim!

HENRIQUETA

Eu não; disse apenas…

CARLOTINHA

Disse apenas que tu ainda não tinhas achado um momento para dar-lhe uma palavra… de amor!

HENRIQUETA

De amizade! Foi o que eu disse.

EDUARDO

E tem razão; mas quando souber o motivo me desculpará.

HENRIQUETA

Ainda outro motivo!

EDUARDO

Sim; desta vez não é um engano, é um dever.

HENRIQUETA

Ah! uma promessa, talvez…

CARLOTINHA

Que lembrança!…

EDUARDO

Disse um dever; um dever bem grave, mas que tem um rostinho muito risonho; olhe. (*amimando a face de Carlotinha*)

HENRIQUETA

Carlotinha?

CARLOTINHA

Ah! Quer-se desculpar comigo! Pois vou-me embora!

HENRIQUETA

(*sorrindo*)

Vem cá!

EDUARDO

Deixe; ficaremos sós.

Cena XVII

EDUARDO *e* HENRIQUETA

EDUARDO

Henriqueta, me perdoa?

HENRIQUETA

Perdoar-lhe!... Eu é que devia ter adivinhado!...

EDUARDO

E eu não devia ter compreendido que entre duas almas que se estimam não é preciso um intermediário? O amor que passa pelos estranhos perde a sua pureza... Carlotinha já lhe disse o que aconteceu?...

HENRIQUETA

Sim; ela me contou tudo, mas pareceu-me que me tinha enganado. Duvidei...

EDUARDO

Como?... Duvidou de mim!...

HENRIQUETA

Durante toda esta noite, não é a primeira vez que nos falamos e, entretanto, devíamos ter tanto que dizer-nos... Um tão longo silêncio...

EDUARDO

Não lhe dei já a razão?... Antes do meu amor, a felicidade de minha irmã. É um pequeno segredo que ela lhe contará, se já não lhe contou. Precisava tranqüilizar o meu espírito, porque não desejo misturar uma inquietação, um mau pensamento, às primeiras expansões do nosso amor!

HENRIQUETA

Ah! Carlotinha também ama! Ainda não me confiou seu segredo!… Ela ao menos tem um irmão que lê em sua alma; há de ser feliz!…

EDUARDO

E nós, não o seremos?

HENRIQUETA

Quem sabe!

EDUARDO

Este casamento é impossível!

HENRIQUETA

Por quê?

EDUARDO

Porque vou confessar tudo a seu pai, e ele não sacrificará sua filha a uma palavra dada.

HENRIQUETA

E se recusar?

EDUARDO

Então respeitaremos sua vontade.

HENRIQUETA

Sim, ele é pai, mas…

EDUARDO

Mas o amor é soberano; não é isso, Henriqueta?

HENRIQUETA

E não se... vende!

EDUARDO

Que dizes? Compreendo!

HENRIQUETA

Não, Eduardo, não compreenda, não procure compreender! Foi uma idéia louca que me passou pelo espírito; não sei nada!... Uma filha pode acusar seu pai?

EDUARDO

Não; mas pode confiar a um amigo uma queixa de outro amigo.

HENRIQUETA

Pois bem, eu lhe digo. Meu pai deve a esse homem, e julgou que não podia recusar-lhe a minha mão, apesar das minhas instâncias. Lutei um mês inteiro, Eduardo, mas lutei só; e uma mulher é sempre fraca, sobretudo quando se exige dela um sacrifício!

EDUARDO

Tem razão; se lutássemos juntos, talvez...

HENRIQUETA

Oh! Então eu defenderia a nossa felicidade; mas lutar para conservar apenas uma triste esperança!

Cena XVIII

Os mesmos, Vasconcelos, Azevedo *e* D. Maria

Vasconcelos

Vamos, menina! É tarde.

Henriqueta

Sim, meu pai. (*a meia-voz*) Adeus, Eduardo! Até!…

Eduardo

Até sempre, Henriqueta!

Henriqueta

Carlotinha, meu chapéu?

Carlotinha

Toma! Estás mais contentezinha?

Henriqueta

Maliciosa!… (*sobem*)

Azevedo

Meu sogro, dispensa-me acompanhá-lo? Um homem não deve andar agarrado à sua *fiancée*. É *mauvais genre*.

Henriqueta

Não se incomode. D. Maria, boa noite! Doutor!… (*sobem*)

Eduardo

Uma palavra, Azevedo.

AZEVEDO

Às tuas ordens.

EDUARDO

Quanto te deve o Sr. Vasconcelos?

AZEVEDO

Uma bagatela! Dez contos de réis!

EDUARDO

Ah!

AZEVEDO

Por que perguntas?

EDUARDO

Porque desejava saber quanto custa uma mulher em primeira mão.

AZEVEDO

(*rindo*)

Vraiment!

FIM DO TERCEIRO ATO

ATO QUARTO

(*Em casa de Eduardo. Sala de visitas.*)

Cena I

EDUARDO, HENRIQUETA, CARLOTINHA *e* PEDRO
(*Carlotinha na janela; Pedro sacudindo os tapetes.*)

CARLOTINHA
(*baixo, a Pedro*)
Não passará ainda hoje?

PEDRO
Não sei, nhanhã.

CARLOTINHA
Está doente?… Zangado comigo?… Por quê?…

PEDRO
Não se importe mais com ele! Há tanto moço bonito! Sr. Azevedo… (*Pedro vai colocar o tapete e sai*)

Cena II

EDUARDO, HENRIQUETA *e* CARLOTINHA

EDUARDO

Quando eu lhe digo que espere, Henriqueta, é porque estou convencido de que há um meio de desfazer esse casamento sem a menor humilhação para seu pai.

HENRIQUETA

E esse meio qual é?

EDUARDO

Não lhe posso dizer; é meu segredo.

HENRIQUETA

Ah! Tem segredos para mim?

EDUARDO

É injusta fazendo-me essa exprobração, Henriqueta. Se não lhe falo francamente, é porque não desejo que partilhe, ainda mesmo em pensamento, os desgostos, as contrariedades que eu há um mês tenho sofrido para conseguir esse meio de que lhe falei.

HENRIQUETA

Mas, Eduardo, uma parte dessas contrariedades me pertence, e por dois títulos; porque se trata de mim, e porque nos... estimamos!

EDUARDO

Porque nos amamos: é verdade! Mas nessa partilha igual que fazem duas almas da sua dor e do seu prazer, há a diferença das forças. À mulher cabe a parte do consolo, ou da ternura; ao homem, a parte da coragem e do trabalho.

HENRIQUETA

Então eu não tenho o direito de fazer também alguma coisa para a nossa felicidade?

EDUARDO

Não disse isto! Faz muito!

HENRIQUETA

Como? Se toma para si tudo e não me quer deixar nem mesmo a metade dos cuidados?

EDUARDO

E quem me dá força para prosseguir e a fé para trabalhar? Não são esses momentos que todos os dias passamos juntos aqui ou em sua casa?

HENRIQUETA

Assim, não me quer dizer qual é essa esperança?

EDUARDO

Não desejo afligi-la com idéias mesquinhas. Os homens inventaram certas coisas, como os algarismos, o dinheiro e o cálculo, que não devem preocupar o espírito das senhoras.

HENRIQUETA

Porque somos nós tão fracas de inteligência?...

EDUARDO

Não é por isso; é porque tiram-lhes o perfume e a poesia.

HENRIQUETA

Isso é muito bonito, mas não me diz o que desejo saber.

EDUARDO

O quê?

HENRIQUETA

O meio por que há de desfazer o meu casamento.

EDUARDO

Ainda insiste; pois bem, hoje mesmo lhe direi.

HENRIQUETA

Sim?

EDUARDO

Talvez daqui a uma hora.

CARLOTINHA

Mano, aí entrou uma pessoa, que julgo procurar por você.

EDUARDO

Há de ser naturalmente o negociante que espero.

Cena III

Os mesmos e PEDRO

PEDRO

Está aí o homem que escreveu aquela carta; quer falar ao senhor.

EDUARDO

Manda-o entrar para o meu gabinete.

PEDRO

(*baixo, a Carlotinha*)

Nhanhã Carlotinha está triste!… Hi!…

EDUARDO

Até logo, Henriqueta.

HENRIQUETA

Já! Que vai fazer?

EDUARDO

Concluir um pequeno negócio; ao mesmo tempo realizar um pensamento que me foi inspirado pelo nosso amor.

HENRIQUETA

Como?

EDUARDO

Quero solenizar a nossa felicidade, Henriqueta, exercendo um dos mais belos direitos que tem o homem na nossa sociedade.

HENRIQUETA

Qual?

EDUARDO

O direito de dar a liberdade!

HENRIQUETA

Não entendo.

EDUARDO

Dir-lhe-ei tudo logo.

HENRIQUETA

Volte, sim?

EDUARDO

Demorar-me-ei apenas o tempo de assinar um papel e escrever algumas linhas.

Cena IV

HENRIQUETA *e* CARLOTINHA

HENRIQUETA

Sabes, Carlotinha, tenho uma queixa de ti.

CARLOTINHA

De mim? Que te fiz eu, má?

HENRIQUETA

Há um mês espero que tu me contes uma coisa, e ainda não me disseste uma palavra.

CARLOTINHA

De quê? Não sei.

HENRIQUETA

Do teu segredo; não te confiei o meu?

CARLOTINHA

Ah! Quem te disse?

Henriqueta

Eduardo.

Carlotinha

Não acredites, ele estava gracejando.

Henriqueta

Não, tu amas, Carlotinha, e nunca me falas dos teus sonhos, de tuas esperanças. Não sou eu mais tua amiga?

Carlotinha

Pois duvidas?

Henriqueta

Se fosses, não me ocultarias o que sentes.

Carlotinha

Não te zangues; eu te contarei tudo, mas custa tanto falar dessas coisas!

Henriqueta

Com aqueles que nos compreendem é um prazer bem doce.

Carlotinha

Olha, o meu segredo… Porém não sei como hei de começar isto!

Henriqueta

Começa pelo nome. Como ele se chama?

CARLOTINHA
(*confusa*)

Alfredo.

HENRIQUETA
Este moço que teu mano nos apresentou?

CARLOTINHA
Sim. Todas as manhãs, faça bom ou mau tempo, passa por aqui ao meio-dia; quase nem olha para esta janela, donde eu o espero escondida entre as cortinas; ninguém nos vê, mas nós nos vemos.

HENRIQUETA
Depois?

CARLOTINHA
À noite vem visitar-nos, como tu sabes; todo o tempo conversa com mamãe, ou com mano enquanto tu e eu brincamos no piano. À hora do chá sentamo-nos juntos; ele diz que me viu de manhã, eu respondo que estava distraída e não o vi. Às vezes...

HENRIQUETA
Acaba, não tenhas vergonhas. Eu também amo.

CARLOTINHA
Pois sim. Às vezes nossas mãos se encontram sem querer; ele fica pálido, e eu corro toda trêmula para junto de ti. Daí a pouco são dez horas, todos se retiram: então chego à janela e sigo-o com os olhos, até que desaparece no fim da rua.

HENRIQUETA

E é este todo o teu segredo?

CARLOTINHA

Todo.

HENRIQUETA

Parece-se com o meu: ver-se de longe, trocar um olhar, amar em silêncio. Há só uma diferença.

CARLOTINHA

Qual?

HENRIQUETA

Tu és feliz, porque és livre, enquanto eu…

CARLOTINHA

Tu és correspondida, Henriqueta; mano Eduardo te ama!

HENRIQUETA

E Alfredo, não te ama?

CARLOTINHA

Não sei, tenho medo; há quatro dias que não o vejo. Levo a contar as horas.

HENRIQUETA

Donde procede esta mudança? Fizeste-lhe alguma coisa?

CARLOTINHA

Eu?… Se procuro adivinhar os seus pensamentos!

Henriqueta

Entretanto, deve haver um motivo…

Carlotinha

Tenho querido me recordar, e só acho este. No domingo veio passar a manhã aqui; eu o deixei um momento para te escrever e voltei logo. Quando chamei Pedro para levar-te a carta, ele levantou-se de repente, despediu-se de mamãe, cumprimentou-me friamente, e desde então não o tenho visto. Ficou zangado comigo por ter saído um momento de junto dele.

Henriqueta

Não faças caso, isso passa. Hoje mesmo ele virá arrependido pedir-te perdão. Mas, a propósito da carta que me escreveste domingo, eu trouxe-a mesmo para brigar contigo, travessa! (*tira a carta*)

Carlotinha

Por quê? Pela sobrescrita?

Henriqueta

Essa é uma das razões. Para que escreveste "Madame Azevedo"? Não sabes que essa idéia me mortifica?

Carlotinha

Desculpa, foi um gracejo.

Henriqueta

Além disso, não tinhas outra pessoa por quem mandar a carta, senão ele?

CARLOTINHA

Ele quem? O Azevedo?

HENRIQUETA

Sim; foi ele que ma entregou.

CARLOTINHA

Mas não é possível; eu a mandei por Pedro; e recomendei-lhe que não a mostrasse a ninguém, mesmo por causa da sobrescrita!…

HENRIQUETA

Não compreendo, então, como foi parar nas mãos desse homem. Tive um desgosto… e um medo!… Tu falavas de Eduardo!

CARLOTINHA

Espera, vou perguntar a Pedro que quer dizer isto! (*na porta*) Pedro!…

HENRIQUETA

Deixa, não vale a pena.

CARLOTINHA

Não, é muito malfeito.

Cena V

Os mesmos e PEDRO

PEDRO

Nhanhã chamou?

CARLOTINHA

Quero saber como é que a carta que eu lhe dei para Henriqueta foi parar em mão do Sr. Azevedo.

PEDRO

Ele me encontrou na rua, e tomou para entregar.

CARLOTINHA

Não te disse que não queria que ninguém visse a sobrescrita?

PEDRO

Ele é noivo de sinhá Henriqueta: não faz mal.

HENRIQUETA

Está bom; não pensemos mais nisto.

CARLOTINHA

Não quero que outra vez suceda o mesmo. (*a Pedro*) Entendeste?

PEDRO

Sim, nhanhã. Pedro sabe o que faz! (*batem palmas*)

CARLOTINHA

Que quer dizer?

Cena VI

HENRIQUETA, CARLOTINHA, AZEVEDO *e* PEDRO, *no fundo*

HENRIQUETA

Há de ser ele.

CARLOTINHA

Alfredo! Ah! Se fosse…

HENRIQUETA

Queres apostar?

CARLOTINHA

Ora, é o Azevedo. Eu logo vi!

AZEVEDO

Como passou, D. Carlotinha? D. Henriqueta?

CARLOTINHA

O senhor parece que adivinha, Sr. Azevedo?

AZEVEDO

Por quê?! Por encontrá-la hoje tão bela? Está realmente *éblouissante*!

CARLOTINHA

Faça-se de esquerdo! A minha beleza serve de pretexto para elogiar a de Henriqueta!

AZEVEDO

A senhora quer dizer o contrário…

CARLOTINHA

Quer dizer que o senhor adivinhou quem estava aqui hoje.

AZEVEDO

Quem?… Não vejo ninguém.

CARLOTINHA

Nem a sua noiva? Era esta palavra que o senhor queria ouvir!

AZEVEDO

Sim, era esta palavra que eu desejava ouvir dos seus lábios.

CARLOTINHA

(*baixo, a Henriqueta*)

Que fátuo! (*alto*) Vem, Henriqueta; vamos chamar mamãe para falar ao Sr. Azevedo.

AZEVEDO

Então, deixa-me só?

HENRIQUETA

Oh! Um homem como o senhor pode ficar só? Paris inteiro lhe fará companhia!

CARLOTINHA

Suponha que está no *Boulevard* dos Italianos.

AZEVEDO

Não. Mas conversarei com esta flor; ela me dirá em perfumes, o que os lábios que a bafejaram recusaram dizer em palavras.

CARLOTINHA

Como está poético! Aquilo é contigo, Henriqueta.

HENRIQUETA

Comigo, não! É com quem lhe mandou a violeta! Vamos! Pois, Sr. Azevedo, nós o deixamos no seu colóquio amoroso.

Cena VII

AZEVEDO *e* PEDRO

AZEVEDO

Foge-me!…

PEDRO

Como vai paixão por nhanhã Carlotinha, Sr. Azevedo? Flor já está na dança!

AZEVEDO

Queria mesmo te falar a este respeito! Não entendo tua senhora. Tu dizes que ela gosta de mim *et pourtant…*

PEDRO

Parlez-vous français, monsieur?

AZEVEDO

Ela faz que não me compreende! Trata-me com indiferença.

PEDRO

Pudera não! O senhor vai se casar.

AZEVEDO

Ah! Tu pensas que é esta a razão!

PEDRO

Nhanhã mesmo me disse! Moça solteira não pode receber corte de homem que é noivo de outra mulher. É feio, e faz cócega dentro de coração; cócega que se chama ciúme!

AZEVEDO

Então é o meu casamento que impede!... E nem me lembrava de semelhante coisa! Com efeito, Henriqueta é sua amiga; ela julga talvez que a amo...

PEDRO

Mas isto não quer dizer nada. Ela gosta de vmcê., gosta muito! Ontem, quando mandou essa violeta que o senhor tem na casaca, beijou primeiro.

AZEVEDO

E foi ela mesmo quem se lembrou de mandar-me?

PEDRO

Ela mesma, sem que eu pedisse nada!

AZEVEDO

Bem; eu sei o que me resta a fazer.

PEDRO

Já vai? Não espera por sinhá velha?

AZEVEDO

Não, eu já volto. E, preciso tomar uma resolução: *il le faut*!

PEDRO

Monsieur está pensando!

AZEVEDO

Diz a D. Carlotinha... Não, não lhe digas nada! Eu quero ser o primeiro a anunciar-lhe.

246

Cena VIII

PEDRO *e* JORGE

PEDRO

Oh! Já voltou do colégio? Agora mesmo deu meio-dia!

JORGE

Tive licença para sair mais cedo.

PEDRO

Nhonhô já sabe novidade?

JORGE

Que novidade?

PEDRO

Novidade grande! Sr. moço Eduardo vai casar com nhanhã Henriqueta!

JORGE

Ah!... E o noivo dela?

PEDRO

Sr. Azevedo? Casa com nhanhã Carlotinha.

JORGE

Mana?... E Sr. Alfredo?

PEDRO

Fica logrado. Para rematar a festa, velho Vasconcelos casa com sinhá velha.

JORGE

É mentira!

PEDRO

Há de ver!

JORGE

Então tudo se casa?

PEDRO

Tudo, tudo. Nhonhô também carece ver uma meninazinha bonita... Mas vmcê. ainda não sabe namorar!...

JORGE

Eu não!

PEDRO

Pois precisa aprender, que já esta franguinho. Pedro ensina.

JORGE

E tu sabes?

PEDRO

(*rindo-se*)

Ora!... Nhonhô pede dinheiro a mamãe e compra luneta.

JORGE

Para quê?

PEDRO

Sem isto não se namora. Quando nhonhô tiver luneta, prende no canto do olho, e deita para a moça. Ela começa logo a se remexer e a ficar cor de pimentinha malagueta. Então rapaz fino volta as costas, assim como quem não faz caso; e moça só espiando ele. Daí a pouco, fogo, luneta segunda vez; ela volta a cara para o outro lado, mas está vendo tudo! Nhonhô deixa passar um momento, fogo, luneta terceira vez; aí moça não resiste mais, cai por força, com o olho requebrado só, namoro está ferrado. Rapaz torce o bigodinho... Mas vmcê. não tem bigode!...

JORGE

Olha! Não tarda nascer!

PEDRO

Qual! Está liso como um frasco!

JORGE

(*ouvindo entrar*)

Quem é?

PEDRO

Velho tabaquista!

JORGE

Que vai casar com mamãe.

PEDRO

Psiu! Não diga nada, não!

Cena IX

PEDRO, VASCONCELOS *e* JORGE

VASCONCELOS

Onde está esta gente! Henriqueta fica para jantar?

PEDRO

Sim, senhor; nhanhã Carlotinha não quer deixar ela ir.

JORGE
(*saindo*)

Eu vou chamá-la!

VASCONCELOS

Não precisa. (*a Pedro*) Dize-lhe que à tarde virei buscá-la.

PEDRO

Vmcê. vai para casa?

VASCONCELOS

Não; por que perguntas?

PEDRO

Porque Sr. Azevedo saiu daqui agora mesmo para ir falar a vmcê.

VASCONCELOS

Sobre quê? Alguma coisa de novo?

PEDRO

Negócio importante. Pedro não sabe; mas ele parecia zangado.

VASCONCELOS

Ora, que me importam as suas zangas.

PEDRO

Senhor não deve mesmo se importar; esse Sr. Azevedo tem uma língua... Sabe o que ele disse?

VASCONCELOS

Não quero saber.

PEDRO

Disse a Sr. moço Eduardo, a casa estava cheia de gente, disse que Sr. Vasconcelos é um... nome muito ruim!

VASCONCELOS

Um que, moleque?

PEDRO

Um pinga!

VASCONCELOS

Hein!... Não é possível!

PEDRO

Ora! Aquele moço não tem respeito a senhor velho. (*faz uma careta*)

VASCONCELOS

Pois hei de ensinar-lhe a ter.

PEDRO

Precisa mesmo, para não andar enchendo a boca de que comprou filha de senhor com seu dinheiro dele.

VASCONCELOS

Comprou minha filha! Ah, miserável! (*batem palmas*)

PEDRO

Pode entrar.

Cena X

Os mesmos e ALFREDO

PEDRO
(*a Alfredo*)
Vmcê. espere, vou chamar Sr. moço Eduardo.

ALFREDO
Sim, dize-lhe que desejo falar-lhe com instância.

VASCONCELOS
(*a Pedro*)
Há muito tempo que ele saiu?

PEDRO
Sr. Azevedo?... Agora mesmo.

VASCONCELOS
Vou à sua procura. Preciso de uma explicação.

Cena XI

PEDRO *e* ALFREDO

PEDRO

O velho vai deitando azeite às canadas! Noivo da filha virou de rumo e agora só quer casar com nhanhã Carlotinha.

ALFREDO

Oh! Ele pode desejar todas as mulheres, é rico!

PEDRO

Não sei também; essas moças... têm cabecinha de vento; um dia gostam de um, outro dia gostam de outro. Nhanhã, que esperava todo o dia para ver Sr. Alfredo passar, nem se lembra mais; escreveu aquela carta a Sr. Azevedo!

ALFREDO

Se não fosse essa carta, eu ainda duvidava!...

PEDRO

Vmcê. bem viu, no domingo, ela me dar à sua vista, e eu entregar na rua a ele, a Sr. Azevedo.

ALFREDO

Sim; e foi preciso ver seu nome escrito!... Quem diria que tanta inocência e tanta timidez eram o disfarce de uma alma pervertida! Meu Deus! Onde se encontrará nestes tempos a inocência, se no seio de uma família honesta ela murcha e não vinga!

PEDRO

Ora, Sr. Alfredo, tem tanta moça bonita! Pode escolher.

ALFREDO

Vai prevenir a Eduardo!

Cena XII

Os mesmos, CARLOTINHA *e* HENRIQUETA

CARLOTINHA

Ah! Ele está aí!…

HENRIQUETA

Não te disse? Já volto.

CARLOTINHA

Queres deixar-me só com ele! Não, eu te peço.

PEDRO

(*a Alfredo*)

Nhanhã! Como ela está alegre!

ALFREDO

É por ele! (*cumprimenta*)

CARLOTINHA

(*a Henriqueta*)

Nem me fala! Que ar sério!

HENRIQUETA

É, talvez, por minha causa.

CARLOTINHA

Não, fica.

PEDRO

(*a Carlotinha*)

Agora é que nhanhã deve ensiná-lo; e não fazer caso dele! (*sai*)

CARLOTINHA

(*a Henriqueta*)

Nem me olha!

HENRIQUETA

Com efeito, ele tem alguma coisa que o mortifica.

CARLOTINHA

Se eu lhe falasse!...

HENRIQUETA

É verdade, dize-lhe uma palavra.

CARLOTINHA

Oh! Não tenho ânimo!

HENRIQUETA

(*a Carlotinha*)

Espera, com ele eu sou mais animosa do que tu. Vou falar-lhe.

CARLOTINHA

Mas não lhe digas nada a meu respeito.

HENRIQUETA

Não. Então, Sr. Alfredo, tem ido estas noites ao teatro?

ALFREDO

É verdade, minha senhora, para distrair-me.

CARLOTINHA

(*a Henriqueta*)[1]

Distrair-se... De pensar em mim!

HENRIQUETA

O teatro é mais divertido do que as nossas noites, aqui em casa de Carlotinha ou na minha. Não é
verdade?

ALFREDO

Não, minha senhora, mas no teatro se está no
meio de indiferentes, e, portanto, não há receio de
que se incomode com a sua presença àquelas pessoas que se estima.

CARLOTINHA

(*a Henriqueta*)

Com que ar diz ele isto! Tu compreendes?

HENRIQUETA

Mas, Sr. Alfredo, me parece que isto não se refe-
re a nós, que nunca demos demonstrações...

ALFREDO

A senhora, não, D. Henriqueta.

CARLOTINHA

É a mim, então... (*silêncio de Alfredo*)

HENRIQUETA

Mas explique-se, Sr. Alfredo; eu creio que há nisto algum equívoco.

ALFREDO

Há certas coisas que se sentem, D. Henriqueta, mas que não se dizem. Quando nos habituamos a venerar um objeto por muito tempo, podemos odiá-lo um dia, porém o respeitamos sempre!

CARLOTINHA

Mas ninguém tem direito de condenar sem ouvir aqueles a quem acusa.

HENRIQUETA

Decerto; muitas vezes uma palavra mal interpretada…

ALFREDO

Não é uma palavra, D. Henriqueta, é uma carta!

CARLOTINHA

Que significa isto? Tu entendes, Henriqueta?

HENRIQUETA

Não, minha amiga, mas o Sr. Alfredo vai nos esclarecer esse enigma.

ALFREDO

Perdão, minhas senhoras, aí vem Eduardo, e eu tenho de falar-lhe sobre um objeto que não admite demora. (*sobe*)

CARLOTINHA

Oh! É cruel! Tu sofrias como estou sofrendo, Henriqueta?

HENRIQUETA

Tu sofres há alguns instantes, eu sofri dois meses! E era o desprezo!

CARLOTINHA

E isto o que é?

HENRIQUETA

Vem. Depois Eduardo nos contará.

CARLOTINHA

Sim, vamos! Preciso chorar!

Cena XIII

EDUARDO *e* ALFREDO

EDUARDO

Estamos sós, Alfredo. Sente-se e diga-me que negócio é esse tão grave! Um médico está habituado a ver rostos bem tristes, mas o seu inquieta-me.

ALFREDO

É que realmente aquilo de que pretendo falar-lhe me penaliza em extremo; e se não considerasse um dever vir eu próprio comunicá-lo, preferiria servir-me de uma carta.

EDUARDO

E fez bem. Dois amigos entendem-se melhor conversando; uma carta é um papel frio, sobre o qual se acham as palavras, mas não a voz, a fisionomia e o coração da pessoa que fala.

Alfredo

Outra razão ainda: uma carta é uma prova material que fica, e pode extraviar-se. O que vou dizer-lhe não deve ser sabido senão pelo senhor; eu mesmo devo esquecê-lo.

Eduardo

Vamos, fale sem o menor receio.

Alfredo

Há um mês, Eduardo, recebi uma prova de confiança da sua parte, que me penhorou em extremo. Sabendo que eu amava sua irmã, sem exigir de mim uma promessa, apresentou-me sua família e abriu-me o interior da sua casa.

Eduardo

E dei um passo bem acertado, porque fiz de um simples conhecido um amigo; e tenho tido ocasiões de apreciar o seu caráter.

Alfredo

É bondade sua. Eu amava sua irmã, era um amor sério e que só esperava uma animação da parte dela, para pedir o consentimento de sua família. Pareceu-me que era aceito; obtive autorização de meu pai, e vim um dia com a intenção de pedir-lhe a mão de D. Carlotinha. Fui talvez apressado: mas eu queria quanto antes dar-lhe uma prova de que a sua confiança não tinha sido mal correspondida.

Eduardo

Nunca tive esse receio. Mas dizia que veio…

ALFREDO

Deixe-me continuar. Chegamos ao ponto delicado e falta-me a coragem para confessar-lhe...

EDUARDO

Não sei o que pretende dizer! Meu amigo, reflita que, quando se trata de uma senhora, as reticências são sempre uma injúria. A verdade, nua, qualquer que ela seja; em objetos de honra, a dúvida é uma ofensa.

ALFREDO

Perdão, não se trata de honra; é uma simples questão de sentimento. Eu me enganei, Eduardo. Julgava que sua irmã aceitava o meu amor e a minha vaidade me iludia. Então, entendi que se não me era permitido dar a prova que eu desejava de minha afeição, devia ao menos, ao retirar-me de sua casa, explicar-lhe os motivos que a isso me obrigavam. Perco uma bem doce esperança; mas quero conservar uma estima que prezo.

EDUARDO

Obrigado, Alfredo; o seu procedimento honra-o. Mas deixe que lhe diga; se há um engano da sua parte, é talvez na interpretação dos sentimentos de minha irmã.

ALFREDO

Ela ama a outro, Eduardo.

EDUARDO

Tem certeza disso?

ALFREDO

Tenho convicção profunda.

EDUARDO

Pode ser uma convicção falsa.

ALFREDO

Não me obrigue a apresentar-lhe as provas.

EDUARDO

São essas provas que eu peço! Tenho direito a elas...

ALFREDO

Por quê? Não ofendem o caráter de D. Carlotinha.

EDUARDO

Mas revelam seus sentimentos, que eu devo conhecer como seu irmão.

Cena XIV

Os mesmos, CARLOTINHA *e* HENRIQUETA

CARLOTINHA

E que eu exijo que se patenteiem, porque não me envergonham, Eduardo!

EDUARDO

Tu nos ouvias, Carlotinha!

CARLOTINHA

Sim, mano. Tratava-se de mim; fiz mal?

EDUARDO

Não, minha irmã, eu mesmo te chamaria se não quisesse poupar-te um pequeno desgosto. Mas já que aqui estás, fica. Alfredo parece que tem algumas queixas de nós; julgarás se ele é injusto.

HENRIQUETA
(*a meia-voz, a Eduardo*)
Ele está iludido! Carlotinha o ama!

EDUARDO
Eu sabia! (*continuam a conversar*)

CARLOTINHA

O Sr. Alfredo diz que tem provas de que amo outro homem... Reclamo essas provas.

ALFREDO

Não é possível, D. Carlotinha! Na minha boca seriam uma exprobração ridícula e ofensiva. Guardo-as comigo e respeito os sentimentos que não soube inspirar.

CARLOTINHA

O senhor não mas quer dar?... Pois bem, serei eu que provarei o contrário!... Eis a prova... (*estendendo-lhe a mão*)

ALFREDO

Ah!... (*tomando a mão*) Mas essa mão não pode ser minha!

CARLOTINHA

Por quê?

ALFREDO

Porque escreveu a outro e lhe pertence!

CARLOTINHA

Meu Deus! Mano, Henriqueta!…

EDUARDO

Que tens?

CARLOTINHA

Ele diz que eu amo a outro, que lhe escrevi!… Quando a ele…

ALFREDO

Não devia dizê-lo; mas foi o amor ofendido, e não a razão, que falou.

EDUARDO

Sei que é incapaz de tornar-se eco de uma calúnia; para dizer o que acabo de ouvir é preciso que tenha certeza do que afirma. A quem escreveu minha irmã, Alfredo?

ALFREDO

Perdão!… Não devo!

EDUARDO

Exijo!…

ALFREDO

Ao Sr. Azevedo!

HENRIQUETA

É impossível!

CARLOTINHA

Ele acredita!

EDUARDO

O senhor viu essa carta?

ALFREDO

Vi essa carta sair da mão que a escreveu e ser entregue àquele a quem era destinada! (*rumor de passos*)

EDUARDO

Silêncio, senhor!

Cena XV

Os mesmos e AZEVEDO

AZEVEDO

(*a Eduardo*)
Cher ami! (*a meia-voz*) Acabo de ter uma cena bastante animada, *échauffante* mesmo!

EDUARDO

Por que motivo?

AZEVEDO

Eu lhe digo. (*afastam-se*) Rompi o meu casamento com Henriqueta; e acabo de participá-lo ao Sr. Vasconcelos.

EDUARDO

Ah!... E que razão teve para proceder assim?

AZEVEDO

Muitas; seria longo enumerá-las. Aquele velho é um miserável e sua filha uma namoradeira!...

EDUARDO

Sr. Azevedo, esquece que fala de amigos de nossa casa.

AZEVEDO

Perdão, mas não podia deixar que esses dois especuladores abusassem por mais tempo de minha boa-fé.

EDUARDO

Se continua desta maneira, sou obrigado a pedir-lhe que se cale.

AZEVEDO

Bom; não me leve a mal este desabafo. O fato é que o casamento está completamente desfeito, e que eu posso dizer como Francisco I: *Tout est perdu, hors l'honneur.*

EDUARDO

E a dívida de dez contos?

AZEVEDO

Ele a pagará; não lhe deixarei um momento de sossego! Permita que cumprimente sua irmã.

ALFREDO

Não devo ficar, Eduardo, sinto que não terei o sangue-frio necessário para dominar-me.

EDUARDO

Espere, meu amigo.

CARLOTINHA

Sim, eu lhe peço, fique.

ALFREDO

Para quê? Para ser testemunha...

CARLOTINHA

Para ser testemunha da minha inocência!

HENRIQUETA

Que vais fazer?

CARLOTINHA

Apelar para a consciência de um homem que eu julgo honesto.

EDUARDO

Minha irmã! Deixa-me esse penoso dever! Tu és uma moça...

CARLOTINHA

Não, Eduardo, para ele eu sou criminosa. É justo que me defenda.

AZEVEDO

Estou completamente *embêté*!

CARLOTINHA

Sr. Azevedo, peço-lhe que declare se algum dia recebeu uma carta minha!

AZEVEDO

Comment!... Uma carta sua!... Nunca!...

ALFREDO
(*a meia-voz*)

O senhor mente!

CARLOTINHA
(*a Henriqueta*)

Ainda duvida!

AZEVEDO
(*a Eduardo*)

Não estou na casa de um amigo?

EDUARDO

Sim; e o insulto é feito a mim!

ALFREDO

Perdão, Eduardo! Não sei o que faço, o meu espírito se perde!

AZEVEDO

Falta-lhe o *savoir vivre*!

CARLOTINHA

Assim o senhor dá sua palavra de honra! Não recebeu essa carta?...

AZEVEDO

Se eu a tivesse recebido, há muito teria vindo
apresentar-lhe o pedido respeitoso de um amor profundo; e não esperaria por esse momento.

CARLOTINHA

O senhor ama-me então?

AZEVEDO

É verdade!

CARLOTINHA

Pois eu... eu o desprezo!

AZEVEDO

Ah!

EDUARDO

Minha irmã!...

AZEVEDO

O desprezo é o direito das senhoras e dos soberanos.

HENRIQUETA

Mas, então, eu sou livre? A minha promessa...

AZEVEDO

Já foi restituída a seu pai!

HENRIQUETA

Obrigada, meu Deus!

Cena XVI

Os mesmos e D. MARIA

D. Maria

Que se passa aqui, senhores?

Eduardo

Ah! Minha mãe! A nossa casa está sendo o teatro de uma cena bem triste!

D. Maria

Mas por quê? Aconteceu alguma coisa? Carlotinha, que tens?

Carlotinha

Nada, mamãe.

D. Maria

Todos tão frios, tão reservados!... Que quer dizer isto, Eduardo?

Cena XVII

Os mesmos, Vasconcelos *e* Pedro

Pedro

Barulho grande, Sr. Vasconcelos!

Vasconcelos

Deixe-me! Estou furioso!

Henriqueta

Meu pai, é verdade?

D. Maria

O senhor está tão perturbado!

VASCONCELOS

Se a senhora soubesse o que acabo de ouvir! Os maiores insultos!

AZEVEDO

Verdades bem duras, mas não insultos, senhor! Não é meu costume.

VASCONCELOS

Ah! O senhor está aqui?

EDUARDO

Sr. Vasconcelos!…

VASCONCELOS

Oh! Não faz idéia do que este homem disse de mim. E se fosse só de mim! Caluniou, injuriou atrozmente a minha filha!…

EDUARDO

Como, Sr. Azevedo?

AZEVEDO

Pergunte-lhe o que ouvi dele!

PEDRO
(*a Alfredo*)
Intriga está fervendo só! Hoje sim! Acaba-se tudo!

VASCONCELOS

E o que me dói, ainda mais, D. Maria, é que todas essas injúrias de que o senhor se fez eco, saem de sua casa!

PEDRO
(*a Carlotinha*)

Mentira!

EDUARDO

De nossa casa, Sr. Vasconcelos?

HENRIQUETA

Eu não creio, meu amigo.

VASCONCELOS

Tu não crês, porque não as ouviste, minha filha; senão havias de ver que só amigos fingidos podiam servir-se da intimidade para, à sombra dela, urdirem semelhantes calúnias!

D. MARIA

Nunca pensei, meu Deus, passar por semelhante vergonha!...

EDUARDO

E eu, minha mãe, eu que sou responsável por todos esses escândalos!

AZEVEDO

C'est ennuyeux, ça!

VASCONCELOS

Vamos, minha filha, deixemos para sempre esta casa onde nunca devíamos ter entrado!

HENRIQUETA

Eduardo!...

EDUARDO

Adeus, Henriqueta!

HENRIQUETA

Carlotinha!…

CARLOTINHA

Ama-me! Tu ao menos não me farás chorar!

ALFREDO

Sou eu que a faço chorar, D. Carlotinha?

VASCONCELOS

Vem, vem, Henriqueta! Não estamos bem neste lugar!

ALFREDO

É verdade, sofre-se muito aqui.

AZEVEDO

Com efeito, *il fait chaud*.

EDUARDO

A honra e a felicidade! Tudo perdido!

D. MARIA
(*chorando*)

E tua mãe, meu filho!

PEDRO

E Pedro, senhor!

VASCONCELOS

Oh! Está quem podia confirmar o que eu disse.

AZEVEDO

Justamente!

EDUARDO

Ah!... Escutem-me, senhores; depois me julgarão. É a nossa sociedade brasileira a causa única de tudo quanto se acaba de passar.

ALFREDO

Como?

VASCONCELOS

Que quer dizer?

AZEVEDO

Tem razão, começo a entender!

EDUARDO

Os antigos acreditavam que toda a casa era habitada por um demônio familiar, do qual dependia o sossego e a tranqüilidade das pessoas que nela viviam. Nós, os brasileiros, realizamos infelizmente esta crença; temos no nosso lar doméstico esse demônio familiar. Quantas vezes não partilha conosco as carícias de nossas mães, os folguedos de nossos irmãos e uma parte das afeições da família! Mas vem um dia, como hoje, em que ele, na sua ignorância ou na sua malícia, perturba a paz doméstica; e faz do amor, da amizade, da reputação, de todos esses objetos santos, um jogo de criança. Este demônio familiar de nossas casas, que todos conhecemos, ei-lo.

AZEVEDO

É uma grande verdade.

VASCONCELOS

Tem toda a razão; a ele é que ouvi!

ALFREDO

Sim, não há dúvida.

CARLOTINHA

Eu adivinhava!...

D. MARIA

Como? Foste tu?

PEDRO

Pedro confessa, sim senhora.

D. MARIA

Mas para quê?...

PEDRO

Para desmanchar o casamento de Sr. Azevedo...

AZEVEDO

Que tal!

VASCONCELOS

E para isso inventaste tudo o que me disseste?

PEDRO

E o que disse a Sr. Azevedo. Nhanhã Carlotinha nunca se importou com ele.

AZEVEDO

Assim, a flor?...

PEDRO

Mentira tudo.

AZEVEDO

E a carta?

PEDRO

Nhanhá mandava a sinhá Henriqueta.

HENRIQUETA

Então é esta!

ALFREDO

Mas a sobrescrita?

HENRIQUETA

Uma brincadeira!

ALFREDO

Perdão, D. Carlotinha!

CARLOTINHA

Não! O que eu sofri!…

EDUARDO

Por que, minha irmã? Todos devemos perdoarnos mutuamente; todos somos culpados por havermos acreditado ou consentido no fato primeiro, que é a causa de tudo isto. O único inocente é aquele que não tem imputação, e que fez apenas uma travessura de criança, levado pelo instinto da amizade. Eu o corrijo, fazendo do autômato um homem; restituo-o à sociedade, porém expulso-o do seio de minha família e fecho-lhe para sempre a porta de minha casa. (*a Pedro*) Toma: é a tua carta de liberdade, ela será a tua punição de hoje em diante, porque as tuas faltas recairão unicamente sobre ti; porque a moral e a lei te pedirão uma conta severa de tuas ações. Livre, sentirás a necessidade do trabalho honesto e apreciarás os nobres sentimentos que hoje não compreendes. (*Pedro beija-lhe a mão*)

D. MARIA

Muito bem, meu filho! Adivinhaste o meu pensamento!

AZEVEDO

Mas agora, por simples curiosidade, diz-me, *gamin*, que interesse tinhas em desfazer o meu casamento?

PEDRO

Sr. moço Eduardo gosta de sinhá Henriqueta!

AZEVEDO

Ah!... *bah*!...

EDUARDO

Sim, meu amigo. Eu amo Henriqueta e para mim esse casamento seria uma desgraça; para o senhor era uma pequena questão de gosto e para seu pai um compromisso de honra. Hoje mesmo pretendia solver essa obrigação. Aqui está uma ordem sobre o Souto; o Sr. Vasconcelos nada lhe deve.

VASCONCELOS

Como? Fico então seu devedor?

EDUARDO

Essa dívida é o dote de sua filha.

HENRIQUETA

Oh! Que nobre coração!

EDUARDO

Quem mo deu?

HENRIQUETA

Sou eu que sinto orgulho em lhe pertencer, Eduardo.

D. MARIA

Mas, meu filho, dispões assim da tua pequena fortuna. O que te resta?

EDUARDO

Minha mãe, uma esposa e uma irmã. A pobreza, o trabalho e a felicidade.

ALFREDO

Esqueceu um irmão, Eduardo.

EDUARDO

Tem razão!

AZEVEDO

E um amigo *quand même*!

EDUARDO

Obrigado!

Vasconcelos

À vista disto, D. Maria, vou tratar de pôr a Josefa nos cobres!

Azevedo

Decididamente volto a Paris, meus senhores!

Pedro

Pedro vai ser cocheiro em casa de Major!

Eduardo

E agora, meus amigos, façamos votos para que o demônio familiar das nossas casas desapareça um dia, deixando o nosso lar doméstico protegido por Deus e por esses anjos tutelares que, sob as formas de mães, de esposas e de irmãs, velarão sobre a felicidade de nossos filhos!...

FIM

AS ASAS DE UM ANJO

Comédia em um prólogo, quatro atos
e um epílogo

Representada pela primeira vez no
Ginásio Dramático, Rio de Janeiro,
em 30 de maio de 1858

PERSONAGENS

Luís Viana
Ribeiro
Araújo
Pinheiro
Meneses
Antônio
José
Carolina
Margarida
Helena
Vieirinha
Uma menina

A cena é no Rio de Janeiro e contemporânea.

PRÓLOGO

(*Em casa de Antônio. Sala pobre.*)

Cena I

CAROLINA, MARGARIDA *e* ANTÔNIO
(*Carolina defronte de um espelho, deitando nos cabelos dois grandes laços de fita azul. Margarida cosendo junto à janela. Antônio sentado num mocho, pensativo.*)

CAROLINA
É quase noite!...

MARGARIDA
Que fazes aí, Carolina? Já acabaste a tua obra?... Prometeste dá-la pronta hoje.

CAROLINA
Já vou, mãezinha; falta apenas tirar o alinhavo. Olhe! Não fico bonita com os meus laços de fita azul?

MARGARIDA

Tu és sempre bonita; mas realmente essas fitas nos cabelos dão-te uma graça!... Pareces um daqueles anjinhos de Nossa Senhora da Conceição.

CAROLINA

É o que disse Luís, quando as trouxe da loja. Tínhamos ido na véspera à missa e ele viu lá um anjinho que tinha as asas tão azuis, cor do céu! Então lembrou-se de dar-me estes laços... Assentam-me tão bem; não é verdade?

MARGARIDA

Sim; mas não sei para que te foste vestir e pentear a esta hora: já está escuro para chegares à janela.

CAROLINA

Foi para experimentar o meu vestido novo, mãezinha... Quis ver como hei de ficar quando formos domingo ao Passeio Público...

MARGARIDA

Ora, ainda hoje é terça-feira.

CAROLINA

Que mal faz!

MARGARIDA

Está bom, vai aprontar a obra; a moça não deve tardar.

CAROLINA

É verdade!

Cena II

MARGARIDA *e* ANTÔNIO

MARGARIDA

Não sei o que tem esta nossa filha! Às vezes anda tão distraída...

ANTÔNIO

Quantos são hoje do mês, Margarida?

MARGARIDA

Pois não sabes? Vinte e seis.

ANTÔNIO

(*contando pelos dedos*)

Diabo! Ainda faltam quatro dias para acabar! Precisava receber uns cobres que tenho na mão do mestre e só no fim da semana... Que maçada!

MARGARIDA

Não te agonies, homem! O dinheiro que deste ainda não se acabou; e hoje mesmo aquela moça deve vir buscar os vestidos que mandou fazer por Carolina.

ANTÔNIO

Quanto tem ela de dar?

MARGARIDA

Três vestidos a cinco mil-réis... Faz a conta.

ANTÔNIO

Quinze mil-réis, não é?

MARGARIDA

Quinze justos. Já vês que não nos faltará dinheiro; podes dormir descansado que amanhã terás o teu vinho ao almoço.

ANTÔNIO

Ora Deus! Quem te fala agora em vinho? Não é para ti, nem para mim, que preciso de dinheiro. (*Margarida acende a vela com fósforos*)

MARGARIDA

Para quem é então, homem?

ANTÔNIO

Para Carolina.

MARGARIDA

Ah! Queres fazer-lhe um presente?

ANTÔNIO

Tens idéias! Não!... Sim... (*rindo*) É um presente que ela há de estimar.

MARGARIDA

Não; sim... Explica-te, se queres que te entenda.

ANTÔNIO

Lá vai. Há muitos dias que ando para te falar nisto; mas gosto de negócio dito e feito. Estive a esperar o fim do mês pela razão que sabes, do dinheiro; e o fim do mês sem chegar. Enfim hoje, já que tocamos no ponto, vou contar-te tudo. (*chega-se à porta da esquerda*)

MARGARIDA

Carolina está lá dentro; podes falar.

ANTÔNIO

Não reparaste ainda numa coisa?

MARGARIDA

Em quê?

ANTÔNIO

Nos modos de Luís para a pequena. Como ele a trata.

MARGARIDA

Quer dizer que Luís é um rapaz sisudo e trabalhador.

ANTÔNIO

Só?... Mais nada!

MARGARIDA

Não sei que mais se possa ver em uma coisa tão natural.

ANTÔNIO

Escuta, Margarida, tu te lembras quando eu era aprendiz de marceneiro, e que te via em casa de teu pai, que Deus tenha em sua glória. Tu te lembras?... Também te tratava sério.

MARGARIDA

Então pensas que Luís tem o mesmo motivo?...

ANTÔNIO

Penso; e eu cá sei por que penso.

MARGARIDA

Descobriste alguma coisa?

ANTÔNIO

Oh! se descobri! um companheiro lá da tipografia muito seu amigo me contou que ele tinha uma paixão forte por uma moça que se chama Carolina.

MARGARIDA

Ah! Anda espalhando!...

ANTÔNIO

Não estejas já a acusar o pobre rapaz; ele não disse a ninguém. Um dia no trabalho... Mas tu sabes como é o trabalho dele?

MARGARIDA

Não; nunca vi.

ANTÔNIO

Nem eu; porém disseram que é fazer com umas letras de chumbo o mesmo que escreve o homem do jornal. Pois nesse dia, Luís que estava com o juízo cá na pequena, que havia de fazer?...

MARGARIDA

O quê?

ANTÔNIO

Em vez do que estava escrito deitou Carolina, Carolina, Carolina... Uma folha cheia de Carolina, mulher! No dia seguinte a nossa filha andava com o jornal por essas ruas!

MARGARIDA

Santa Maria! Que desgraça, Antônio!

ANTÔNIO

Espera, Margarida; ouve até o fim. Tem lá um homem, o contramestre da tipografia, que se chama revisor; assim que ele viu a nossa filha, quero dizer o nome, pôs as mãos na cabeça; houve grande barulho; mas como o rapaz é bom trabalhador acomodou-se tudo. É daí que o companheiro soube e me disse.

MARGARIDA

Psiu!... Aí vem ela.

ANTÔNIO

Melhor! Acaba-se com isto de uma vez.

MARGARIDA

Não lhe fales assim de repente.

ANTÔNIO

Por quê? Gosto de negócio dito e feito.

MARGARIDA

Mas Antônio…

ANTÔNIO

Não quero ouvir razões. (*entra Carolina com uma pequena bandeja cheia de vestidos*)

Cena III

Os mesmos e CAROLINA

CAROLINA

Ainda cose, mãezinha? Isto cansa-lhe a vista.

MARGARIDA

Estou acabando; pouco falta.

ANTÔNIO

Vem cá. Tenho que te dizer uma coisa.

CAROLINA

Ah! Quer ralhar comigo, não é?

ANTÔNIO

E muito, muito; porque ainda hoje não te vieste sentar perto de mim como é teu costume para me contares uma dessas histórias bonitas que lês no jornal de Luís.

CAROLINA

Estive trabalhando; mas agora... Aqui estou. Quer saber as novidades?

ANTÔNIO

Não; hoje sou eu que te vou contar uma novidade; mas uma novidade...

CAROLINA

Qual é? Quero saber.

ANTÔNIO

Já estás curiosa! Quanto mais se adivinhasses...

CAROLINA

Ora diga!

ANTÔNIO

Esta mãozinha pequenina que escreve e borda tão bem, precisa de outra mão forte que trabalhe e aperte ela assim.

CAROLINA

Que quer dizer, meu pai?

ANTÔNIO

Não te assustes. As moças hoje já não se assustam quando se lhes fala em casamento.

CAROLINA

Casamento!... Eu, meu pai?... Nunca!...

ANTÔNIO

Então hás de ficar sempre solteira?

CAROLINA

Mas eu não desejo casar-me agora. Mãezinha, eu lhe peço!...

MARGARIDA

Ninguém te obriga; ouve o que diz teu pai; se não quiseres, está acabado. Não é assim, Antônio?

ANTÔNIO

Decerto. (*a Carolina*) Tu bem sabes que eu não faço nada que não seja do teu gosto.

CAROLINA

Pois não me fale mais de casamento: fico logo triste.

MARGARIDA

Por quê, Carolina? É com a idéia de nos deixares?

CAROLINA

Sim, mãezinha: vivo tão bem aqui.

ANTÔNIO

Pois continuarás a viver: Luís mora conosco.

CAROLINA

Como, meu pai!... É ele... É Luís que...

ANTÔNIO

É ele que eu quero dar-te por marido. Gosta muito de ti e além disto é teu parente.

CAROLINA

Meu Deus!

MARGARIDA

Tu não podes achar um moço mais bem comportado e trabalhador.

ANTÔNIO

E que há de ser alguma coisa, porque tem vontade, e quando se mete em qualquer negócio vai adiante. Pobre como é, estuda mais do que muito doutor.

CAROLINA

Eu sei, meu pai. Tenho-lhe amizade, mas amor... não!

ANTÔNIO

Pois é o que basta. Quando me casei com tua mãe ela não sabia que história era essa de amor; e nem por isso deixou de gostar de mim, e ser uma boa mulher.

MARGARIDA

Entretanto, Antônio, não há pressa; Carolina há de fazer dezoito anos pela Páscoa.

CAROLINA

É verdade, mãezinha; sou muito moça; posso esperar...

ANTÔNIO

Esperar!... Não entendo disto; quero as coisas ditas e feitas. Tu tens amizade a teu primo; ele te paga na mesma moeda; portanto só falta ir à igreja. Domingo...

CAROLINA

Meu pai!... Por quem é!...

MARGARIDA

Ouve, Antônio; é preciso também não fazer as coisas com precipitação. (*Luís aparece*)

ANTÔNIO

Não quero ouvir nada. Domingo... está decidido.

CAROLINA

Ah! mãezinha, defenda sua filha!

MARGARIDA

Que posso eu fazer, Carolina? Tu não conheces o gênio de teu pai! Quando teima...

ANTÔNIO

Não é teima, mulher. Luís há de ser um bom marido para ela. Se não fosse isto não me importava. Quero-lhe tanto bem como tu!

CAROLINA

(*chorando*)

Se me quisesse bem não me obrigava...

ANTÔNIO

É escusado começares com choradeiras; não adiantam; o casamento sempre se há de fazer.

Cena IV

Os mesmos e LUÍS

LUÍS

Não, Antônio.

CAROLINA

Meu primo!

ANTÔNIO

Oh! estavas aí, rapaz? Chegaste a propósito, mas que queres tu dizer?

MARGARIDA

Ele não aceita.

ANTÔNIO

Espera, Margarida! Fala, Luís.

LUÍS

Tratava-se aqui de fazer Carolina minha mulher; mas faltava para isso uma condição indispensável.

ANTÔNIO

Qual?

LUÍS

O meu consentimento. Não pedi a mão de minha prima, nem dei a entender que a desejava.

MARGARIDA

Mas tu lhe queres bem, Luís?

LUÍS

Eu, Margarida?

ANTÔNIO

Sim; tens uma paixão forte por ela; eu sei.

CAROLINA

É verdade?

LUÍS

Parece-me que desde que moro nesta casa não dei motivos para me fazerem esta exprobração. Trato Carolina como uma irmã, ela pode dizer se nunca uma palavra minha a fez corar.

CAROLINA

Não me queixo, Luís.

LUÍS

Creio, minha prima; e se falo nisto é para mostrar que seu pai se ilude: nunca tive a idéia de que um dia viesse a ser seu marido.

ANTÔNIO

Mas então explica-me essa história dos tipos.

LUÍS

Dos tipos?... Não sei que quer dizer.

MARGARIDA

Uma noite na tipografia estavas distraído e em lugar de copiar o papel, escreveste não sei quantas vezes o nome de Carolina.

CAROLINA

O meu nome?... Como, mãezinha!

ANTÔNIO

(*a Luís*)

Ainda pretendes negar?

LUÍS

Mas era o nome de outra moça...

CAROLINA

Chama-se Carolina, como eu?

LUÍS

Sim, minha prima.

ANTÔNIO

Pensas muito nessa moça, para distraíres por ela a esse ponto.

MARGARIDA

Com efeito quem traz assim a lembrança de um nome sempre na idéia...

LUÍS

Que fazer, Margarida? Por mais vontade e prudência que se tenha, ninguém pode arrancar o coração; e nos dias em que a dor o comprime, o nome que dorme dentro dele vem aos lábios e nos trai. Tive naquele dia esse momento de fraqueza; felizmente não perturbou o sossego daquela que podia acusar-me. Agora mesmo ela ignora que era o seu nome.

ANTÔNIO

À vista disso decididamente não queres casar com tua prima?

LUÍS

Não, Antônio; agradeço mas recuso.

ANTÔNIO

Por que razão?

LUÍS

Porque ela... Porque...

MARGARIDA

Já não disse! Não lhe tem amor; gosta de outra.

CAROLINA

E vai casar-se com ela!

ANTÔNIO

Olha lá; se é este o motivo, está direito; mas se não tens outra em vista, diz uma palavra, e o negócio fica decidido.

CAROLINA

Meu pai!...

ANTÔNIO

Vamos. Sim, ou não?

LUÍS

Não, amo a outra...

CAROLINA

Ah!...

ANTÔNIO

Está acabado! Não falemos mais nisto.

CAROLINA

Obrigada; Luís, sei que não mereço o seu amor.

LUÍS

Tem razão, Carolina: deve agradecer-me.

Cena V

ANTÔNIO, MARGARIDA e CAROLINA

ANTÔNIO

Margarida, tu conheces alguma outra moça na vizinhança que se chame Carolina?

MARGARIDA

Não: mas isto não quer dizer nada: pode ser que aquela de quem Luís falou more em outra rua.

ANTÔNIO

Não acredito.

CAROLINA

Meu pai deseja por força que Luís seja meu marido. Ainda cuida que ele gosta de mim.

ANTÔNIO

Disto ninguém me tira.

MARGARIDA

Mas, homem, não o ouviste afirmar o contrário?

ANTÔNIO

Muitas vezes a boca diz o que o coração não sente.

CAROLINA

Ora, meu pai, por que motivo ele encobriria?

ANTÔNIO

O motivo? Tu és quem pode dizer. (*vai a sair*)

CAROLINA

Eu?...

MARGARIDA

Sabes que mais? Antônio, vieste hoje da loja todo cheio de visões. Que te aconteceu por lá?

ANTÔNIO

Eu te digo, mulher. Contaram-me há dias, e hoje tornaram a repetir-me, que um desses bonequinhos da moda anda rondando a nossa rua por causa de alguma menina da vizinhança.

CAROLINA

Ah!

MARGARIDA

Então foi por isso que assentaste de casar Carolina?

ANTÔNIO

Uma menina solteira é um perigo neste tempo. (*saindo*) Esses sujeitinhos têm umas lábias!

MARGARIDA

Para aquelas que querem acreditar neles. (*pausa; batem na porta*)

CAROLINA

Estão batendo.

MARGARIDA

Há de ser a moça dos vestidos.

Cena VI

HELENA, MARGARIDA *e* CAROLINA

HELENA

Adeus, menina. Boa noite, Sra. Margarida.

MARGARIDA

Boa noite.

CAROLINA

Venha sentar-se.

MARGARIDA

Aqui está uma cadeira.

CAROLINA

(*baixo, a Helena*)

E ele?…

HELENA

Espere! (*alto*) Então aprontou?

CAROLINA

Sim, senhora; todos.

HELENA

E estão bem cosidos, já se sabe! Feitos por estas mãozinhas mimosas que não nasceram para a agulha, e sim para andarem dentro de luvas perfumadas.

CAROLINA

Luvas?… Nunca tive senão um par, e de retrós.

MARGARIDA

Quem te perguntou por isto agora?

HELENA

Não faz mal; porém deixe ver os vestidos.

CAROLINA

Vou mostrar-lhe.

MARGARIDA

É obra acabada às pressas; não pode estar como ela desejava.

HELENA

Bem cosidos estão eles; assim me assentem.

MARGARIDA

Hão de assentar. Carolina cortou-os pelo molde da Francesa.

CAROLINA

Apenas fiz um pouco mais decotados como a senhora gosta.

HELENA

É a moda.

MARGARIDA

Mas descobrem tanto!

HELENA

E por que razão as mulheres hão de esconder o que têm de mais bonito?

CAROLINA

É verdade!...

HELENA

(*a Margarida*)

Me dê uma cadeira. (*Margarida vai buscar uma cadeira; ela diz baixo à Carolina*) Preciso falar-lhe.

CAROLINA

Sim!

MARGARIDA

(*dando a cadeira*)

Aqui está.

HELENA

Obrigada. (*senta-se*) Realmente esta menina tem muita habilidade.

CAROLINA

Mãezinha, vmcê. vai lá dentro buscar a minha tesoura? Esqueceu-me abrir uma casa.

MARGARIDA

Não queres a minha?

CAROLINA

Não; está muito cega.

MARGARIDA

Onde guardaste a tua?

CAROLINA

No cestinho da costura.

(*Margarida sai à esquerda. Carolina tira do bolso a tesoura e mostra sorrindo a Helena.*)

301

Cena VII

HELENA *e* CAROLINA

HELENA

Eu percebi!

CAROLINA

Mas... Por que ele não veio?

HELENA

É sobre isto mesmo que lhe quero falar. O Ribeiro mandou dizer-lhe...

CAROLINA

O quê?...

HELENA

Que deseja vê-la a sós.

CAROLINA

Como?

HELENA

Escute. Às nove horas ele passará por aqui e lhe falará por entre a rótula.

CAROLINA

Para quê?

HELENA

Está apaixonado loucamente por você; quer falar-lhe; e não há senão este meio.

CAROLINA

Podia ter vindo hoje com a senhora, como costuma. Era melhor.

HELENA

O amor não se contenta com estes olhares a furto, e esses apertos de mão às escondidas.

CAROLINA

Mas eu tenho medo. Meu pai pode descobrir; se ele soubesse!...

HELENA

Qual! É um instante! O Ribeiro bate três pancadas na rótula; é o sinal.

CAROLINA

Não! não! Diga a ele...

HELENA

Não digo nada; não me acredita, e vem. Se não falar-lhe, nunca mais voltará.

CAROLINA

Então deixará de amar-me!...

HELENA

E de quem será a culpa?

CAROLINA

Mas exige uma coisa impossível.

HELENA

Não há impossíveis para o amor. Pense bem; lembre-se que ele tem uma paixão...

CAROLINA

Aí vem mãezinha!

Cena VIII

As mesmas, MARGARIDA *e* ARAÚJO

MARGARIDA

Não achei, Carolina; procurei tudo.

HELENA

Está bom; já não é preciso. Mando fazer isto em casa pela minha preta.

ARAÚJO

(*entrando pelo fundo com um colarinho postiço na mão*)
A senhora me apronta este colarinho?

MARGARIDA

A esta hora, Sr. Araújo?

ARAÚJO

Que quer que lhe faça? Um caixeiro só tem de seu as noites. Agora mesmo chego do armarinho, e ainda foi preciso que o amo desse licença.

MARGARIDA

Pois deixe ficar, que amanhã cedo está pronto.

ARAÚJO

Amanhã?... E com que hei de ir hoje ao baile da *Vestal?*

CAROLINA

Ah!... o senhor vai ao baile?

ARAÚJO

Então pensa que por ser caixeiro não freqüento a alta sociedade? Cá está o convite... Mas o colarinho? Ande, Sra. Margarida.

MARGARIDA

Lavar e engomar hoje mesmo!

ARAÚJO

Para as oito horas. Não quero perder nem uma quadrilha. As valsas pouco me importam...

MARGARIDA

O senhor dá-me sempre cada maçada!...

ARAÚJO

Deixe estar que um dia destes trago-lhe uma caixinha de agulhas.

MARGARIDA

Veremos.

Cena IX

ARAÚJO, HELENA *e* CAROLINA
(*Carolina na janela*)

HELENA

Como está Sr. Araújo?

ARAÚJO

A senhora por aqui!... É novidade.

HELENA

Também o senhor.

ARAÚJO

Eu sou vizinho; e a Sra. Margarida é minha engomadeira.

HELENA

Pois eu moro muito longe; porém mandei fazer uns vestidos por esta menina.

ARAÚJO

Então já não gosta das modistas francesas?

HELENA

Cosem muito mal.

ARAÚJO

E dão cada tesourada! Como os alfaiates da Rua do Ouvidor... Mas assim mesmo, a senhora largar-se do Catete à Rua Formosa, em busca de uma costureira!

HELENA

Que tem isso?

ARAÚJO

Veio de carro? Está um na porta.

HELENA

É o meu.

ARAÚJO

Ahnn... Trata-se agora.

HELENA

Sempre fui assim.

ARAÚJO

E quando o amo lhe penhorou os trastes por causa daquela continha?

HELENA

Não me lembro.

ARAÚJO

Ah!... Não se lembra!... Pois olhe! Estou agora me lembrando de uma coisa.

HELENA

De quê?

ARAÚJO

Lá no armarinho quando as fazendas ficam mofadas, sabe o que se faz?

HELENA

Ora, que me importa isto?

ARAÚJO

Separam-se das outras, para que não passe o mofo.

HELENA

Que quer o senhor dizer?

ARAÚJO

Quero dizer que as mulheres às vezes são como as fazendas; e que tudo neste mundo é negócio, como diz o amo.

HELENA

Está engraçado!

Cena X

Os mesmos e MARGARIDA

ARAÚJO

Acha isso?

HELENA

Deixe-me! Adeus, menina!

CAROLINA

Já vai?

ARAÚJO

O maldito colarinho está pronto?

MARGARIDA

Está quase.

HELENA

Mande deitar estes vestidos no carro.

MARGARIDA

Sim, senhora.

HELENA

(*a Carolina*)

Adeus. (*baixo*) Veja lá! Oito horas já deram.

CAROLINA

Sim!

HELENA

Adeus!… (*a Araújo*) Boa noite!

ARAÚJO

Viva!

HELENA

Não fique mal comigo.

ARAÚJO

Há muito tempo que conhece esta mulher, D. Carolina?

CAROLINA

Há um mês.

ARAÚJO

Quem a trouxe cá?…

CAROLINA

Ninguém; ela precisa de uma costureira.

ARAÚJO

(*a Margarida*)

Olhe que são mais de oito horas.

MARGARIDA

Arre!… Que pressa!…

ARAÚJO

Não se demore! Eu volto já: vou fazer a barba.

Cena XI

LUÍS, ARAÚJO *e* CAROLINA

LUÍS

Não saias; quero te dar uma palavra.

ARAÚJO

Depressa, que tenho hoje um baile.

LUÍS

Espera um momento. (*olhando para Carolina*)
Sempre na janela.

ARAÚJO

Desconfias de alguma coisa?

LUÍS

Carolina!

CAROLINA

Ah!… Luís.

LUÍS

Assustei-a, minha prima?

CAROLINA

Não! Estava distraída.

LUÍS

Desculpe, procurei este momento para falar-lhe porque desejava pedir-lhe perdão.

CAROLINA

Perdão? De quê?

LUÍS

Não recusei a sua mão que seu pai me queria dar? Não a ofendi com essa recusa? Uma mulher deve ter sempre o direito de desprezar; o seu orgulho não admite que ninguém a prive desse direito.

CAROLINA

Não me ofendi com a sua franqueza, Luís. (*com ironia*) Reconheci apenas que não era digna de pertencer-lhe; outra merece o seu amor!

LUÍS

Esse amor que eu confessei era uma mentira.

CAROLINA

Por que confessou então? Quem o obrigou?

LUÍS

Ninguém. Menti por sua causa; para poupar-lhe um desgosto.

CAROLINA

Não o entendo.

LUÍS

Conhece o caráter de seu pai e sabe que quando ele quer as coisas não há vontade que lhe resista. Para tornar de uma vez impossível esse casamento, para que o meu nome não lhe causasse mais tristeza, ouvindo-o associado ao título de seu marido, declarei que amava outra mulher; menti.

CAROLINA

E que mal havia nisso? Todos não temos um coração?

LUÍS

É verdade: porém o meu creio que não foi feito para o amor, e sim para a amizade. As minhas únicas afeições estão concentradas nesta casa; fora dela trabalho; aqui sinto-me viver. Um amor estranho seria como a usurpação dos sentimentos que pertencem aos meus parentes. É por isso que só a sua felicidade me obrigaria a confessar-me ingrato.

CAROLINA

Não sei em que isso podia influir sobre a minha felicidade.

LUÍS

Quando se ama...

CAROLINA

Mas eu não amo.

LUÍS

Seja franca!

CAROLINA

Juro…

LUÍS

Não jure!

CAROLINA

Onde vai?

LUÍS

Ouvi bater na janela.

CAROLINA

Não!… Foi engano.

LUÍS

Vou ver.

CAROLINA

Meu primo!…

ARAÚJO
(*baixo a Luís*)
Um sujeito está espiando pela rótula.

CAROLINA
(*na rótula, baixo e para fora*)
Espere!

ARAÚJO
(*a Luís*)
Sabes quem é?

Cena XII

Os mesmos e Margarida

Luís

Sei, ela o ama.

Araújo

E tu consentes?

Luís

Que posso fazer? Se o ofendesse ela me odiaria.
Antes indiferença.

Carolina

Não era ninguém... O vento.

Luís

(*a Araújo*)

Mente!

Margarida

Aqui tem; foi enxuto a ferro.

Araújo

A senhora é a pérola das engomadeiras. Vou-me
vestir; anda, Luís.

Margarida

(*a Luís*)

Estás hoje de folga?

Luís

Não; volto à tipografia.

MARGARIDA
Então quando saíres cerra a porta.

LUÍS
Sim. Até amanhã minha prima.

CAROLINA
Adeus.

MARGARIDA
Tu não vens, Carolina?

CAROLINA
Já vou, mãezinha; deixe-me tirar meus grampos.

Cena XIII

CAROLINA *e* RIBEIRO
(*Luís saindo, fecha a porta do fundo. Carolina, ficando só, apaga a vela. Ribeiro salta na sala*)

CAROLINA
Meu Deus!

RIBEIRO
Carolina... Onde estás?... Não me queres falar?

CAROLINA
Cale-se; podem ouvir.

RIBEIRO
Por isso mesmo; não esperdicemos estes curtos momentos que estamos sós.

CAROLINA

Tenho medo.

RIBEIRO

De quê? De mim?

CAROLINA

Não sei!

RIBEIRO

Tu não me amas, Carolina! Senão havias de ter confiança em mim; havias de sentir-te feliz como eu.

CAROLINA

E o meu silêncio aqui não diz tudo? Não engano meu pai para falar-lhe?

RIBEIRO

Tu não sabes! O coração duvida sempre da ventura. Dize que me amas, Dize, sim?

CAROLINA

Para quê?

RIBEIRO

Eu te suplico!

CAROLINA

Já não lhe confessei tantas vezes que lhe...

RIBEIRO

Assim não quero. Há de ser: eu te...

CAROLINA

Eu te amo. Está contente?

RIBEIRO

Obrigado.

CAROLINA

Agora adeus. Até amanhã.

RIBEIRO

Separarmo-nos! Depois de estar uma vez perto de ti, de saber que tu me amas? Não, Carolina.

CAROLINA

Mas é preciso.

RIBEIRO

Tu és minha. Vamos viver juntos.

CAROLINA

Sempre?

RIBEIRO

Sempre! sempre juntos!

CAROLINA

Como?

RIBEIRO

Vem comigo; o meu carro nos espera.

CAROLINA

Fugir!

RIBEIRO

Fugir? não; acompanhar aquele que te adora.

CAROLINA

É impossível!

RIBEIRO

Vem, Carolina.

CAROLINA

Não! Não! Deixe-me!

RIBEIRO

Ah! É esta a prova do amor que me tem! Adeus! Esqueça-se de mim. Nunca mais nos tornaremos a ver.

CAROLINA

Mas abandonar minha mãe! Não posso!

RIBEIRO

Eu acharei outras que me amem bastante para me fazerem esse pequeno sacrifício.

CAROLINA

Outras que não terão sua família.

RIBEIRO

Mas que terão um coração.

CAROLINA

E eu não tenho?

RIBEIRO

Não parece.

CAROLINA

Antes não o tivesse.

RIBEIRO

Adeus.

CAROLINA

Até amanhã. Sim?

RIBEIRO

Para sempre.

CAROLINA

Amanhã... Talvez.

RIBEIRO

Deve ser hoje ou nunca.

CAROLINA

E minha mãe?

RIBEIRO

É uma separação de alguns dias.

CAROLINA

Mas ela me perdoará?

RIBEIRO

Vendo sua filha feliz...

CAROLINA

Que dirão minhas amigas?

RIBEIRO

Terão inveja de ti.

CAROLINA

Por quê?

RIBEIRO

Porque serás a mais bela moça do Rio de Janeiro.

CAROLINA

Eu?

RIBEIRO

Sim! Tu não nasceste para viver escondida nesta casa, espiando pelas frestas da rótula, e cosendo para a Cruz. Estas mãos não foram feitas para o trabalho, mas para serem beijadas como as mãos de uma rainha. (*beija-lhe as mãos*) Estes cabelos não devem ser presos por laços de fitas, mas por flores de diamantes. (*tira os laços de fita e joga-os fora*) Só a cambraia e a seda podem roçar sem ofender-te essa pele acetinada.

CAROLINA

Mas eu sou pobre!

RIBEIRO

Tu és bonita, e Deus criou as mulheres belas para brilharem como as estrelas. Terás tudo isso, diamantes, jóias, sedas, rendas, luxo e riqueza. Eu te prometo! Quando apareceres no teatro, deslumbrante e fascinadora, verás todos os homens se curvarem a teus pés; um murmúrio de admiração te acompa-

nhará; e tu, altiva e orgulhosa, me dirás em um olhar:
sou tua.

CAROLINA

Tua noiva?

RIBEIRO

Tudo, minha noiva, minha amante. Depois iremos esconder a nossa felicidade e o nosso amor num retiro delicioso. Oh! se soubesses como a vida é doce no meio do luxo, em companhia de alguns amigos, junto daqueles que se ama, e à roda de uma mesa carregada de luzes e de flores!... O vinho espuma nos copos e o sangue ferve nas veias; e os olhares queimam como fogo; os lábios que se tocam, esgotam ávidos o cálice de *champagne* como se fossem beijos em gotas que caíssem de outros lábios... Tudo fascina; tudo embriaga; esquece-se o mundo e suas misérias. Por fim as luzes empalidecem, as cabeças se reclinam; e a alma, a vida, tudo se resume em um sonho.

CAROLINA

Mas o sonho passa...

RIBEIRO

Para voltar no dia seguinte, no outro e sempre.

CAROLINA

Eu também tenho meus sonhos; mas não acredito neles.

RIBEIRO

E que sonhas tu, minha Carolina?

CAROLINA

Vais zombar de mim!

RIBEIRO

Não; conta-me.

CAROLINA

Sonho com o mundo que não conheço! Com esses prazeres que nunca senti. Como deve ser bonito um baile! Como há de ser feliz a mulher que todos olham, que todos admiram! Mas isto não é para mim.

RIBEIRO

Tu verás!... Vem! A felicidade nos chama.

CAROLINA

Espera.

RIBEIRO

Que queres fazer?

CAROLINA

Rezar! Pedir perdão a Deus.

RIBEIRO

Pedir perdão de quê? O amor não é um crime.

CAROLINA

Meu Deus!... E minha mãe?

RIBEIRO

Vem, Carolina.

Cena XIV

Os mesmos e Luís

CAROLINA

Ah!

RIBEIRO

Quem é este homem?

CAROLINA

Meu primo.

LUÍS

Não pense que é um rival que vem disputar-lhe sua amante. Não, senhor! Há pouco recusei a mão de minha prima que seu pai me oferecia; não a amo. Mas sou parente e devo ampará-la no momento em que vai perder-se para sempre.

RIBEIRO

Não tenho medo de palavras; se quer um escândalo...

LUÍS

Está enganado! Se quisesse um escândalo e também uma vingança bastava-me uma palavra; bastava chamar seu pai. Mas eu sei que não é a força que dobra o coração; eu temo que minha prima odeie algum dia em mim o homem que ela julgará autor de sua desgraça.

RIBEIRO

O que deseja então?

LUÍS

Desejo tentar uma última prova. O senhor acaba de falar a esta menina a linguagem do amor e da sedução; eu vou falar-lhe a linguagem da amizade e da razão. Depois de ouvir-me, ela é livre; e eu juro que não me oporei a sua vontade.

RIBEIRO

Ela ama-me! Era por sua vontade que me seguia.

LUÍS

Ela ama-o, sim; mas ignora que este amor é a perdição; que ela vai sacrificar a um prazer efêmero a inocência e a felicidade. Não sabe que um dia a sua própria consciência será a primeira a desprezá-la, e a envergonhar-se dela.

CAROLINA

Luís!

RIBEIRO

Não acredites.

LUÍS

Acredite-me, Carolina. Falo-lhe como um irmão. Esses brilhantes, esse luxo, que há pouco o senhor lhe prometia, se agora brilham a seus olhos, mais tarde lhe queimarão o seio, quando conhecer que são o preço da honra vendida!

CAROLINA

Por piedade! Cale-se, meu primo!

LUÍS

Depois a beleza passará, porque a beleza passa depressa no meio das vigílias; então ficará só, sem amigos, sem amor, sem ilusões, sem esperanças, não terá para acompanhá-la senão o remorso do passado.

RIBEIRO

Tu sabes que eu te amo, Carolina.

LUÍS

Eu também... a estimo, minha prima.

RIBEIRO

Vem! Seremos felizes!

CAROLINA

Não!... Não posso!

RIBEIRO

Por quê?... Há pouco não dizias que eras minha?

CAROLINA

Sim...

RIBEIRO

A uma palavra deste homem, esqueces tudo?

CAROLINA

Não esqueço, mas...

RIBEIRO

Sei a causa. Se ele não chegasse, eu era o preferido; mas entre os dois, escolhe aquele que talvez já tem direito sobre sua pessoa.

CAROLINA

Direito sobre mim?

LUÍS

Já lhe disse que não amava esta moça.

RIBEIRO

Negar em tais casos é um dever. Adeus, seja feliz com ele.

CAROLINA

Com ele!... Mas eu não o amo!

RIBEIRO

Já lhe pertence.

CAROLINA

Luís? Eu lhe suplico! Diga que é uma falsidade!

LUÍS

Eu juro!

RIBEIRO

Não creio em juramentos!

CAROLINA

Oh! não!

MARGARIDA
(*de dentro*)

Carolina!

CAROLINA

Minha mãe!

LUÍS

Margarida!

CAROLINA

Ah! Estou perdida! (*desfalece nos braços de Ribeiro*)

LUÍS

Silêncio! (*vai fechar a porta. Ribeiro aproveita-se deste momento e sai, levando Carolina nos braços*)

Cena XV

LUÍS *e* MARGARIDA

LUÍS

Ah!... (*corre à janela; ouve-se partir um carro; volta com desespero; vê os laços de fita, apanha-os e beija*)

MARGARIDA

Carolina!... Que é isto, Luís?

LUÍS

(*mostrando as fitas*)

São as asas de um anjo, Margarida; ele perdeu-as, perdendo a inocência.

MARGARIDA

Minha filha!

ATO PRIMEIRO

(*Salão de um hotel. Pequenas mesas à direita e à esquerda. No centro uma preparada para quatro pessoas.*)

Cena I

Pinheiro, Helena *e* José

Helena

Ainda não chegaram.

Pinheiro

Não há tempo. José, prevenirás o Ribeiro, logo que ele chegue, de que estamos aqui.

José

Sim, senhor.

Helena

O *champagne* já está gelado?

JOSÉ

Já deve estar. Que outros vinhos há de querer, Sr. Pinheiro?

PINHEIRO

Os melhores.

HELENA

Eu cá não bebo senão *champagne*.

PINHEIRO

Por espírito de imitação. Ouviu dizer que era o vinho predileto das grandes *lorettes* de Paris.

HELENA

Não gosto de franceses.

PINHEIRO

Pois eu gosto bem das francesas.

HELENA

Faz bem! Nós é que temos a culpa! Se fôssemos como algumas que a ninguém têm amor!...

PINHEIRO

Qual! Santo de casa não faz milagres.

JOSÉ

Já viu uma dançarina que chegou pelo paquete?

PINHEIRO

A que está no Hotel da Europa?

JOSÉ

Não; está aqui, no número 8.

HELENA

Alguém lhe pediu notícias dela?

JOSÉ

(*rindo*)

O Sr. Pinheiro gosta de andar ao fato dessas coisas.

Cena II

PINHEIRO *e* HELENA

HELENA

Como esteve maçante o teatro hoje!

PINHEIRO

Como sempre.

HELENA

Não sei que graça acham esses sujeitinhos na Stoltz! Não tem nada de bonita!

PINHEIRO

É prima-dona!

HELENA

Sabes quem deitou muito o óculo para mim? O Araújo.

PINHEIRO

Ah! Estará apaixonado por ti?

HELENA

E por que não? Outros melhores têm-se apaixonado!

PINHEIRO

Isso é verdade!

HELENA

Ah! já confessa!... Mas dizem que o Araújo agora
está bem?

PINHEIRO

É guarda-livros de uma casa inglesa.

HELENA

Foi feliz; eu conheci-o caixeiro de armarinho.

PINHEIRO

Escuta, Helena; tenho uma coisa a dizer-te.

HELENA

O quê? Temos arrufos?

PINHEIRO

Estou apaixonado pela Carolina.

HELENA

Já me disseste.

PINHEIRO

Julgaste que era uma brincadeira! Mas é muito
sério. Estou disposto a tudo para conseguir que ela
me ame.

HELENA

Por isso é que já não fazes caso de mim?

PINHEIRO

Ao contrário: é de ti que eu mais espero.

HELENA

De mim?

PINHEIRO

Não me recusarás isto!

HELENA

Ah! Julgas que a minha paciência chega a este ponto?

PINHEIRO

Foste tu que protegeste o Ribeiro.

HELENA

Sim; mas o Ribeiro não era meu amante, como o senhor!

PINHEIRO

Ora, deixa-te disso! Queres fazer de ciumenta! Que lembrança!

HELENA

Não julgue os outros por si.

PINHEIRO

Olha! A Carolina gosta de mim, e…

HELENA

E mais cedo ou mais tarde devo ceder-lhe o meu lugar?

PINHEIRO

Desde que nada perdes…

HELENA

É o que te parece.

PINHEIRO

Eu continuarei a ser o mesmo para ti.

HELENA

Cuidas que não tenho coração?

PINHEIRO

Se eu não soubesse como tu és boa e condescendente, não te pedia este favor.

HELENA

Está feito! Tu sempre me havias de deixar!… Antes assim!

PINHEIRO

Obrigado, Helena.

HELENA

Que queres que eu faça?

PINHEIRO

Eu te digo. Dei esta ceia ao Ribeiro unicamente para ver se consigo falar à Carolina.

HELENA

Ah! nunca lhe falaste?

PINHEIRO

Nunca: o Ribeiro não a deixa!

HELENA

É verdade: há dois anos que a tirou de casa e ainda gosta dela como no primeiro dia.

PINHEIRO

Posso contar contigo?

HELENA

Já te prometi. Mas vês esta pulseira? Foi o presente que me fez o Ribeiro. É de brilhantes!...

PINHEIRO

Eu te darei um adereço completo.

HELENA

Não paga o sacrifício que eu te faço!... Esses homens pensam! Se eles dizem que a gente é de mármore!

PINHEIRO

Falarás hoje mesmo a ela.

HELENA

Falo... Falo...

PINHEIRO

Vê se consegues que deixe o Ribeiro.

HELENA

Fica descansado. Eu sei o que hei de fazer. Agora vai contar isto aos teus amigos para que eles zombem de mim.

Cena III

Os mesmos, JOSÉ, RIBEIRO *e* CAROLINA

JOSÉ

Aí está o Sr. Ribeiro com uma senhora. Posso servir?

PINHEIRO

Podes.

HELENA

Ainda não. Espere um momento.

PINHEIRO

Para quê?

HELENA

Já te esqueceste?... Deve ser antes.

PINHEIRO

Ah! Sim!

RIBEIRO

Chegaram muito cedo.

HELENA

Saímos antes de acabar o espetáculo.

RIBEIRO

Não reparei. Quanto mais depressa acabarmos, melhor.

PINHEIRO

A Favorita fez-te fome?

RIBEIRO

Alguma: mas além disso preciso recolher-me cedo.

CAROLINA

Pois eu previno-te que enquanto houver uma luz sobre a mesa e uma gota de vinho nos copos, não saio daqui. Tenho tantas vezes sonhado uma noite como esta, tenho esperado tanto por estas horas de prazer, que pretendo gozá-las até o último momento. Quero ver se a realidade corresponde à imaginação.

RIBEIRO

Está bem, Carolina: podes ficar o tempo que quiseres. Não te zangues por isso.

CAROLINA

Oh! Não me zango! Já estou habituada à vida triste a que me condenaste. Mas hoje...

HELENA

Então não vives satisfeita?

CAROLINA

Não vivo, não, Helena: sabes que me prometeram uma existência brilhante, e me fizeram entrever a felicidade que eu sonhava no meio do luxo, das festas e da riqueza! A ilusão se desvaneceu bem depressa.

RIBEIRO

Tu me ofendes com isto, Carolina.

CAROLINA

Cuidas que foi para me esconderes dentro de uma casa, para olhar de longe o mundo sem poder gozá-lo, que abandonei meus pais? Que sou eu hoje? Não tenho nem as minhas esperanças de moça, que já murcharam, nem a liberdade que sonhei.

RIBEIRO

Mas, Carolina, tu bem sabes que eu, se te guardo para mim somente, se tenho ciúme do mundo, é porque te amo: sou avaro, confesso; sou avaro de um tesouro.

CAROLINA

Não entendo esses amores ocultos que têm vergonha de se mostrarem; isto é bom para os velhos e para os hipócritas. Amar é gozar da existência a dois, partilhar seus prazeres e sua felicidade. Que prazeres temos nós que vivemos aborrecidos um do outro? Que felicidade sentimos para darmo-nos mutuamente?

RIBEIRO

Está hoje de mau humor.

CAROLINA

Ao contrário, estou contente! A vista destas luzes, destas flores, desta mesa, destes preparativos de ceia, me alegrou. É assim que eu compreendo o amor e a vida. Na companhia de alguns amigos, vendo o vinho espumar nos copos e sentindo o sangue ferver nas veias. Os olhares queimam como fogo; os seios palpitam, a alma bebe o prazer por todos os poros; pelos olhos, pelos sorrisos, nos perfumes, e nas palavras que se trocam!

HELENA

Bravo! Como estás romântica!

CAROLINA

Oh! Tu não fazes idéia! Meu espírito tem revoado tantas vezes em torno dessa esperança, que vendo-a prestes a realizar-se, quase enlouqueço. Outrora dei por ela a minha inocência: hoje daria a minha vida inteira!

(*Ribeiro e Pinheiro conversam à parte.*)

HELENA

Pois olha! Tens o que desejas bem perto de ti.

CAROLINA

Não entendo.

HELENA

Deixa-te ficar e verás.

CAROLINA

Mas escuta!

HELENA

Depois; não percas tempo.

CAROLINA

Já perdi dois anos!

RIBEIRO

Foste injusta comigo, Carolina. Não acreditas que te amo, ou já não me amas talvez! Confessa!

CAROLINA

·· Não sei.

RIBEIRO

Dize francamente.

CAROLINA

Como está quente a noite! Abre aquela janela. (*Ribeiro vai abrir a janela do fundo; Helena que falava baixo a Pinheiro, dirige-se a ele, e ambos conversam recostados à grade e voltados para a rua*)

Cena IV

CAROLINA *e* PINHEIRO

PINHEIRO

Eu lhe agradeço, Carolina.

CAROLINA

O que, Sr. Pinheiro?

PINHEIRO

A satisfação que me causaram suas palavras. Não pensava, dando esta ceia, que ia realizar um desejo seu.

CAROLINA

Ah! é verdade! Mas sou eu então que lhe devo agradecer.

PINHEIRO

Faça antes outra coisa.

CAROLINA

O quê?

PINHEIRO

Faça que o acaso se torne uma realidade; que esta noite de esperança se transforme em anos de felicidade. Aceite o meu amor.

CAROLINA

Para fazer o que dele?

PINHEIRO

O que quiser; contanto que me ame um pouco, sim?

CAROLINA

Não.

PINHEIRO

Por quê?

CAROLINA

Amor por amor, já tenho um; e este, ao menos é primeiro.

PINHEIRO

O meu será o segundo e eu procurarei torná-lo tão belo, tão ardente que não tenha inveja do primeiro.

CAROLINA

Já me iludiram uma vez essas promessas, quando eu ainda via o mundo com os olhos de menina, hoje não creio mais nelas.

PINHEIRO

Não tem razão.

CAROLINA

Oh! se tenho! O senhor diz agora que me ama, por mim, para fazer-me feliz, para satisfazer os meus desejos, os meus caprichos, as minhas fantasias. Se eu acreditasse nessas belas palavras, sabe o que aconteceria?

PINHEIRO

Me daria a ventura!

CAROLINA

Sim, mas ficaria o que sou. No momento em que lhe pertencesse, tornar-me-ia um traste, um objeto de luxo; em vez de viver para mim, seria eu que viveria para obedecer às suas vontades. Não, no dia em que a escrava deixar o seu primeiro senhor, será para reaver a liberdade perdida.

PINHEIRO

Não é livre então? Não pode amar aquele que preferir?

CAROLINA

Para uma mulher ser livre é necessário que ela despreze bastante a sociedade para não se importar com as suas leis; ou que a sociedade a despreze tanto que não faça caso de suas ações. Eu não posso ainda repelir essa sociedade em cujo seio vive minha família; há alguns corações que sofreriam com a vergonha da minha existência e com a triste celebridade do meu nome. É preciso sofrer até o dia em que me sinta com bastante coragem para quebrar esses últimos laços que me prendem. Nesse dia, se houver um homem que me ame e que me ofereça a sua vida, eu a aceitarei; porém como senhora.

PINHEIRO

E por que este dia não será hoje? Diga uma palavra! uma só...

CAROLINA

Hoje?... Não!... Talvez amanhã.

PINHEIRO

Promete?...

CAROLINA

Não prometo nada. Vamos cear. Anda, Helena! Ribeiro!... Deixem-se de conversar agora.

PINHEIRO

José, serve-nos.

Cena V

Os mesmos, RIBEIRO, HELENA *e* MENESES

RIBEIRO

É mais de meia-noite.

HELENA

Um dia não são dias, Sr. Ribeiro; amanhã dorme-se até às duas horas da tarde.

CAROLINA

Justamente as horas que eu passo mais aborrecida.

HELENA

Tu me pareces outra. Achaste o que procuravas?

CAROLINA

Ainda não.

HELENA

És difícil de contentar.

PINHEIRO

Adeus, Meneses; queres cear conosco?

MENESES

Muito obrigado.

PINHEIRO

Não faças cerimônia.

MENESES

Tu é que estás usando de etiquetas. Onde viste usar um quinto parceiro para jogar uma partida de voltarete?

RIBEIRO

Ah! É por isso que não aceitas?

MENESES

Decerto! Nesta espécie de ceias, a regra é nem menos de dois, nem mais de quatro; um quinto transtorna a conta, a menos que não seja um zero. Ora eu não gosto de ser nem importuno, nem... Vieirinha!...

PINHEIRO

Deixa-te disso; vem cear.

MENESES

É escusado insistires.

RIBEIRO

Pois não sabes o que perdes.

MENESES

Não; mas sei quanto ganho.

PINHEIRO

Podemos ir-nos sentando.

Cena VI

Os mesmos, LUÍS, ARAÚJO *e* JOSÉ

ARAÚJO

Tu não és capaz de adivinhar quem eu vi esta noite no teatro.

LUÍS

Alguma tua apaixonada.

ARAÚJO

Não tenho... Uma pessoa que te fez bastante mal.

LUÍS

Quem?

ARAÚJO

Lembras-te daquela mulher que mandava fazer costuras... (*vendo Carolina aperta o braço de Luís*) Oh!

LUÍS

Ela!...

ARAÚJO

Não faças estaladas. Finge que não a vês; é o melhor.

LUÍS

Adeus. Não posso ficar aqui.

ARAÚJO

Deixa-te disso, Luís. Nada de fraquezas!

LUÍS

Mas a sua presença é uma tortura.

ARAÚJO

Come alguma coisa: é o melhor calmante para as dores morais. Tenho estudado a fundo a fisiologia das paixões e estou certo que o coração está no estômago, quando não está na algibeira.

MENESES

Araújo!

ARAÚJO

Oh! Não te tinha visto.

MENESES

Estiveste no teatro?

ARAÚJO

Estive.

MENESES

Que tal correu a *Favorita*?

ARAÚJO

Bem; por que não foste?

MENESES

Tinha uma partida a que não podia faltar.

PINHEIRO

Anda mais depressa, José!

JOSÉ

Pronto! Uma *mayonnaise* soberba!

HELENA

De quê?

JOSÉ

De salmão.

*(Durante este último diálogo, Carolina tira as
luvas e o mantelete, que vai deitar no sofá
à direita; Luís ergue-se. O trecho seguinte da
cena é dito a meia-voz.)*

CAROLINA

Luís.

LUÍS

Silêncio!

CAROLINA

Não me quer falar, meu primo?

LUÍS

Com que direito os lábios vendidos profanam o nome do homem honesto que deve a posição que tem ao seu trabalho? Com que direito a moça perdida quer lançar a sua vergonha sobre aqueles que ela abandonou?

CAROLINA

Não me despreze, Luís!

LUÍS

Não a conheço.

CAROLINA

Tem razão. Esqueci-me que estou só neste mundo; que não me resta mais nem pai, nem mãe, nem parentes, nem família. O senhor veio lembrar-me! Obrigada.

348

LUÍS

Minha prima!

CAROLINA

Sua prima morreu! (*volta-lhe as costas*)

HELENA

Vem, Carolina!

RIBEIRO

Quem é este moço com quem conversavas?

CAROLINA

Não sei.

RIBEIRO

Não o conheces?

CAROLINA

Nunca o vi.

RIBEIRO

Mas falavas com ele!

CAROLINA

Pedia-me notícias de uma amiga minha que já é morta.

RIBEIRO

Não estejas com estas idéias tristes. Anda; estão nos esperando.

ARAÚJO

José, traz-nos alguma coisa.

JOSÉ

O que há de ser?

ARAÚJO

O que vier mais depressa.

MENESES

E a mim, quanto tempo queres fazer esperar?

JOSÉ

O que deseja, Sr. Meneses?

MENESES

Desejo o que tu não tens; dize-me antes o que há.

JOSÉ

Quer uma costeleta de carneiro?

MENESES

Vá feito.

ARAÚJO

(*a Luís*)

Sabes do que estou lembrando? Daquelas noites em que ceávamos juntos na *Águia de Prata*, há dois anos, quando tu me falavas do teu amor. Naquele tempo não tínhamos dinheiro, nem freqüentávamos os hotéis. Eras compositor e eu caixeiro de armarinho na Rua do Hospício.

LUÍS

E hoje somos mais felizes? Adquirimos uma posição bonita, que muitos invejam, mas perdemos tantas esperanças que naquele tempo nos sorriam!

ARAÚJO

Vais cair nos sentimentalismos. A esta hora é perigoso.

LUÍS

Dizes bem! Há certas ocasiões em que é preciso rir para não chorar. (*a José*) Uma garrafa de cerveja.

JOSÉ

Preta ou branca?

ARAÚJO

Amarela!

Cena VII

Os mesmos e VIEIRINHA

VIEIRINHA

Oh! Só o Meneses não estaria por aqui!

MENESES

Sigo o teu exemplo.

VIEIRINHA

Não quiseste ir hoje no Lírico?

MENESES

Tive que fazer.

VIEIRINHA

Pois esteve bom; havia muita moça bonita. A Elisa lá estava.

MENESES

Então já se sabe... Tiveste serviço?

VIEIRINHA

Não lhe dei corda! ocupei-me com outra pessoa... Mas esta tu não conheces.

MENESES

É nova?

VIEIRINHA

Negócio de quinze dias; porém já está adiantado.

MENESES

Ainda não te escreveu?

VIEIRINHA

És curioso!

PINHEIRO

Vieirinha!

VIEIRINHA

Adeus, Pinheiro!... Mas como está isto florido!

PINHEIRO

Vem cear conosco.

VIEIRINHA

Aceito. Como estás, Ribeiro?

RIBEIRO

À tua saúde!

PINHEIRO

E dos teus amores.

VIEIRINHA

Quais?

MENESES

São tantos, que não se lembra!

ARAÚJO

Quem é este conquistador?

MENESES

Nunca o viste?

ARAÚJO

Não.

MENESES

Admira! É um desses sujeitos que vivem na firme convicção de que todas as mulheres o adoram; isto o consola do pouco caso que dele fazem os homens.

ARAÚJO

Então é um fátuo?

MENESES

Pois não! É um homem feliz; vai a um teatro e a um baile; acha bonita uma mulher, solteira, viúva, ou casada, persuade-se que ela o ama; e no dia seguinte com a maior boa-fé revela esse segredo a alguns amigos bastante discretos para só contarem aos seus conhecidos.

ARAÚJO

E é nisso que se ocupam?

MENESES

Achas que é pouco!

VIEIRINHA

Uma saúde! Mas há de ser de virar.

HELENA

A quem?

VIEIRINHA

À mulher que compreende o amor.

CAROLINA

Pois eu bebo à mulher que compreende o prazer.

PINHEIRO

Bravo! Muito bem!

HELENA

Não bebe, Sr. Ribeiro?

RIBEIRO

Eu bebo à primeira saúde.

HELENA

E eu à segunda.

VIEIRINHA

E eu a ambas.

PINHEIRO

José, pede permissão a estes senhores para oferecer-lhes um copo de *champagne*. Espero que me façam o obséquio de acompanhar a nossa saúde. Vamos, Meneses!

MENESES

Qual é a saúde?

CAROLINA

À mulher que ama o prazer.

MENESES

Vá lá!

PINHEIRO

Os senhores não bebem?

ARAÚJO

Eu agradeço.

PINHEIRO

E o Sr. Viana?

LUÍS

Eu proponho outra saúde: ao prazer e àqueles que para gozá-lo sacrificam tudo!

PINHEIRO

É a melhor!

LUÍS

E a mais verdadeira. Se os senhores me permitem, eu lhes contarei uma pequena história que os há de divertir.

VIEIRINHA

Com muito gosto.

MENESES

Venha a história.

LUÍS

O senhor pode aproveitá-la para um dos seus folhetins, quando lhe falte matéria.

MENESES

Fica ao meu cuidado.

VIEIRINHA

Mas não a apliques a ti, conforme o teu costume.

MENESES

Se for uma história de amor, está visto que hás de ser tu o meu herói.

LUÍS

É uma história de amor. Passou-se há dois anos.

PINHEIRO

Aqui na corte?

LUÍS

Na Cidade Nova. Vivia então no seio de sua família uma moça pobre, mas honrada. Tinha dezoito anos; era linda... como... uma senhora que está a seu lado, Sr. Ribeiro.

RIBEIRO

Em que rua morava?

LUÍS

Não me lembro. Seu pai e sua mãe a adoravam; tinha um primo, pobre artista, que a amava loucamente.

CAROLINA

A amava?…

LUÍS

Sim, senhora. Era ela quem lhe dava a ambição; era esse amor que o animava no seu trabalho, e que o fazia adquirir uma instrução que depois o elevou muito acima do seu humilde nascimento. Mas sua prima o desprezou, para amar um moço rico e elegante.

ARAÚJO
(*baixo*)

Vais trair-te.

LUÍS

Não importa.

PINHEIRO

Continue, Sr. Viana.

HELENA

Eu acho melhor que se faça uma saúde cantada.

VIEIRINHA

Com hipes e hurras.

CAROLINA

Por quê?… A história do senhor é tão bonita.

VIEIRINHA

Lá isso não se pode negar! É um perfeito romance.

LUÍS

Uma noite, no momento em que esse moço entrava, sua prima seduzida por seu amante, ia deixar a casa de seus pais.

MENESES

Oh! Temos um lance dramático.

LUÍS

Não, senhor; passou-se tudo muito simplesmente. Ele disse algumas palavras severas à sua prima; esta desprezou suas palavras como tinha desprezado o seu amor, e... partiu.

VIEIRINHA

Como! O sujeito deixou-a partir?

LUÍS

É verdade.

CAROLINA

E a amava!...

MENESES

Era um homem prudente.

LUÍS

Era um homem que compreendia o prazer.

PINHEIRO

Não entendo.

358

LUÍS

Ele amava essa moça, mas não era amado; nunca obteria dela o menor favor, e respeitava-a muito para pedi-lo. Lembrou-se que, deixando-a fugir, chegaria o dia em que com algumas notas de banco compraria a afeição que não pôde alcançar em troca da sua vida.

ARAÚJO

Como podes mentir assim!

RIBEIRO

Não bebas tanto *champagne*, Carolina. Faz-te mal!

LUÍS

Esse homem compreendia o mundo, não é verdade?

VIEIRINHA

Era um grande político.

MENESES

Da tua escola.

LUÍS

Desde então ele tratou de ganhar dinheiro; precisava não só para satisfazer o seu capricho, como para aliviar a miséria da família daquela moça, que com a sua loucura, tinha lançado sua mãe em uma cama, e arrastado seu pai ao vício da embriaguez.

CAROLINA

Ah!…

RIBEIRO

Que tens?

CAROLINA

Uma dor que costumo sofrer! Dá-me vinho.

LUÍS

É justamente o que esse pai fazia. Sentia a dor da perda de sua filha e queria afogá-la com o vinho.

VIEIRINHA

Mau! A história começa a enternecer-me!

MENESES

É bem interessante!

CAROLINA

Mas falta-lhe o fim.

MENESES

Ah! tem um fim.

RIBEIRO

Carolina!

CAROLINA

Essa moça... Os senhores desejam conhecê-la?

VIEIRINHA

Decerto.

CAROLINA

Sou eu!

PINHEIRO

A senhora!

LUÍS

(*a Araújo*)

Está perdida.

CAROLINA

Sou eu: e espero que chegue o dia em que possa pagar o sacrifício desse amor tão generoso, que desprezei.

PINHEIRO

Mas seu primo?...

CAROLINA

Já o não é.

MENESES

Como se chama?

CAROLINA

Não sei.

ARAÚJO

José, dá-me a conta.

MENESES

Espera, vamos juntos.

ARAÚJO

Ainda te demoras!

MENESES

Não.

Cena VIII

Os mesmos, JOSÉ *e* ANTÔNIO

JOSÉ
(*na porta*)
Ponha-se na rua! Não achou outro lugar para co-
zinhar a bebedeira?

ANTÔNIO
(*da parte de fora*)
Quero beber... Vinho... compro com o meu dinheiro. Eh! Meia garrafa, senhor moço!

JOSÉ
Vá-se embora, já lhe disse.

MENESES
Que barulho é este, José?

JOSÉ
É um bêbado. Achou a porta aberta e entrou.
Agora quer por força que lhe venda meia garrafa de
vinho.

ARAÚJO
Pois mata-lhe a sede.

JOSÉ
Se ele já está caindo.

ANTÔNIO

(*cantando*)

Mandei fazer um balaio
Da casquinha de um camarão!...

JOSÉ

Nada! Ponha-se no andar da rua.

CAROLINA

Deixe-o entrar; talvez nos divirta um pouco. Estou triste.

JOSÉ

Mas é capaz de quebrar-me a louça.

PINHEIRO

Que tem isso? Eu pago o que ele quebrar.

CAROLINA

É uma fineza que lhe devo.

RIBEIRO

Mas que não é necessária; tu podes satisfazer os teus caprichos sem recorrer a ninguém.

ANTÔNIO

Oh! temos bródio por cá também? Viva a alegria! Toca música! Ta-ra, lá-lá, ta-ri, to-ri. (*dança*)

MENESES

O homem é diletante como o Vieirinha.

VIEIRINHA

E engraçado como um artigo teu.

ANTÔNIO

Estão rindo? Cuidado que estou meio lá meio cá.

MENESES

Não; faz tanto barulho que vê-se logo que está todo cá.

ANTÔNIO

Pois olhe, apenas bebi seis garrafas.

VIEIRINHA

Não é muito!

ANTÔNIO

Não é, não. Mas faltavam os cobres, senão... Oh! Tanto hei de beber que por fim hei de achar.

MENESES

Achar o quê?

ANTÔNIO

Não sabe? Upa!... Pois não sabe?... Eu não bebo porque goste de vinho... Já me enjoa.

MENESES

Por que bebe então?

ANTÔNIO

Porque procurôôô... eh! lô... Procuro no fundo da garrafa uma coisa que os velhos chamavam virtude, e que não se acha mais neste mundo.

PINHEIRO

Eis um Diógenes!...

HELENA

Como te chamas?

ANTÔNIO

Que te importa o meu nome? Não tenho dinheiro!

ARAÚJO
(*a Luís, baixo*)

Luís! Luís! Olha!

LUÍS

O quê?

ARAÚJO

Este homem.

LUÍS

Antônio!…

ARAÚJO

Cala-te!

MENESES

Mas então ainda não achou o que procuravas?

ANTÔNIO

Hein?…

MENESES

A virtude.

ANTÔNIO

Não existe. No fundo da garrafa só acho o sono. Mas é bom o sono. A gente não se lembra…

VIEIRINHA

Das maroteiras que fez.

ANTÔNIO

A gente vive no outro mundo que não é ruim como este. Oh! é bom o vinho!

VIEIRINHA

Pois tome lá este copo de *champagne*.

ANTÔNIO

Venha! (*provando*) Puah!... Não presta! É doce como as falas de certa gente; embrulha-me o estômago! Antes a aguardente que queima!

MENESES

Chegue aqui; diga-me o que você procura esquecer. Sofreu alguma desgraça?

VIEIRINHA

Queres outra história!

ANTÔNIO

Qual história! Não sofri nada! Diverti os outros.

MENESES

Mas conte isso mesmo.

ANTÔNIO

Não tem que contar... O trabalhador não deve criar sua filha para os moços da moda?

MENESES

Então sua filha...

ANTÔNIO

Roubaram e nem ao menos me deram o que ela valia! Velhacos... Os sujeitinhos hoje estão espertos!

MENESES

Pobre homem!

ANTÔNIO

Pobre, não! (*bate no bolso*) Veja como tine. (*rindo*) A mulher está doente, não trabalha; eu durmo todo o dia, não vou mais à loja; porém Margarida tinha uma cruz de ouro com que rezava. Fui eu, e furtei de noite a cruz, como o outro furtou minha filha, e passei-a nos cobres. Cá está o dinheiro; chega para beber dois dias. Estou rico! Viva a alegria! Olá! senhor moço! Ande com isso!... Meia garrafa!...

HELENA
(*a Carolina*)

Vamos para outra sala; não podes ficar aqui. (*erguem-se*)

RIBEIRO
(*a José*)

Faz já sair este bêbado!

ARAÚJO
(*a Luís*)

Tenho medo do que vai se passar.

ANTÔNIO
(*para Carolina*)

Olé! Que peixão! Dê cá este abraço... menina!...

CAROLINA

Meu pai!... (*esconde o rosto*)

ANTÔNIO

Pai!... Há muito tempo que não ouço esta palavra. Mas quem és tu? Deixa-me ver o teu rosto. Tu pareces bonita. Serás como Carolina? Mas... não me engano... Sim... Sim... Tu és!

CAROLINA

Não!

ANTÔNIO

Tu és minha filha!

CAROLINA

É falso!

ANTÔNIO

Não foste tu que me falaste há pouco?... aqui... Não me chamaste teu pai?... Carolina!

CAROLINA

Deixe-me!

ANTÔNIO

Vem! Tua mãe me pediu que te levasse!

CAROLINA

Minha mãe!...

ANTÔNIO

Sim, tua mãe... Margarida. Se soubesses... Como ela tem chorado... Minha pobre Margarida!

CAROLINA

Não sei quem é.

ANTÔNIO

Não sabes?

CAROLINA

Não!

ANTÔNIO

Tu não sabes?

CAROLINA

Meu Deus!

ANTÔNIO

Esqueceste até o nome de tua mãe?

CAROLINA

Esqueci tudo.

ANTÔNIO

Oh! tens razão! Tu não és minha filha. Nunca foste... (*precipita-se sobre ela e a obriga a ajoelhar-se. Ribeiro e Pinheiro protegem Carolina, enquanto Luís segura Antônio pelo braço*)

LUÍS

Antônio!

ANTÔNIO

Solta-me, Luís.

MENESES

Não a ofenda! É sua filha!

ANTÔNIO

Não: já não é!

MENESES

Mas é ainda uma mulher. Deseja puni-la? Respeite essa vida que a levará de lição em lição até o último e terrível desengano. É preciso que um dia a sua própria consciência a acuse perante Deus, sem que possa achar defesa, nem mesmo na cólera severa, mas justa de um pai.

ARAÚJO

Vamos; vamos, Luís.

ANTÔNIO

E ela... fica.

ARAÚJO

Nem lhe responde!

ANTÔNIO

Pois sim, fica; se algum dia me encontrares no teu caminho, se o teu carro atirar-me lama à cara, se os teus cavalos me pisarem, não me olhes, não me reconheças. Vê o que tu és, que um miserável bêbado, que anda caindo, pelas ruas, tem vergonha de passar por teu pai!

LUÍS

Espera, Antônio! Talvez ainda não esteja tudo perdido. Um último esforço! Abre os braços à tua filha!... Olha! Olha!... Não vês que ela chora?

CAROLINA

Foram as últimas lágrimas... ja secaram!... Se tivessem caído neste copo, eu beberia com elas à memória do meu passado!

ATO SEGUNDO

(*Sala em casa de Helena.*)

Cena I

Luís, Araújo *e* Meneses

MENESES
Podemos entrar. Nada de cerimônias.

ARAÚJO
Talvez sejamos importunos.

MENESES
Não tenhas receio. Sente-se, Sr. Viana.

ARAÚJO
E o tal Vieirinha?

MENESES
Que tem? (*na porta*) Helena!

HELENA
(*dentro*)

Já vou, Sr. Meneses.

MENESES

Está no *toilette* naturalmente. Esperemos um instante.

ARAÚJO

Não cuidei que se tratasse com tanto luxo! É uma bela casa.

MENESES

Como muitas famílias não a têm; mas assim deve ser quando os maridos roubam a suas mulheres, e os pais a seus filhos para alimentarem essas parasitas da sociedade.

LUÍS

Dizes bem; a culpa não é delas.

MENESES

Mas, Araújo, sinceramente te confesso que ainda não compreendi o teu empenho!

ARAÚJO

Empenho de quê?

MENESES

De conhecer a Helena. Achas bonita?

ARAÚJO

Bonita!... Uma mulher que tem os dentes e os cabelos na Rua do Ouvidor!

MENESES

Entretanto entraste hoje de madrugada, quero dizer, às dez horas por minha casa; interrompeste o meu sono de domingo, o único tranqüilo que tem um jornalista; me fizeste sair sem almoço; pagaste um carro; e tudo isto para que te viesse apresentar a essa velha sem dentes e sem cabelos!

ARAÚJO

Isto se explica por um capricho. Sou um tanto original nas minhas paixões.

MENESES

Então estás apaixonado pela Helena?

ARAÚJO

Infelizmente.

LUÍS

Por que não confessas a verdadeira causa? O Sr. Meneses é teu amigo, e embora só há pouco tempo tivesse o prazer de conhecê-lo, confio bastante no seu caráter para falar-lhe com franqueza.

ARAÚJO

É o melhor; assim me poupas o descrédito de inventar uma paixão bem extravagante.

MENESES

Qual é então a verdadeira causa desta apresentação?

LUÍS

Eu lhe digo. Trata-se de salvar uma moça por quem muito me interesso; quero falar-lhe ainda uma vez, tentar os últimos esforços; mas na sua casa é impossível; o Ribeiro guarda-a com um cuidado e uma vigilância excessiva.

MENESES

É a Carolina?

LUÍS

Ela mesma. Lembra-se daquela cena que presenciamos no hotel há cerca de um mês?

MENESES

Lembro-me perfeitamente; e parece-me, pelo que vi, que os seus esforços serão inúteis.

ARAÚJO

É também a minha opinião. Tenho-lhe dito muitas vezes que a honra de um homem é uma coisa muito preciosa para estar sujeita ao capricho de qualquer mulher, só porque o acaso a fez sua parente.

LUÍS

Não é por mim, Araújo, é por ela que procuro salvá-la. Reconheço que é bem difícil; mas resta-me ainda uma esperança: talvez a mãe obtenha pelo amor, aquilo que nem a voz da razão nem o grito do dever puderam conseguir.

MENESES

Pensa bem, Sr. Viana.

Luís

Para isso, porém, é preciso encontrá-la um só instante; soube que costuma vir à casa desta mulher que a perdeu e de quem é amiga. Araújo disse-me que o senhor a conhecia; e fomos imediatamente procurá-lo. Eis o verdadeiro motivo do incômodo que lhe demos; o Sr. Meneses é homem para o compreender e apreciar.

Meneses

Não se enganou, Sr. Viana; farei o que me for possível.

Luís

Muito obrigado.

Meneses

Não tem de quê; é dever de todo homem honesto proteger e defender a virtude que vacila e vai sucumbir ou mesmo ajudá-la a reabilitar-se. Mas devo corresponder à sua franqueza com igual franqueza. Creio que o senhor, e tu mesmo, Araújo, não conhecem bem o terreno em que pisam atualmente.

Luís

Não, decerto.

Araújo

Quanto a mim estou em país estrangeiro.

Meneses

Pois é preciso estudar o movimento e a órbita desses planetas errantes para acompanhá-los na sua rotação. Aqui não se conhece nem um desses objetos como a honra, o amor, a religião, que fazem tanto barulho lá fora. Neste mundo à parte, só há um poder, uma lei, um sentimento, uma religião: é o dinheiro. Tudo se compra e tudo se vende; tudo tem um preço.

LUÍS

Que miséria, meu Deus!

MENESES

Quem vê de longe este mundo, não compreende o que se passa nele, e não sabe até onde chega a degeneração da raça humana. O oriente desses astros opacos é o luxo; o ocaso é a miséria. Começam vendendo a virtude; vendem depois a sua beleza, a sua mocidade, a sua alma; quando o vício lhes traz a velhice prematura, não tendo já que vender, vendem o mesmo vício e fazem-se instrumentos de corrupção. Quantas não acabam vendendo suas filhas para se alimentarem na desgraça!

ARAÚJO

Tu exageras!… Ninguém se avilta a esse ponto.

MENESES

Não exagero. Muitas são boas e capazes de um sacrifício; têm coração. Mas de que lhes serve esse traste no mundo em que vivem!

ARAÚJO

Para amar o homem a quem devem tudo.

376

MENESES

Ele seria o primeiro a escarnecer dela.

Cena II

Os mesmos, VIEIRINHA *e* HELENA

VIEIRINHA

(*cantarolando*)

Je suis le sire de Framboisy!

Meus senhores!… Não se incomodem; estejam a gosto.

MENESES

Adeus. Como vais?

VIEIRINHA

Bem, obrigado.

MENESES

Que se faz de bom?

VIEIRINHA

Nada; enche-se o tempo.

HELENA

Bons dias, Sr. Meneses.

MENESES

Enfim apareceu!

HELENA

Desculpe; se me tivesse prevenido da sua visita...
Mas chega de repente e no momento em que estava
me penteando.

MENESES

Tem razão!... Aqui lhe trouxe o Sr. Viana e o Sr.
Araújo que muito desejam conhecê-la. São meus
amigos; isto diz tudo.

HELENA

A minha casa está às suas ordens. Estimo muito...

MENESES

Se não me engano, o Sr. Viana deseja conversar
com a senhora; portanto não o faça esperar.

HELENA

Fazer esperar é o nosso direito, Sr. Meneses.

MENESES

Quando se trata de amor; mas não quando se
trata de um negócio.

HELENA

Ah! É um negócio.

LUÍS

Sim, senhora.

HELENA

Pois quando quiser...

VIEIRINHA

Já almoçaste, Helena?

HELENA

Há pouco; mas o almoço ainda está na mesa.

VIEIRINHA

Com licença, meus senhores.

(*Luís e Helena conversam no sofá; Meneses
e Araújo recostados à janela.*)

Cena III

MENESES, ARAÚJO, LUÍS *e* HELENA

ARAÚJO

Não me dirás que figura faz este Vieirinha no
meio de tudo isto?

MENESES

A figura de um desses sagüis com que os moços
se divertem. Neste mundo de mulheres, Araújo, existem duas espécies de homens, que eu classifico
como animais de penas. Uns são os moços ricos e os
velhos viciosos que se arruínam e estragam a sua
fortuna para merecerem as graças dessas deusas pa-
gãs: esses se depenam. Os outros são os que vivem
das migalhas desse luxo, que comem e vestem à
custa daquela prodigalidade; esses se empenam.

ARAÚJO

O Vieirinha pertence a esta última classe.

MENESES

É o tipo mais perfeito. Em todas estas casas encontra-se uma variedade do gênero Vieirinha.

ARAÚJO

Mas por que razão suportam elas esse animal? Será amor?

MENESES

Às vezes é; outras é simples orgulho e vaidade. Esta gente que profana tudo, que faz de tudo, dos sentimentos mais puros uma mercadoria, depois de tanto vender, quer também ter o gosto de comprar. Umas compram logo um marido; outras contentam-se em comprar um amante. É mais cômodo: deixa-se quando aborrece.

ARAÚJO

É o que Helena fez com o Vieirinha?

MENESES

Justamente.

ARAÚJO

E sai-lhe caro esse capricho?

MENESES

Sem dúvida; mas o dinheiro como vem, assim vai. Depois ela dá por bem empregado qualquer sacrifício. Não quer parecer velha.

ARAÚJO

Mas quando ceamos juntos, aquela noite ao sair do teatro, me pareceu que o Pinheiro...

MENESES

Deixou-a; está apaixonado pela Carolina; e a Helena, segundo me disseram, o protege.

ARAÚJO

Ah! De amante passou a confidente?

MENESES

É verdade. Tu ficas?

ARAÚJO

Espero por Luís.

MENESES

Então, adeus.

ARAÚJO

Por que não te demoras? Sairemos juntos.

MENESES

Não posso; tenho que fazer. Vou almoçar e depois escrever um artigo. Até à noite.

ARAÚJO

Aonde?

MENESES

No Teatro Lírico. Não vais?

ARAÚJO

É natural.

MENESES

Sr. Viana! Helena…

LUÍS

Já vai? Nós o acompanhamos.

MENESES

Depressa terminou a sua conversa!

LUÍS

É verdade; a senhora foi tão simples!

MENESES

Fico bastante satisfeito; é sinal de que a minha apresentação valeu um pouco.

HELENA

O senhor sabe que ela vale sempre muito.

ARAÚJO

(*a Luís*)

Conseguiste?

LUÍS

Consegui tudo. O Meneses tem razão: o dinheiro venceu todas as dificuldades. Ao meio-dia Carolina está aqui.

ARAÚJO

Ao meio-dia?... São mais de onze...

LUÍS

Toma o carro. Ela está doente, mas com a esperança de ver sua filha...

ARAÚJO

E tu onde me esperas?

LUÍS

Eu vou dar uma volta, e dentro de meia hora voltarei.

ARAÚJO

Até já, Meneses! (*a Helena*) Viva!

LUÍS

Vamos, Sr. Meneses.

HELENA

Então ao meio-dia?

LUÍS

Aqui estarei.

Cena IV

HELENA *e* VIEIRINHA

VIEIRINHA

Almocei bem! O Meneses já foi?

HELENA

Saiu agora mesmo.

VIEIRINHA

E os outros?

HELENA

Também.

VIEIRINHA

Que fazes tu hoje?

HELENA

Nada.

VIEIRINHA

Então não precisas de mim?

HELENA

Que pergunta!

VIEIRINHA

Dá-me um charuto.

HELENA

Não tenho.

VIEIRINHA

Estás hoje muito aborrecida.

HELENA

E tu muito maçante.

VIEIRINHA

Não duvido; passei mal a noite. *(estende-se no sofá)* Se quiseres conversar, acorda-me.

HELENA

Não se deite, não senhor.

VIEIRINHA

Por quê?

HELENA

Não são horas de dormir.

VIEIRINHA

Ora, quando se tem sono...

HELENA

Espero Carolina. Preciso estar só com ela.

VIEIRINHA

Está feito. Vou trocar as pernas por aí.

HELENA

Não voltas?

VIEIRINHA

É boa! Deitas-me pela porta fora e achas que devo voltar?

HELENA

Estás zangado? Deixa-te disso. Volta às quatro horas.

VIEIRINHA

Para fazer o quê?

HELENA

Iremos jantar ao Hotel de Botafogo.

VIEIRINHA

É muito longe.

HELENA

Não faltes.

VIEIRINHA

Se puder.

HELENA

Conto contigo.

VIEIRINHA

Vai só.

HELENA

Não tem graça!

VIEIRINHA

Pois eu não posso ir.

HELENA

Por que razão?

VIEIRINHA

Porque…

HELENA

Estás inventando a mentira?

VIEIRINHA

Tenho acanhamento em confessar-te.

HELENA

Começas tarde com os teus acanhamentos!

VIEIRINHA

(*rindo*)

Deveras! Pois não vou ao Hotel de Botafogo porque não quero encontrar-me com certo sujeito.

HELENA

Ou sujeita?

VIEIRINHA

Já está com ciúmes! É um rapaz que me ganhou outro dia cinqüenta mil-réis no jogo, e a quem ainda não paguei.

HELENA

Não será o primeiro.

VIEIRINHA

Nem o último. Mas esse tem uma irmã feia e rica que pode ser um excelente casamento. Se não lhe pago, fico desacreditado na família.

HELENA

Bem feito! Só assim deixarás o maldito vício do jogo.

VIEIRINHA

Ah! Deu-te para aí! Queres pregar-me um sermão? Basta os que ouço do velho! (*vai sair*)

HELENA

Então, até quatro horas?

VIEIRINHA

Não, decididamente não vou; já te disse o motivo.

HELENA

Olha! Se tu me prometesses…

VIEIRINHA

O quê?

HELENA

Não jogar mais.

VIEIRINHA

Que farias?

HELENA

Faria um sacrifício

VIEIRINHA

Sacrifício… (*faz o gesto vulgar com que se exprime dinheiro*)

HELENA

Sim!

VIEIRINHA

Prometo o que tu quiseres! Juro!

HELENA

(*dando-lhe uma nota*)
Pois toma; vai pagar a tua dívida e volta.

VIEIRINHA

Está dito!… Tu és uma flor, Helena.

HELENA

Sim! Vêm a tempo os teus cumprimentos; nem fazes caso de mim.

VIEIRINHA

Não digas isto. Os únicos momentos de felicidade que tenho são os que passo junto de ti. Até à tarde!

Cena V

HELENA *e* CAROLINA

CAROLINA

Cheguei muito cedo!

HELENA

Não faz mal.

CAROLINA

Sentia uma impaciência!... Apenas Ribeiro saiu, meti-me num carro... Antes que me arrependesse!

HELENA

Assim estás resolvida?

CAROLINA

Inteiramente.

HELENA

Já duas vezes disseste o mesmo, e quando chegou o momento...

CAROLINA

Hesitei antes de dar este passo; não sei que pressentimento me apertava o coração, e me dizia que eu procedia mal. Foi o primeiro homem a quem amei neste mundo; é o pai de minha filhinha. Parecia-me que devia acompanhá-lo sempre!

HELENA

Se ele não te abandonasse mais dia, menos dia.

CAROLINA

Não há de ter este trabalho; hoje resolvi-me; esta existência pesa-me. A que horas vem o Pinheiro?

HELENA

Não pode tardar.

CAROLINA

É muito longe daqui a Laranjeiras?

HELENA

Não; é um instante! Em cinco minutos podes lá estar.

CAROLINA

Já viste a casa?

HELENA

Ainda ontem. Está arranjada com um luxo!… O Pinheiro vai te tratar como uma princesa.

CAROLINA

Contanto que me deixe livre.

HELENA

Ele te adora; há de fazer todas as tuas vontades. Queres ver que lindo presente te mandou?

CAROLINA

Por ti?

HELENA

Sim; está aqui. (*tira do bolso caixas de jóias*)

CAROLINA

Um colar... pulseiras... um adereço completo!

HELENA

Não é de muito gosto?

CAROLINA

São brilhantes?...

HELENA

Verdadeiros... Mas, Carolina, tenho uma notícia a dar-te.

CAROLINA

Que notícia?

HELENA

Teu primo deseja ver-te.

CAROLINA

Luís!... Esteve aqui!... Que me quer ele? Ainda não está satisfeito com me ter mostrado tanto desprezo?

HELENA

Que te importa?

CAROLINA

Sempre que o vejo fico triste. Sofro por muitos dias.

HELENA

Foi a princípio.

CAROLINA

Ainda hoje não posso esquecer as palavras que ele me disse há dois anos. E são tão amargas as suas palavras!

HELENA

Entretanto ele te ama.

CAROLINA

A mim?... Tu pensas...

HELENA

Não nos disse outro dia no hotel?

CAROLINA

Disse que amava outra Carolina, que não sou hoje.

HELENA

Cuidas que por uma mulher preferir outro homem, aquele que ela desprezou deixa de amá-la? Como te enganas!

CAROLINA

Então acreditas?...

HELENA

Agora mesmo ele aqui esteve: e me falou de ti com um modo...

CAROLINA

Que te disse?

HELENA

Confessou que estava arrependido do que fez; que deseja ver-te para mostrar que sempre te estimou e ainda te estima.

CAROLINA

Não é possível, Helena. Se Luís me estimasse não me falava com tanto desprezo.

HELENA

Ora, Carolina, se tu amasses um homem que se casasse com outra mulher, o que farias?

CAROLINA

Tens razão.

HELENA

Espera.

CAROLINA

Mas ele te disse que me queria ver? Voltará?

HELENA

Creio que sim!

CAROLINA

Meu Deus!

HELENA

Que mal faz que tu lhe fales? Se ele te ofender, entra para dentro; se quiser amar-te, faz o que entenderes; mas não esqueças o Pinheiro.

CAROLINA

Sei o que devo fazer.

HELENA

Se precisares de mim, chama-me.

CAROLINA

Me deixas só?

HELENA

Ao contrário, vê quem está aí.

Cena VI

LUÍS *e* CAROLINA

CAROLINA

Luís!

LUÍS

Não me recusou falar, Carolina. Eu lhe agradeço.

CAROLINA

Por que recusaria?

LUÍS

Depois do que se tem passado, não era natural que desejasse fugir à presença de um importuno?

CAROLINA

Qual de nós, a primeira vez que nos encontramos depois de uma longa ausência repeliu o outro?

LUÍS

A repreensão é justa, eu a mereço. Mas não creio que venho ainda lembrar-lhe um passado que todos devemos esquecer, e acusá-la de uma falta de que outros talvez sejam mais culpados. Venho falar-lhe como irmão; quer-me ouvir?

CAROLINA

Fale; não tenho receio.

LUÍS

Todos nós, Carolina, homens ou mulheres, velhos ou moços, todos, sem exceção, temos faltas em nossa vida; todos estamos sujeitos a cometer um erro e a praticar uma ação má. Uns, porém, cegam-se ao ponto de não verem o caminho que seguem; outros se arrependem a tempo. Para estes o mal não é senão um exemplo e uma lição: ensina a apreciar a virtude que se desprezou em um momento de desvario. Estes merecem, não só o perdão, porém muitas vezes a admiração que excita a sua coragem.

CAROLINA

Não, Luís; há faltas que a sociedade não perdoa, e que o mundo não esquece nunca. A minha é uma destas.

LUÍS

Está enganada, Carolina. Se uma moça que, levada pelo seu primeiro amor, ignorando o mal, esqueceu um instante os seus deveres, volta arrependida à casa paterna; se encontra no coração de sua mãe, na amizade de seu pai, nas afeições dos seus, a mesma ternura; se ela continua a sua existência doce e tranqüila no seio da família; por que a sociedade não lhe perdoará, quando Deus lhe perdoa, dando-lhe a felicidade?

CAROLINA

Nunca ela poderá ser feliz! A sua vida será uma triste expiação.

LUÍS

Ao contrário, será uma regeneração. Em vez da paixão criminosa que a rouba a seus pais, ela pode achar no seio de sua família o amor calmo que purifique o passado e lhe faça esquecer a sua falta.

CAROLINA

É verdade então, Luís?... Helena não me enganou!

LUÍS

O quê?... Não sei...

CAROLINA

Ainda me ama!...

LUÍS

Eu?...

CAROLINA

Não era de si que me falava?

LUÍS

Não, Carolina; falava do Ribeiro.

CAROLINA

Ah! Era dele!...

LUÍS

É o único que tem direito de amá-la.

CAROLINA

Pois eu não o amo.

LUÍS

Não creio.

CAROLINA

Juro-lhe.

LUÍS

É impossível.

CAROLINA

Amanhã não duvidará.

LUÍS

Amanhã?... Que vai fazer?

CAROLINA

Há de saber.

LUÍS

Carolina, eu lhe peço, não dê semelhante passo; ele é ainda mais grave do que o primeiro. Compreendo que uma menina inexperiente sacrifique-se à afeição de um homem; mas nada justifica a mulher que renegar aquele a quem deu a sua vida.

CAROLINA

Então não posso deixá-lo!

LUÍS

Não! Uma mulher deve sempre conservar a virgindade do coração e guardar pura sua primeira afeição. Respeita-se o consórcio moral de duas criaturas que se unem apesar do mundo e dos prejuízos que as separam; respeita-se a virtude ainda quando ela não reveste as fórmulas de convenção. Mas despreza-se a mulher que aceita qualquer amor que lhe oferecem.

CAROLINA

E quem lhe diz que amarei a outro?

LUÍS

O primeiro amor é às vezes o último; o segundo nunca o será.

CAROLINA

Podia ser, Luís, se o não desprezassem.

LUÍS

Não compreendo.

CAROLINA

Também eu não compreendo este sentimento; mas o coração é assim feito; deseja o que não pode obter, e que muitas vezes desdenhou quando lhe ofereciam. Admiro-me do que se passa em mim, e não sei explicá-lo. Parece-me, às vezes, que ainda haveria um meio de ligar o fio de minha vida às re-

cordações dos meus dezoito anos, e continuar no futuro a existência tranqüila de outrora. Mas esse meio...
é uma loucura.

LUÍS

Diga, Carolina! Eu farei tudo...

CAROLINA

Tudo!...

LUÍS

Duvida?

CAROLINA

Ame-me então!

LUÍS

Escarnece de mim!

CAROLINA

Luís!

LUÍS

Creia-me, Carolina. Se eu estivesse convencido da realidade desse amor, ainda assim, sacrificaria a minha felicidade à sua.

CAROLINA

Está bem! Não falemos mais nisso. Foi um gracejo: não faça caso... Adeus...

LUÍS

Já me despede.

CAROLINA

Pode ficar se quiser. (*chega-se ao espelho, e enxuga furtivamente uma lágrima. Deita fora as jóias que Helena lhe dera*)

LUÍS

(*vendo no relógio*)

Meio-dia.

CAROLINA

Cuidei que fosse mais tarde!... Bonitas pedras! Não são? Foi um presente!...

LUÍS

Ah! foi um presente?

CAROLINA

Não é de bom gosto?

LUÍS

Muito lindo!

CAROLINA

Quanto valerá?

LUÍS

Nada para mim; para outros talvez seja o preço de uma infâmia.

CAROLINA

Faltava o insulto!...

Cena VII

Os mesmos e HELENA

HELENA

Sabes quem está aí?

CAROLINA

Não.

HELENA

O Ribeiro.

CAROLINA

Ah!

HELENA

Que virá fazer?

CAROLINA

Não sei. Naturalmente recebeu a minha carta mais cedo do que devia.

HELENA

Tu lhe escreveste?... Para quê?...

LUÍS

(*a Carolina*)

Seu amante!

CAROLINA

Eu o espero.

Cena VIII

Os mesmos e RIBEIRO

RIBEIRO
(*a Carolina*)
Esta carta?

CAROLINA
É minha.

RIBEIRO
Que quer dizer isto?

CAROLINA
Não leu? Preveni-o da minha resolução.

RIBEIRO
Não acredito!... Tu não podes deixar-me!

CAROLINA
Não posso... Por quê?

RIBEIRO
Tu és minha, Carolina! Tu me pertences!

CAROLINA
Engana-se; o que lhe pertence ficou em sua casa; deixando-o, deixei tudo o que me havia dado.

RIBEIRO
Que me importa isso? É a ti que eu não quero e não devo perder.

CAROLINA

Sei que incomoda a falta de um objeto com o qual estamos habituados! Mas paciência... Nem sempre a moça tímida havia de sujeitar-se ao jugo que lhe impuseram.

RIBEIRO

É a segunda vez que me fazes esta exprobração. Não me compreendes! Se eu não te amasse, teria realizado os teus sonhos; gozaria um momento contigo dessa vida louca e extravagante que te fascina e depois te abandonaria ao acaso. Mas Deus puniu-me com a minha própria falta: quis seduzir-te e amei-te. Não sabes o que tenho sofrido... em que luta vivo com minha família!

CAROLINA

Neste ponto me parece que se algum de nós deve ao outro, não é decerto aquela que sacrificou a sua existência. Mas não cuide que me queixo; aceito o meu destino! Fui eu que assim o quis...

RIBEIRO

Tu me lembras que tenho uma dívida de honra a pagar-te.

CAROLINA

Obrigada! Basta-me a liberdade e o sossego!

RIBEIRO

Então decididamente me deixas?

CAROLINA

Já o deixei, já não estou em sua casa. A minha é nas Laranjeiras.

RIBEIRO

A dele, queres dizer? A do Pinheiro!

CAROLINA

É o mesmo.

LUÍS

E era esta mulher que há pouco falava de amor.

CAROLINA

Não era esta, não senhor; era a outra a quem insultaram. (*vai sair*)

RIBEIRO

Uma palavra, Carolina!...

CAROLINA

Que quer ainda, senhor?

RIBEIRO

Eu te seduzi, fiz-te desgraçada, não é verdade?... Pois bem! Arrosto a oposição de minha família! Arrosto tudo! Quero reparar a minha falta! És a mãe de minha filha; sê minha mulher!

CAROLINA

Tua mulher!

RIBEIRO

Sim, Carolina! É um sacrifício que te devo.

CAROLINA

Não lho pedi.

RIBEIRO

Mas sou eu que te suplico.

LUÍS

É a honra, é a virtude, é a felicidade que ele lhe restitui! (*aparece Pinheiro*)

Cena IX

Os mesmos e PINHEIRO

CAROLINA

Não! É tarde!...

LUÍS

Carolina!...

CAROLINA

Já que o amor não é possível para mim, prefiro a liberdade! Quero ver a meus pés, um por um, todos esses homens orgulhosos que tanto blasonam de probos e honestos!... Aí curvando a fronte ao vício, o marido trairá sua esposa, o filho abandonará sua família, o pai esquecerá os seus deveres para mendigar um sorriso. Porque no fim de contas, virtude, honra, glória, tudo se abate com um olhar, e roja diante de um vestido. (*a Pinheiro*) Meu carro?...

PINHEIRO

Está na porta.

HELENA

Vem ver como é rico!

RIBEIRO

Lembra-te ao menos de tua filha!…

CAROLINA

Deixo-a a seu pai como um remorso vivo.

LUÍS

Reflita, Carolina; aceite a reparação que o senhor lhe oferece; faça de um homem arrependido, de uma moça desgraçada e de uma menina órfã, uma família; dê a felicidade a seu marido, e um nome à sua filha!

CAROLINA

E quem me dará a mim o que eu perco?

LUÍS

A sua consciência.

CAROLINA

Não a conheço! Adeus! (*vai sair*)

RIBEIRO

Não! Tu não sairás com este homem!

CAROLINA

Quem impedirá?

RIBEIRO

Eu!

HELENA

Sr. Ribeiro, seja prudente!

PINHEIRO

É o que faltava ver! Que o senhor queira levar o ridículo a este ponto! Tem algum direito sobre ela?

RIBEIRO

Tenho o direito de vingar-me de um amigo desleal que me traiu.

PINHEIRO

Eu traí; e o senhor?… Roubou! Roubou a filha a seus pais.

LUÍS

(*a Carolina*)

Veja os homens a quem ama!

CAROLINA

Não amo a ninguém. Sou livre! (*caminhando para a porta vê Margarida que entra pelo braço de Araújo, recua com espanto*)

Cena X

Os mesmos, MARGARIDA *e* ARAÚJO

CAROLINA

Ah! Esqueci que ainda tinha mãe!

MARGARIDA

Carolina!

LUÍS

Tardaste muito!

ARAÚJO

Apesar de toda a sua coragem, faltavam-lhe as forças! Que te disse ela?

LUÍS

Cala-te.

MARGARIDA

Carolina!… Não falas à tua mãe? Não me queres conhecer?… Depois de tanto tempo!… Tens medo de mim?… Não penses que vim repreender-te… acusar-te! Já não tenho forças!… Vim pedir-te que me restituas a filha que perdi! Queria ver-te antes de morrer… Eu te perdôo tudo… Não tenho que perdoar… Mas fala-me… Olha-me ao menos!… Mais perto! Quase não te vejo!… As lágrimas cegam… e tenho chorado tanto!

CAROLINA

Minha mãe!…

MARGARIDA

Ah!…

CAROLINA

Oh! não!

MARGARIDA

Que tens?

CAROLINA

Tenho vergonha!

MARGARIDA

Abraça-me! Deus ouviu as minhas orações! Achei enfim minha filha!… minha Carolina!

CAROLINA

Não está mais zangada comigo?

MARGARIDA

Nunca estive! Tinha saudades! Porém agora não nos separaremos mais nunca. Vem!…

CAROLINA

Para onde?

MARGARIDA

Para a nossa casa; hás de achá-la bem mudada. Mas tudo voltará ao que era. Estando tu lá, a alegria entrará de novo; seremos muito felizes, eu te prometo.

CAROLINA

Está tão fraca!…

MARGARIDA

Contigo sinto-me forte! Já não estou doente: vê! (*dá um passo e vacila*)

CAROLINA

Nem pode andar!… Mas tenho aí o meu carro.

MARGARIDA

Teu carro!…

CAROLINA

Sim! Ainda não viu? É muito bonito!

MARGARIDA

Todas estas riquezas que compraste tão caro e que tantos sofrimentos custaram à tua mãe, já não te pertencem, Carolina, atira para longe de ti estes brilhantes!... Não te assentam!

CAROLINA

Minhas jóias!...

MARGARIDA

Oh! Não lamentes a sua perda! Beijos de mãe brilham mais em tuas faces do que esses diamantes. Tu eras mais bonita quando íamos à missa aos domingos.

CAROLINA

Pois sim! (*afasta-se*)

LUÍS

(*a Margarida*)

Era a minha última esperança!

MARGARIDA

Não falhou, o coração me dizia...

CAROLINA

(*no espelho*)

Não! Não tenho coragem!

MARGARIDA

Que dizes?

CAROLINA

Perdão! minha mãe! É impossível!

MARGARIDA

Lembra-te, minha filha, que é a tua desonra que tu mostras a todos!

CAROLINA

Que importa?... Minhas jóias!... Tão lindas!... Sem elas o que serei eu? Uma pobre moça que excitará um sorriso de piedade!... Não! Nasci com este destino! É escusado.

LUÍS

(*a Margarida*)

Foi irritá-la!...

MARGARIDA

(*a Carolina*)

Escuta! Não exijo nada! Não quero saber de coisa alguma! Faze o que quiseres; mas deixa-me acompanhar-te; deixa-me viver contigo: eu partilharei até mesmo a tua vergonha.

CAROLINA

Nunca! minha mãe! Seria profanar o único objeto que eu ainda respeito neste mundo. Adeus...

MARGARIDA

Carolina...

CAROLINA

Adeus... e para sempre!

MARGARIDA

Ah!... (*desmaia*)

LUÍS

Assim, depois de ter desconhecido o pai, e abandonado a filha, repele a mãe!

CAROLINA

Como há pouco me repeliram.

ATO TERCEIRO

(*Em casa de Carolina. Sala rica e elegante.*)

Cena I

CAROLINA, HELENA, MENESES *e* ARAÚJO

CAROLINA

Diga alguma coisa, Sr. Araújo.

ARAÚJO

Prefiro ouvir.

CAROLINA

Como está seu amigo?

ARAÚJO

Bem, obrigado.

CAROLINA

Por que ele não veio?

ARAÚJO

Deve saber a razão.

CAROLINA

Ele foge de mim; não é verdade?

ARAÚJO

Creio que foi a senhora que fugiu dele.

MENESES

Que é feito do Pinheiro?

CAROLINA

Não sei.

HELENA

Anda por aí. Depois que deitou fora a fortuna do pai vive tão murcho!

MENESES

Está pobre!

HELENA

Não tem vintém.

CAROLINA

Era um esperdiçado!

ARAÚJO

Ninguém pode melhor dizê-lo do que a senhora.

CAROLINA

Explique-se.

ARAÚJO

Este luxo explicará melhor. Quem lho deu?

CAROLINA

(*subindo*)

Não me recordo.

HELENA

(*na janela, a Carolina*)

Não passeias hoje? A tarde está tão linda!

CAROLINA

Talvez.

ARAÚJO

Vou-me embora.

MENESES

Tão depressa?... Para isso não valia a pena incomodar-nos.

ARAÚJO

É verdade! Mas convidei-te para esta visita, só por um motivo.

MENESES

Qual?

ARAÚJO

Luís pediu-me que soubesse notícias dela. Vim buscá-las eu mesmo, para dá-las exatas.

MENESES

Pois então demora-te: talvez ainda tenhas que ver.

HELENA

Olha! Lá vai aquela sujeita!

CAROLINA

Quem?

HELENA

A mulher do Fernando, a quem pregaste aquela peça!

CAROLINA

Lembro-me.

HELENA

Que bem-feita coisa!

MENESES

O quê?

HELENA

É uma história muito engraçada. O senhor não sabe?

MENESES

Não. Conta, Carolina.

CAROLINA

Não estou para isso. Se queres conta tu, Helena.

ARAÚJO

É melhor.

HELENA

Foi no último dia de grande gala que houve...

Araújo

O dia 7 de setembro.

Helena

Isso mesmo. O Fernando por pedido da mulher veio à cidade de propósito para comprar um bilhete de camarote do Teatro Lírico. Os cambistas lhe fizeram dar cem mil-réis por um da segunda ordem… Número?…

Carolina

Não me lembro.

Helena

Como era tarde, jantou na cidade e escreveu à mulher dizendo que se aprontasse porque tinham o camarote. Na ida passou por aqui e entrou. Começamos a conversar, falou-se de teatro; Carolina estava morrendo por ir… Enfim, para encurtar razões, deu-lhe o bilhete.

Araújo

Que tratante.

Helena

Ao contrário, um homem delicado!… Mas o melhor, é que saindo daqui, não sabendo que desculpa havia de dar à mulher, não foi à casa, nem lembrou-se da carta que tinha escrito. Ora, a sujeita vendo que ele não ia, meteu-se no carro e largou-se para o teatro.

Araújo

Adivinho pouco mais ou menos o resto.

HELENA

Não adivinha, não! Quando o bilheteiro ia abrindo a porta, chegou Carolina que ia comigo, e disse: este camarote é meu. A mulher do Fernando respondeu: não é possível; meu marido o comprou hoje para mim. O que havia ela de replicar? Foi seu marido mesmo quem mo deu; aqui está o bilhete, que por sinal custou-lhe cem mil-réis.

ARAÚJO

Ela disse isto?...

HELENA

Palavra de honra.

ARAÚJO

E que fez a mulher?

HELENA

Que havia de fazer? Retirou-se corrida.

MENESES

Retirou-se, sim; e sem dizer uma palavra: porque uma senhora não dá à amante de seu marido nem mesmo a honra de indignar-se contra ela. Quanto ao homem que praticou este ato infame, perdeu para sempre a estima de sua esposa e a dos homens de bem. Queira Deus que ele não veja um dia os seus cabelos brancos manchados por esse mesmo vício que alimentou.

CAROLINA

Está o Meneses como quer: deram-lhe tema para fazer discursos.

ARAÚJO

Mas diga-me uma coisa. A senhora pensa que a sociedade pode tolerar por muito tempo uma mulher que não respeita coisa alguma?

CAROLINA

(*rindo*)

Aí vem o outro com a sociedade!

HELENA

É bem lembrada!

ARAÚJO

Olhem que eu não estou disposto a rir-me.

MENESES

Ri; é o melhor; não tomes isto a sério.

CAROLINA

Como quiserem; para mim é indiferente! Essa sociedade de que o senhor me fala, eu a desprezo.

ARAÚJO

Porque a repele!

CAROLINA

Porque vale menos do que aquelas que ela repele do seu seio. Nós, ao menos, não trazemos uma máscara; se amamos um homem, lhe pertencemos; se não amamos ninguém, e corremos atrás do prazer, não temos vergonha de o confessar. Entretanto as que se dizem honestas cobrem com o nome de seu marido e com o respeito do mundo os escândalos de sua vida. Muitas casam por dinheiro com o homem a quem não amam: e dão sua mão a um, tendo dado a outro sua alma! E é isto o que chamam virtude? É essa sociedade que se julga com direito de desprezar aquelas que não iludem a ninguém, e não fingem sentimentos hipócritas?...

ARAÚJO

Têm o mérito da impudência!

CAROLINA

Temos o mérito da franqueza. Que importa que esses senhores que passam por sisudos e graves nos condenem e nos chamem perdidas?... O que são eles?... Uns profanam a sua inteligência, vendem a sua probidade, e fazem um mercado mais vil e mais infame do que o nosso, porque não têm nem o amor nem a necessidade por desculpa; porque calculam friamente. Outros são nossos cúmplices, e vão, com os lábios ainda úmidos dos nossos beijos, manchar a fronte casta de sua filha, e as carícias de sua esposa. Oh! Não falemos em sociedade, nem em virtude!... Todos valemos o mesmo! Todos somos feitos de lama e amassados com o mesmo sangue e as mesmas lágrimas!

MENESES

Não te iludas, Carolina! Esse turbilhão que se agita nas grandes cidades; que enche o baile, o teatro, os espetáculos; que só trata do seu prazer, ou do seu interesse; não é a sociedade. É o povo, é a praça pública. A verdadeira sociedade, da qual devemos aspirar à estima, é a união das famílias honestas. Aí se respeita a virtude e não se profana o sentimento; aí não se conhecem outros títulos que não sejam a amizade e a simpatia. Corteja-se na rua um indivíduo de honra duvidosa; tolera-se numa sala; mas fecha-se-lhe o interior da casa.

CAROLINA

Quanta palavra inútil!...

MENESES

Não são para ti, bem sei; mas saem-me sem querer e, felizmente, aqui está um amigo que me escuta com prazer.

ARAÚJO

Realmente precisava ouvir-te para não duvidar de mim, e de todos esses objetos que estou habituado a respeitar.

HELENA

Falemos de coisas mais alegres.

MENESES

Não lhe agrada a conversa neste tom? (*batem palmas*)

HELENA

Não entendo disso; é bom para a Carolina que vive a ler.

MENESES

Ah! Lê romances naturalmente?

CAROLINA

Que lhe importa!

Cena II

Os mesmos e PINHEIRO

HELENA
(*na porta*)
Não lhe pode falar! Não teime!

CAROLINA

Quem é?

HELENA

O Pinheiro.

CAROLINA
Que vem ele fazer cá? Dize-lhe que não estou em casa.

ARAÚJO
Bate-lhe na cara com esta mesma porta que ele fechava outrora com a sua chave de ouro.

MENESES
(*a Araújo*)
Não te disse que ainda tinhas que ver?

PINHEIRO
(*a Helena*)
Deixa-me! Hei de falar a Carolina. (*entra*)

HELENA

Onde viu o senhor entrar assim na casa dos outros?

PINHEIRO

São os maus hábitos que ficam a quem já foi dono. Meus senhores!...

MENESES

Sr. Pinheiro! (*estendendo-lhe a mão*)

PINHEIRO

(*recusando, confuso*)

Tem passado... bem...

MENESES

Pode apertá-la; nunca a estendi aos favores do homem rico; ofereço-a ao homem pobre que sabe suportar dignamente a sua desgraça.

PINHEIRO

(*apertando a mão*)

Se todos tivessem esta linguagem...

ARAÚJO

Ela não teria merecimento, Sr. Pinheiro.

PINHEIRO

Os senhores permitem que eu diga algumas palavras em particular à Carolina?

MENESES

Sem dúvida! Esperamos naquela saleta. Anda, Helena: vem divertir-nos contando os teus arrufos com o Vieirinha.

HELENA
(*a Carolina*)

Não sofras maçada.

CAROLINA

Deixa.

Cena III

PINHEIRO *e* CAROLINA

PINHEIRO

Vejo que a minha presença lhe aborrece, Carolina. Só um motivo forte me obrigaria a importuná-la.

CAROLINA

Previno-lhe que vou sair; portanto não se demore.

PINHEIRO

Houve tempo em que nesta mesma sala, neste mesmo lugar, a mesma voz se queixava quando eu não podia me demorar.

CAROLINA

Deixemos o passado em paz.

PINHEIRO

Não se recorda.

CAROLINA

As mulheres só começam a recordar depois dos quarenta anos; antes gozam.

PINHEIRO

Pois bem! Que esqueça o amor, compreendo; mas há certas coisas que lembram sempre.

CAROLINA

Não sei quais sejam.

PINHEIRO

Os benefícios.

CAROLINA

Deixam de ser quando se lançam em rosto.

PINHEIRO

Não foi essa minha intenção, Carolina; desculpe. O meu espírito se azeda com estas reminiscências. Antes que a ofenda de novo, vou dizer o que lhe quero pedir.

CAROLINA

Ah! Vem pedir?

PINHEIRO

Admira-se!

CAROLINA

Como nunca pedi, estranho sempre que me pedem.

PINHEIRO

Talvez algum dia seja obrigada…

CAROLINA

Deixamos o passado para tratar do futuro? Pois olhe, se um pertence às mulheres velhas, o outro é o consolo das pobres meninas de dezoito anos, que vivem a sonhar.

PINHEIRO

Deste modo não me deixa dizer…

CAROLINA

Quem lhe impede?

PINHEIRO

Suas palavras de sarcasmo.

CAROLINA

Estou hoje contrariada.

PINHEIRO

Por que motivo?

CAROLINA

Não sei.

PINHEIRO

É a minha presença? Tem razão; estou lhe roubando o seu tempo; outrora podia comprá-lo; hoje estou pobre; gastei toda a minha fortuna. Não me queixo, nem a acuso. Sofreria resignado essa perda se ela fosse apenas uma perda de dinheiro, e não acarretasse a desgraça de outra pessoa.

CAROLINA

Que tenho eu com isto?

PINHEIRO

Deixe-me acabar. Vou confessar-lhe uma vergonha minha; mas é preciso: seja este o primeiro castigo. Escuso lembrar-lhe, Carolina, que ou por amor ou vaidade, procurei sempre adivinhar, para satisfazê-los, os seus menores desejos.

CAROLINA

Loucura! Não há nada que encha esse vazio imenso que se chama o coração de uma mulher.

PINHEIRO

É exato, toda a minha fortuna se sumiu no abismo: restavam-me apenas cinco contos de réis, que não me pertenciam. Eram um legado que meu pai deixara como dote a uma menina órfã, sua afilhada. Esse dinheiro devia ser sagrado para mim por muitos motivos; devia respeitar nele a última vontade de meu pai e a propriedade alheia; entretanto, foi com ele que comprei aquela pulseira que lhe dei no último dia em que estive nesta casa.

CAROLINA

Ah! Aquela pedra só custou cinco contos?

PINHEIRO

Custou um roubo! A órfã me pede o seu dote para casar-se; e eu não o tenho para restituir-lhe.

CAROLINA

Então é impossível; não pense mais nisso.

PINHEIRO

Não é impossível se quiser, Carolina; faça um sacrifício, empreste-me essa jóia, e juro-lhe que com o meu trabalho lhe pagarei o valor dela.

CAROLINA
(*rindo*)
Ah! Ah! Ah!... É interessante!... Sr. Meneses! Helena! Sr. Araújo!... Ouçam esta! É original.

Cena IV

Os mesmos, MENESES, ARAÚJO *e* HELENA

HELENA

O que é?

MENESES

Alguma outra anedota?

CAROLINA

Uma lembrança muito engraçada.

ARAÚJO

Faço idéia!

CAROLINA

O senhor entendeu que devo agora fazer-me mascate de jóias.

MENESES

Não é má profissão.

CAROLINA

Adivinhem o que ele veio propor-me!

HELENA

Por que não explicas logo?

CAROLINA

Querem saber?

PINHEIRO

Eu poupo-lhe o trabalho; não tenho vergonha de confessar. É um homem, meus senhores, que tendo consumido com uma mulher a sua fortuna, perdeu a razão ao ponto de comprar-lhe o último presente com um depósito sagrado que lhe foi confiado. Ameaçado do opróbrio de uma condenação, esse homem veio pedir àquela a quem tinha sacrificado tudo, que o salvasse, emprestando-lhe essa jóia cujo valor ele jurava restituir-lhe com o seu trabalho. A resposta que teve foi a gargalhada que ouviram.

CAROLINA

Não tinha outra.

MENESES

Certamente.

ARAÚJO

Como, Meneses?

CAROLINA

Vê!

PINHEIRO

O senhor aprova?

MENESES

Não, senhor.

ARAÚJO

Mas, então?...

MENESES

Desgraçados dos homens de bem, Araújo, se o mundo não fosse assim; se o vício não tivesse em si esse princípio de destruição que é o seu próprio corretivo. Estimo o Sr. Pinheiro desde que soube a maneira digna com que aceitou o seu infortúnio; mas esse infortúnio proveio de sua paixão louca por Carolina; ele não podia, não devia achar nela um sentimento de gratidão. É preciso que o despreze para o punir; é preciso que lhe negue para uma boa ação o dinheiro com que ele acabou de perdê-la. A avareza (*designa Carolina*) corrige a prodigalidade. (*designa Pinheiro*)

CAROLINA

Avareza! Não admito.

ARAÚJO

E que nome tem isto?

CAROLINA

Chame-lhe ingratidão, chame-lhe o que quiser, mas avareza, não! Faço tanto caso do dinheiro como da moral que trazem certos sujeitos na algibeira, e da qual só usam quando lhes convém, como de um charuto, de um lenço, ou de uma caixa de rapé. E a prova é que essa jóia, dá-la-ia de esmola a qualquer miserável, se não estivesse convencida que ele amanhã nem me tiraria o chapéu.

PINHEIRO

Quando eu passo à noite pela Travessa de São Francisco de Paula, ouço vozes humildes que suplicam, e que já falaram mais alto do que a sua, Carolina.

CAROLINA

Que tem isto? Se algum dia ouvir a minha, não a escute, como eu hoje não quero escutar a sua.

PINHEIRO

Nem todos possuem o seu coração.

CAROLINA

Isso é verdade!

ARAÚJO

E o seu amor...

Cena V

CAROLINA, MENESES, HELENA *e* ARAÚJO

CAROLINA

Amor?...

ARAÚJO

Amor ao dinheiro.

CAROLINA

Mas seriamente, os senhores não me compreendem. Nem sabem que para uma mulher não há ouro que valha o prazer de humilhar um homem.

MENESES

Tanto ódio nos tens?

CAROLINA

Muito!...

ARAÚJO

Contudo não posso crer que aquelas que durante toda a sua existência correm atrás do dinheiro, façam dele tão pouco caso.

CAROLINA

Pois creia, todas essas minhas jóias, todo esse luxo e riqueza, que me fascinaram, e que hoje possuo, não os estimo senão por uma razão.

ARAÚJO

Qual?

CAROLINA

Talvez possam realizar um sonho da minha vida.

ARAÚJO

E que sonho é esse?

CAROLINA

Não digo.

ARAÚJO

Por quê?

CAROLINA

Vai zombar de mim.

ARAÚJO

Não tenha receio.

MENESES

Para zombar começaríamos tarde!

CAROLINA

E que zombem, não faz mal. Toda a criatura boa tem o seu fraco; assim toda a mulher, por mais desgraçada que seja, conserva sempre um cantinho puro onde se esconde a sua alma.

MENESES

Estás bem certa que tens uma alma, Carolina?

CAROLINA

Talvez me engane; é possível. Mas eu guardo-a com tanto cuidado!

ARAÚJO

Aonde, em alguma caixinha?

CAROLINA

Justamente! Numa caixinha de charão… Vai ver, Helena; está no meu guarda-vestidos. (*dá-lhe as chaves*)

MENESES

E debaixo de chave!... És prudente!

CAROLINA

No meio de todas as minhas extravagâncias, de todos os meus prazeres, eu sentia uma pequena parte de mim mesma que nunca ficava satisfeita; chamei a isto minha alma, tive pena dela, fechei-a dentro dessa caixa, e disse-lhe que esperasse até um dia em que seria feliz. (*Helena volta com a caixa*)

ARAÚJO

Ah! E esta?

MENESES

E de que maneira pretendes dar-lhe a felicidade?

CAROLINA

Não sei: mas como o dinheiro é tudo, fiz uma coisa; dividi o que eu tinha e o que viesse a ter com a minha alma. Voltava de uma ceia onde tinha me divertido muito; metia dentro desta caixa todo o dinheiro que possuía, para que o espírito tivesse um igual divertimento. As minhas jóias, depois de usadas uma vez, se escondiam aqui dentro; enfim a cada prazer que eu gozava, correspondia uma esperança que guardava.

MENESES

(*apontando para a caixa*)

E quanto valerá hoje a tua alma?

CAROLINA

Não sei; o que entra aqui dentro é sagrado, não lhe toco, nem lhe olho; tenho medo da tentação. Só abro esta caixa à noite, quando me deito.

MENESES

Pois deixa dar-te um conselho; põe a tua alma a juro no banco, e esquece-te dela. Há de servir-te na velhice. Ou então diverte-te!...

CAROLINA

Não; vou dá-la.

ARAÚJO

A quem?

CAROLINA

A um homem que não me ama; e por causa do qual jurei que havia de ver todos os homens a meus pés, para vingar-me neles do desprezo de um. E sabem se cumpri meu juramento!...

MENESES

É talvez isto, Carolina, que faz de tua vida um fenômeno, que eu estudo com toda a curiosidade. Tu és um desses flagelos, não faças caso da palavra... um desses flagelos que a Providência às vezes lança sobre a humanidade para puni-la dos seus erros. Começaste punindo teus pais que te instruíram e te prendaram, mas não se lembraram da tua educação moral; leste muito romance mas nunca leste o teu coração. Puniste depois o Ribeiro que te seduziu, e o Pinheiro que te acabou de perder; ao primeiro que te roubou à tua família, deixaste uma filha sem mãe; ao segundo, que te enriqueceu, empobreceste. Só me resta ver como te castigarás a ti mesma; se não me engano, tu acabas de revelar-me. Espero pelo tempo. Vamos, Araújo.

CAROLINA

O senhor veio fazer-me ficar triste.

ARAÚJO

Virá depois de nós quem a alegre.

CAROLINA

Escute!... Não!...

ARAÚJO

Arrependeu-se?

CAROLINA

Como está Luís?

ARAÚJO

Não sei.

CAROLINA

Não o tem visto?

ARAÚJO

Ainda ontem.

CAROLINA

Ele lhe fala às vezes em mim?

ARAÚJO

Nunca.

Cena VI

CAROLINA *e* HELENA

CAROLINA

Nunca!...

HELENA

Estás falando só?

CAROLINA

Estava pensando em uma coisa... Ele não virá, Helena!

HELENA

Por que razão?

CAROLINA

Ainda perguntas?

HELENA

Não creias. Estou quase apostando que não tarda aí.

CAROLINA

Tu não conheces Luís.

HELENA

Ora é boa!! Conheço os homens, Carolina; para eles uma mulher é sempre uma mulher, sobretudo quando é bonita.

CAROLINA

Terá recebido a carta?

HELENA

O Vieirinha entregou-a em mão própria.

CAROLINA

O Vieirinha?… Não tinhas outra pessoa por quem mandar?

HELENA

Que tem que fosse ele?…

CAROLINA

Nada: é que me aborrece esse homem. Desejo nem vê-lo.

HELENA

Tu bem sabes…

CAROLINA

Sei, mas não estou para suportá-lo. Entra na minha casa como se fosse dono dela; ontem fui achá-lo naquela sala a remexer na minha cômoda.

HELENA

E faltou-te alguma coisa?

CAROLINA

Não; mas para que isso não torne a acontecer, previno-te que, se queres continuar a morar comigo, deves descartar-te dele.

HELENA

Não me animo a dizer-lhe...

CAROLINA

É um homem sem caráter!

HELENA

Gosto dele, Carolina!

CAROLINA

Tens um gosto bem extravagante!

HELENA

Confesso! Se tu soubesses o que tenho sofrido!...

CAROLINA

Porque queres.

HELENA

É verdade; mas não sei que poder tem sobre mim, que não posso resistir-lhe! Conheço que é um homem capaz de tudo; e, entretanto, Carolina, se ele vier pedir-me, como já tem feito muitas vezes, que venda um traste meu para desempenhar o seu reló-gio... Tu vais te rir?... Pois eu não lhe negarei!

CAROLINA

Não me rio, não, Helena; ao contrário, tive uma idéia bem triste.

HELENA

Que idéia?

CAROLINA

Será esse o fim da nossa vida? A mulher que perverte seu coração estará condenada a amar um dia algum homem ainda mais baixo do que ela?

HELENA

E quem nos pode amar senão esses, Carolina?

CAROLINA

Mas isso não é amor! (*Luís aparece na porta do fundo*)

Cena VII

As mesmas e LUÍS

HELENA

Sr. Viana!…

CAROLINA

Ah!…

LUÍS

Creio que entra-se aqui pagando!… (*tira da carteira uma cédula que deita sobre o aparador*)

CAROLINA

Luís!…

LUÍS

Por este nome só me tratam os meus amigos e as pessoas que estimo.

CAROLINA

Não é preciso recorrer a estes meios para mostrar-me o seu desprezo; eu o sinto mesmo de longe e agora vejo-o mais no seu olhar do que nas suas palavras.

LUÍS

Que quer de mim?...

CAROLINA

Queria fazer-lhe um pedido; mas já não tenho coragem.

LUÍS

Então é inútil a minha presença aqui.

CAROLINA

Não! Espere! Farei um esforço; porém prometa-me ao menos uma coisa.

LUÍS

Não é preciso.

CAROLINA

É muito; prometa-me que por mais estranho que lhe pareça o que vou dizer-lhe, deixe-me falar; depois acuse-me e escarneça de mim: é o seu direito; não me queixarei.

LUÍS

A recomendação é escusada; três vezes procurei com as minhas palavras reparar um erro; mas afinal convenci-me que quando tine o ouro, não se ouve a voz da consciência. Pode falar.

441

CAROLINA

Sente-se. Fecha aquela porta, Helena, e deixa-nos.

Cena VIII

LUÍS *e* CAROLINA

CAROLINA

Consinta que ao menos agora que ninguém nos ouve eu o chame Luís, como antigamente.

LUÍS

Para quê?

CAROLINA

Este nome me lembra uma intimidade, e me faz esquecer o ano que passou.

LUÍS

Para que esquecê-lo? É o mais feliz da sua vida!...

CAROLINA

Podia ter sido se alguém me tivesse amado; mas ele não quis, ou não julgou que uma moça perdida valesse a pena de uma afeição.

LUÍS

E valia?...

CAROLINA

Talvez, Luís... Sem o despeito dessa repulsa, talvez a filha não fosse surda ao grito de sua mãe e a mulher resistisse à fascinação que a atraía.

LUÍS

Ora!…

CAROLINA

Oh! Não me defendo. A culpa é minha: o mal estava aqui. (*leva a mão à fronte*) Tinha sede de prazer e precisava saciar-me; entretanto, creio que também havia alguma coisa aqui, (*leva a mão ao coração*) porque depois das minhas loucuras sentia um remorso do que tinha feito; e me parecia que me afastava cada vez mais daquele de quem desejava aproximar-me. E, coisa singular! Era justamente este remorso que me irritava mais, que me lançava em algum novo escândalo, e me fazia olhar com um soberano desprezo para essa sociedade que me repeliu, e para todas essas mulheres virtuosas que ele podia amar.

LUÍS

Foi então para dizer-me isto… que…

CAROLINA

Foi para dizer-lhe que este amor louco me tem sempre acompanhado, que resistiu a tudo, e que hoje se ajoelha a seus pés!…

LUÍS

Carolina!

CAROLINA

Luís, não te peço que me ames, não; sou indigna, eu o sei! Mas eu te suplico, me deixa amar-te!…

LUÍS

Cale-se!

CAROLINA

Que lhe custa isso? Um homem não se mancha com a afeição de uma mulher, por mais desprezível que ela seja; e é sempre doce sentir que se está dando um pouco de felicidade a uma pobre criatura que o mundo condena.

LUÍS

Não sou rico!

CAROLINA

A mulher que ama não vende o seu coração: suplica que o aceitem!...

LUÍS

E o partilhem com os outros!...

CAROLINA

Não me compreende, Luís. Vê esta caixa? Aqui tenho as economias da minha dissipação; guardei-as para um dia poder gozar um momento dessa existência doce e tranqüila, que eu não conheço. Não sei em quanto importam; mas devem chegar para viver um ou dois anos na Tijuca ou em Petrópolis. Venha comigo! Consinta que o ame. Logo que o aborrecer, deixe-me. Assim ao menos quando começar para mim o desengano, quando de meus anos gastos na perdição só restar a velhice prematura, eu terei as recordações desses poucos dias de felicidade para encher o vácuo do passado.

LUÍS

Adeus, Carolina.

CAROLINA

Não me recuse!...

LUÍS

Eu lhe perdôo, porque ignora que isto que propõe é uma infâmia! Nunca amou, Carolina, senão compreenderia que ninguém se avilta a ponto de aceitar esses sobejos de amor, esses restos de um luxo pago por tantos outros. Seus primeiros amantes, a quem arruinou, diriam que eu vivia da sua miséria.

CAROLINA

Oh! não...

LUÍS

É inútil!

CAROLINA

Pois bem!... Antes de partir... porque sei que é a última vez que nos vemos... Luís... (*apresenta-lhe a fronte timidamente*)

LUÍS

O quê?...

CAROLINA

A sua lembrança!...

LUÍS

Outros lábios a apagariam!

CAROLINA

Ah!...

Cena IX

CAROLINA *e* HELENA

HELENA

Que foi?

CAROLINA

Nada!… Meneses tem razão!

HELENA

Em quê?

CAROLINA

O melhor destino que eu posso dar à minha alma (*aponta para a caixa*) é gastá-la em uma ceia e beber à nossa saúde.

HELENA

Que dizes?

CAROLINA

Quero divertir-me.

HELENA

Fazes bem!

CAROLINA

Acende velas. (*Vieirinha entra e descobre a nota que Luís deixara*)

Cena X

As mesmas e VIEIRINHA

VIEIRINHA

Oh! Como anda o dinheiro por aqui! É teu, Helena?

CAROLINA

Não, senhor, é meu. Faz favor.

VIEIRINHA

Empresta-me até amanhã.

CAROLINA

Nunca empresto, costumo dar.

VIEIRINHA

Então melhor…

CAROLINA

Mas este não posso. Dar-lhe-ei outro.

VIEIRINHA

Olhe lá…

CAROLINA

Dou-lhe este mesmo. (*toma o dinheiro acende com ele o charuto*)

HELENA

Que vais fazer?

VIEIRINHA

Não consinto…

CAROLINA

(*atirando a cinza do bilhete a Vieirinha*)
Aí tem: aprenda a fumar.

VIEIRINHA

Uma fumaça de cinqüenta mil-réis.

CAROLINA

Tome; veja que gosto tem!

VIEIRINHA

Apanha, Helena.

HELENA

Estão batendo.

VIEIRINHA

Pode entrar.

CAROLINA

Vai ver quem é, Helena.

VIEIRINHA

Se procurarem por mim, dize que não estou em casa.

CAROLINA

Não podem procurar pelo senhor aqui; e aproveito a ocasião para dizer-lhe que me faz um grande obséquio não aparecendo mais em minha casa.

VIEIRINHA

Por hoje fico ciente.

CAROLINA

Já disse o mesmo à Helena.

VIEIRINHA

Depois arranjaremos isto. Podes entrar, Ribeiro, senta-te.

Cena XI

Os mesmos e RIBEIRO

RIBEIRO

Adeus, Carolina, como está?

CAROLINA

Boa, obrigada… E… ela?

RIBEIRO

Sua filha… Está muito linda… É em seu nome que venho…

CAROLINA

Fazer o quê?

RIBEIRO

Não se assuste: é uma coisa muito simples. Lembra-se, Carolina, que há um ano, depois que nos separamos, apesar de não querer conservar nada do que lhe tinha dado, aceitou como lembrança de sua filha uma cruzinha de pérolas…

CAROLINA

Lembro-me. Por quê?

RIBEIRO

Ontem, por acaso, comprando algumas jóias, reconheci entre elas essa cruz. Pensei que talvez uma necessidade urgente a obrigasse a vendê-la; comprei-a e de novo lhe peço que a guarde em lembrança de sua filha.

CAROLINA

Parece-se; mas não é a mesma. (*sai Vieirinha*)

RIBEIRO

Veja na chapa o seu nome.

CAROLINA

É verdade!... (*assustada*) Mas como é possível!...

RIBEIRO

Nunca se desfez dela?

CAROLINA

Estava nesta caixa com todas as minhas jóias!... Para tirá-la... (*abre a caixinha rapidamente; tira de dentro as caixas vazias*) Tudo. Tiraram-me tudo! Meu dinheiro! Minhas jóias!...

HELENA

Foi ele (*apontando para a porta*) Oh!... tenho toda a certeza.

RIBEIRO

O Vieirinha?...

HELENA

Sim; já me fez o mesmo, e ontem, Carolina achou-o remexendo na cômoda.

CAROLINA

Esqueceu uma!… Leva a esse miserável, teu amante, para que aproveite os restos do seu crime.

RIBEIRO

Era tudo quanto possuía, Carolina?

CAROLINA

Tudo!… E roubaram-me…

RIBEIRO

Então está pobre?…

CAROLINA

Pobre!… Oh!… Não!… Sou moça!…

ATO QUARTO

(*Em casa de Carolina. Sala pobre e miserável. É noite.*)

Cena I

HELENA *e* MENESES

HELENA

Quem é?

MENESES

Abre, Helena.

HELENA

Ah! Sr. Meneses!

MENESES

Que significa isto?

HELENA

Uma desgraça!

MENESES

Conta-me!… Recebi a tua carta: mas tu não aproveitas muito as lições do teu mestre de gramática; pouco entendi.

HELENA

O senhor nada sabia?

MENESES

Nada absolutamente. Voltando à tua casa disseram-me que se haviam mudado. Perguntei notícias ao Ribeiro, a quem encontrei há dias. Não me soube dizer.

HELENA

É que foi uma coisa tão repentina! Naquele mesmo dia em que o senhor lá esteve com o Araújo, fazem dois meses pouco mais ou menos, que Carolina descobriu que estava roubada.

MENESES

Ah! Aquela caixinha de charão…

HELENA

O Vieirinha com uma chave falsa abria e tirava as jóias que Carolina guardava, deixando as caixas vazias, para que ela não desconfiasse.

MENESES

Que miserável!

Helena

Ela coitadinha, a princípio fingiu não se importar; mas depois veio-lhe uma febre... Esteve à morte. Com a moléstia gastamos o que tínhamos; vendemos tudo, e alugamos este cochicholo onde mal cabemos.

Meneses

Com efeito não parece habitação de gente.

Helena

Que remédio?... Mas o pior é que não temos nem o que comer! Se ao menos ela já estivesse boa... Neste desespero lembrei-me de escrever àqueles que tínhamos conhecido em outros tempos, ao senhor, ao Araújo, ao Ribeiro, ao Viana... Escrevi até ao próprio Vieirinha!

Meneses

Depois do que ele fez?

Helena

Talvez esteja arrependido, e restitua uma parte do que roubou.

Meneses

Duvido muito; mas fica descansada. Falarei aos outros. Entretanto deve ter necessidade de algum dinheiro... (*batem*)

Helena

Há de ser algum deles!

Meneses

É natural.

Cena II

Os mesmos, Luís *e* Araújo

Luís

Onde está Carolina?

Helena

Dorme; não a acorde. É o único momento de alívio que tem.

Luís

Está muito doente?

Helena

Agora vai um pouco melhor; mas ainda sofre bastante.

Araújo

(*a Meneses*)

Foi depois daquele dia que estivemos juntos em casa dela.

Meneses

É verdade.

Araújo

Soubeste hoje.

Meneses

Porque Helena me escreveu!

Luís

Eu já sabia há dias; porém não me foi possível descobrir a casa.

HELENA

Uma rua tão esquisita!... Quando pensaria eu morar no Saco do Alferes!

MENESES

Não se acaba por onde se começa, Helena.

LUÍS

Que é feito do homem que praticou esse roubo infame?

MENESES

Anda por aí muito satisfeito; vai casar-se...

HELENA

Que feliz mulher!...

ARAÚJO

E deixa-se que um indivíduo desses goze tranqüilamente do fruto do seu crime? Não havia meio de levá-lo à polícia?

HELENA

Com o vexame da doença de Carolina, nem me lembrei de semelhante coisa. Demais, que lucrávamos nós com isso? Faltavam as provas; e quem se prestaria a ir jurar a nosso favor contra um homem conhecido?...

ARAÚJO

Conhecido como um tratante!

HELENA

Mas sempre tem amigos; ninguém acreditaria...

ARAÚJO

Não estou por isso.

MENESES

Helena tem razão, Araújo; ninguém lhe daria
crédito, ninguém juraria a seu favor; e eu estimo
bem que ela tenha consciência do quanto desceu,
que a sociedade nem ouve as suas queixas.

HELENA

Não falemos nestas coisas agora, Sr. Meneses; já
não têm volta…

ARAÚJO

O arrependimento nunca vem tarde.

HELENA

Por isso eu vou passando muito bem sem ele.

ARAÚJO

Que mulherzinha!…

MENESES

Quantas não existem assim.

Cena III

Os mesmos e RIBEIRO

MENESES

Oh!… Ribeiro…

RIBEIRO

Também vieste?

MENESES

O mesmo motivo nos trouxe a todos.

RIBEIRO

Ah! Mas não se incomodem; eu me encarrego do que for preciso.

LUÍS

Perdão, Sr. Ribeiro; aprecio a sua delicadeza; mas ela não me dispensa de cumprir o meu dever.

RIBEIRO

Creio que é a mim que pertence como pai de sua filha...

LUÍS

Não senhor: a obrigação de ampará-la é minha e ninguém ma pode contestar. Sou seu parente: e represento aqui sua família.

MENESES

Não há dúvida, Sr. Viana; mas permita-me que lhe diga também que quando se trata de uma boa ação não reconheço em ninguém o direito de excluir-me dela. Sou pobre...

RIBEIRO

Não se trata de fortuna, Sr. Meneses: nem um de nós é rico.

ARAÚJO

Pois então façamos uma coisa: associemo-nos, e partilhemos todos o prazer de fazer o bem.

LUÍS

Não é necessário.

RIBEIRO

É ser egoísta, Sr. Viana.

LUÍS

Desculpe: se estivesse no meu lugar faria o mesmo.

RIBEIRO

Estão batendo.

HELENA

Vou ver.

MENESES

Pois advirto-lhe que não me sujeito.

LUÍS

Se o senhor tivesse prometido a uma mãe quase moribunda restituir-lhe sua filha, consentiria que outros o ajudassem a cumprir essa promessa?

MENESES

Por que não? Seria orgulho.

LUÍS

Talvez, Sr. Meneses; mas um orgulho legítimo. O que sofri por ela dá-me esse direito.

MENESES

Compreendo e respeito essa dor.

Cena IV

Os mesmos e VIEIRINHA

RIBEIRO

Que vem fazer aqui?

VIEIRINHA

O meu negócio não é com o senhor.

HELENA

É comigo.

VIEIRINHA

Justamente. Saiba que fez muito mal em escrever-me.

MENESES

Já eu o tinha dito.

VIEIRINHA

Ah! Está por aqui, Meneses?

MENESES

Peço-lhe que se esqueça do meu nome.

VIEIRINHA

Que quer isto dizer?

ARAÚJO

Quer dizer que há certos conhecimentos que desonram um homem honesto.

VIEIRINHA

Não entendo.

LUÍS

Eu lhe explico. Tenha a bondade de retirar-se.

VIEIRINHA

Depois de dizer algumas palavras a esta mulher.

HELENA

Já não sabe como me chamo!

RIBEIRO

De que te admiras? Já não tens dinheiro para dar-lhe.

HELENA

Que quer de mim? Vem restituir o que roubou?… Quanto ao que lhe dei não é necessário.

VIEIRINHA

Não quero que me escreva. Suas cartas podem comprometer-me; estou em vésperas de casar-me.

HELENA

Que tem isso?

VIEIRINHA

Podem suspeitar que tenho relações com gente de tal qualidade.

HELENA

E o senhor envergonha-se?...

VIEIRINHA

Se lhe parece que é uma honra...

HELENA

Não se envergonha, porém, do que praticou; não se lembra que, por mais de um ano, foi sustentado por uma mulher da minha qualidade.

VIEIRINHA

Não dou peso ao que diz.

HELENA

E não deve dar mesmo: porque a mulher que chegou a amar um homem como o senhor é bem desprezível!... (*Vieirinha quer sair*)

Cena V

Os mesmos e CAROLINA

HELENA

Pois não! Agora há de ouvir-me!

ARAÚJO

(*a Carolina*)

Sente-se melhor?

CAROLINA

Pouco... Mas os senhores aqui... Luís... Sr. Ribeiro...

RIBEIRO

Incomoda-lhe a minha presença?

CAROLINA

Não! Mas por que não a trouxe?

RIBEIRO

Nossa... Sua filha?...

CAROLINA

Tinha tanta vontade de vê-la!

RIBEIRO

Espere! Voltarei antes de uma hora com ela.

HELENA

Por que te levantaste, Carolina? Estás tão fraca!

CAROLINA

Falavas tão alto!

HELENA

É este sujeitinho... Tu o conheces bem! Fez-me exasperar! Diz que se envergonha de conhecer-me porque vai casar-se.

CAROLINA

Casar-se! Ele! Com quem, meu Deus?

MENESES

Com a filha de um homem de bem.

ARAÚJO

Que não o conhece certamente.

Cena VI

CAROLINA, LUÍS, MENESES, ARAÚJO,
HELENA *e* VIEIRINHA

HELENA

Hei de contar-lhe uma história. Ah! As minhas cartas o comprometem!… Veremos as suas…

VIEIRINHA

As minhas?…

HELENA

Os bilhetinhos que me escrevia pedindo-me que lhe valesse, que fosse desempenhar o seu relógio.

ARAÚJO

Serão um bom presente para o futuro sogro do senhor.

HELENA

Está dito; vou mandá-las amanhã! Tenho-as aqui.

VIEIRINHA

Helena!…

MENESES
(*a Araújo*)

Como lhe avivou a memória. Já sabe o nome.

VIEIRINHA

Escuta!

HELENA

Não se comprometa, meu senhor!

CAROLINA

Vem cá, Helena.

HELENA

O que queres?

CAROLINA

Nunca te pedi nada. Dá-me estas cartas.

HELENA

Para quê?

CAROLINA

Dá-me!...

LUÍS

Que vai fazer?

CAROLINA

Vingar-me!... Aí tem!... Rasgue essas provas que o podem denunciar; case-se com a filha desse homem de bem; entre no seio de uma família honrada; adquira amigos!... É a minha vingança contra essa gente orgulhosa que se julga superior às fraquezas humanas.

LUÍS

Não fale assim, Carolina; a sociedade perdoa muitas vezes.

CAROLINA

Perdoa a um homem como este; recebe-o sem indagar do seu passado, sem perguntar-lhe o que foi; contanto que tenha dinheiro: ninguém se importa que a origem dessa riqueza seja um crime ou uma infâmia. Mas, para a pobre moça que cometeu uma falta, para o ente fraco que se deixou iludir, a sociedade é inexorável! Por que razão? Pois a mulher que se perde é mais culpada do que o homem que furta e rouba?

MENESES

Não, decerto!

CAROLINA

Entretanto, ele tem um lugar nessa sociedade, pode possuir família! E a nós, negam-nos até o direito de amar! A nossa afeição é uma injúria! Se alguma se arrependesse, se procurasse reabilitar-se, seria repelida; ninguém a animaria com uma palavra; ninguém lhe estenderia a mão... (*Vieirinha sai, deixando aberta a rótula*)

Cena VII

CAROLINA, LUÍS, MENESES, ARAÚJO *e* HELENA

MENESES

Talvez seja uma injustiça, Carolina; mas não sabes a causa?... É o grande respeito, a espécie de culto, que o homem civilizado consagra à mulher. Entre os povos bárbaros ela é apenas escrava ou amante;

o seu valor está na sua beleza. Para nós, é a tríplice imagem da maternidade, do amor e da inocência. Estamos habituados a venerar nela a virtude na sua forma a mais perfeita. Por isso na mulher a menor falta mancha também o corpo, enquanto que no homem mancha apenas a alma. A alma purifica-se porque é espírito, o corpo não!... Eis por que o arrependimento apaga a nódoa do homem, e nunca a da mulher; eis por que a sociedade recebe o homem que se regenera, e repele sempre aquela que traz em sua pessoa os traços indeléveis do seu erro.

CAROLINA

É um triste privilégio!...

MENESES

Compensado pelo orgulho de haver inspirado ao homem as coisas mais sublimes que ele tem criado.

LUÍS

Penso diversamente, Sr. Meneses. Por mais injusto que seja o mundo, há sempre nele perdão e esquecimento para aqueles que se arrependem sinceramente: onde não o há é na consciência. Mas não se preocupe com isto agora, Carolina; vê que não lhe faltam amigos, e essa mão que deseja, aqui a tem!

CAROLINA

Deixa-me beijá-la?

LUÍS

Não se beija a mão de um irmão; aperta-se!

Cena VIII

Os mesmos e PINHEIRO

HELENA

Quem é o senhor?

PINHEIRO

Um moço que veio no meu tílburi entrou aqui...
Não posso esperar mais tempo; são nove horas.

HELENA

Como se chama?

PINHEIRO

Vieirinha.

HELENA

Ah! Já saiu! Pregou um calote!

ARAÚJO

Para não perder o costume.

MENESES

Helena não lhe deu os dez tostões!

PINHEIRO

Helena!... Os senhores!... Aqui!... E ela! Carolina!

CAROLINA

Quem me chama?

PINHEIRO

Ah!

HELENA

Sr. Pinheiro!...

PINHEIRO

Como está magra e pálida!... Oh!... Deus é justo!

LUÍS

Cale-se, senhor; se não respeita a fraqueza de uma mulher respeite ao menos o leito de uma enferma!

PINHEIRO

Não é minha intenção ofendê-la; ao contrário... O acaso fez que o homem pobre, mas honrado, encontrasse diante das mesmas testemunhas, reduzida à miséria, a mulher que o arruinou, e que lhe respondeu com uma gargalhada quando ele pedia-lhe que o salvasse da vergonha. Esqueço tudo; e lembro-me que sou cristão. Dou a minha esmola!

CAROLINA

Toda a esmola não pedida é um insulto; e um homem nunca tem o direito de insultar uma mulher!

PINHEIRO

Recebeu-as quando eram de brilhantes!...

CAROLINA

Nunca recebi esmolas; recebia o salário da minha vergonha! Mas fique certo que não há dinheiro no mundo que a pague. Todos os senhores que estendem a uma mulher a mão cheia de ouro; que depois de lhe matarem a alma cobrem o seu corpo de jóias e de sedas para reanimar um cadáver, julgam-se muito generosos!... Não sabem que um dia essa mulher daria a sua vida para resgatar o bem perdido; e não o conseguiria!... Portanto não nos acusemos; o senhor perdeu a sua fortuna, eu perdi a minha felicidade; estamos quites. Se, hoje, sou uma mulher infame, não é o senhor, que concorreu para essa infâmia, que foi cúmplice dela, quem me pode condenar.

MENESES

Aproveite a lição, Sr. Pinheiro; e guarde a sua esmola. Quando tiver passado este primeiro momento de irritação há de reconhecer o que já lhe disse uma vez. Há criaturas neste mundo que se tornam instrumentos da vontade superior que governa o mundo. Não foi Carolina que o arruinou, que do moço rico fez um cocheiro de tílburi; foi, sim, a vaidade, a imprudência, e o desregramento das paixões, sob a forma de uma moça. Incline-se pois diante da Providência; e respeite na mulher desgraçada a vítima do mesmo erro, e o agente de uma punição justa.

PINHEIRO

Sempre respeitei a desgraça, Sr. Meneses; e ainda agora mesmo, se ela precisar de mim... Já não sou rico, mas economias de pobre ainda chegam para aliviar um sofrimento.

CAROLINA

Aceitei enquanto tinha que dar! Hoje, não vê?... Sou uma sombra! Só peço aquilo a que os mortos têm direito... Que respeitem as suas cinzas!

PINHEIRO

Eu me retiro, Carolina; desculpe se a ofendi.

CAROLINA

Não conservo o menor ressentimento contra aqueles que encontrei no meu caminho. Corríamos todos atrás do prazer; o acaso nos reuniu; o acaso separou-nos. Hoje que somos uns para os outros recordações vivas e bem tristes, devemos esquecer-nos mutuamente. Entre nós a estima, e mesmo a piedade seria uma irrisão.

PINHEIRO

Quer assim?... Pois seja! Adeus. (*sai*)

Cena IX

CAROLINA, LUÍS, MENESES, ARAÚJO *e* HELENA

MENESES

Eis um exemplo de coragem bem raro no Rio de Janeiro.

LUÍS

Qual?

MENESES

O desse moço. Outros em seu lugar, tendo perdido a sua fortuna, andariam por aí a incomodarem os amigos de seu pai, e os seus antigos conhecidos, para lhe arranjarem emprego, que "não estivesse abaixo de sua posição".

ARAÚJO

Como eu conheço muitos. Não têm vintém, e entendem que se desonram em ser caixeiros.

LUÍS

É um prejuízo que já vai desaparecendo.

CAROLINA

Mas, Sr. Meneses…

MENESES

O que é, Carolina?

CAROLINA

Por que os senhores apareceram todos de repente?… Nem de propósito!…

MENESES

É verdade!…

CAROLINA

Como souberam a casa?

HELENA

Escrevi-lhes.

CAROLINA

Pedi-te tanto, Helena!

LUÍS

Não queria que viéssemos?

CAROLINA

Para que afligi-los!…

MENESES

Mais nos afligiríamos se soubéssemos que tinha sofrido privações por falta de amigos.

CAROLINA

Por isso não! Não preciso de nada.

ARAÚJO

Como!... Não pode ficar nesta casa. É tão úmida...

CAROLINA

Quem não tem melhor!

ARAÚJO

Para que estamos nós aqui?

CAROLINA

Não, Sr. Araújo!... Não aceito coisa alguma.

MENESES

Deixa-te de caprichos.

CAROLINA

Já não os posso ter! (*Luís e Araújo conversam baixo*)

MENESES

Helena, há pouco, me revelou as tuas circunstâncias!... Ontem não teve com que comprar um frango para dar-te um caldo.

CAROLINA

Oh! Neste ponto é escusado, Sr. Meneses!... Não cedo.

MENESES

Nem eu!

Cena X

CAROLINA, HELENA, MENESES *e* LUÍS

LUÍS

Não a contrarie!!… Nada obteremos. Deixe-me com ela! Eu conseguirei persuadi-la.

MENESES

Com uma condição, porém.

LUÍS

Qual?

MENESES

Que me tratará nisso como um amigo.

LUÍS

Era minha intenção, e a prova… Araújo foi buscar Margarida.

MENESES

A mãe de Carolina?

LUÍS

Sim; precisava de alguém que fosse à minha casa, e a fizesse preparar para recebê-la hoje mesmo; porque o essencial é tirá-la daqui. Contei com o senhor…

MENESES

E fez muito bem. Vou esperá-lo.

CAROLINA

Helena!

. MENESES

Até logo, Carolina!

HELENA

Tu me chamaste?

CAROLINA

(*a meia-voz*)

Toma esta cruz!... É uma lembrança de minha filha! Sinto separar-me dela!... Mas é por pouco tempo.

HELENA

Não penses nisto!...

CAROLINA

Vê se dão alguma coisa por ela... e compra-me água de flor! Tenho uma sede!

LUÍS

Vai sair?...

HELENA

Vou à botica; volto já!

Cena XI

LUÍS *e* CAROLINA

LUÍS

Está sofrendo muito, Carolina?

CAROLINA

Muito!… Mas enquanto sinto a dor não penso… Não me lembro!…

LUÍS

Incomodam-lhe as recordações do passado?

CAROLINA

Envergonho-me do que sou, Luís! Creio que não há martírio como este a que me condenei. Agora é que entendo as palavras que me disse naquela noite.

LUÍS

Procure esquecer, Carolina…

CAROLINA

Não é possível. Seria preciso arrancar a alma deste corpo, e ainda assim ela se lembraria.

LUÍS

O tempo há de acalmar essa excitação.

CAROLINA

Duvido!… Se soubesse, Luís, que mistérios profundos encobre esta vida! Quem vê uma dessas mulheres, sempre alegre e risonha, vestida ricamente, zombando de todos e de tudo, não adivinha o que se passa dentro daquele coração, não sabe que miséria se esconde sob essa aparência dourada!… É o desprezo do mundo, começando pelo desprezo de si mesma! O vício a torna incapaz de qualquer afeição, até mesmo do egoísmo!…

Luís

Compreendo!…

Carolina

Mas o que não compreende, nem pode compreender, é a tortura que sofre essa mulher por causa de seu próprio erro. Para ela a beleza é tudo! É o luxo, é a estima, é a vaidade, é o sustento, é a existência enfim! Com que susto lança ela os olhos para o espelho a todo o momento para interrogá-lo?… E com que ansiedade espera a resposta muda desse juiz implacável que pode dizer-lhe: "Tu já não és bonita!" A menor sombra, a palidez, o cansaço de uma noite de vigília, lhe parecem a velhice prematura que vem destruir as suas esperanças, e condená-la à miséria.

Luís

Com efeito deve ser cruel!

Carolina

E quando chega o dia em que a moléstia lhe rouba as cores, a formosura, a mocidade, e da moça bonita que todos admiravam faz uma múmia; quando vem a pobreza, e é preciso, para não morrer de fome… vender-se!… Oh!… É horrível!… Preferia, Luís, vender o meu sangue gota a gota!…

Luís

Sossegue, Carolina! esse horror que lhe causam as faltas que cometeu, é já o sinal do arrependimento; ele lhe dará a força para repelir essa existência.

Carolina

Se fosse possível!…

LUÍS

Como! Que diz?

CAROLINA

Por mais forte que seja a vontade, Luís, há ocasiões em que a necessidade a subjuga! Quem sofre privações não reflete, não pensa...

LUÍS

Então é isso que a aflige?...

CAROLINA

Como deve ser amargo o sustento ganho com tanta vergonha e tanta humilhação!...

LUÍS

Mas, Carolina... A minha presença devia tranqüilizá-la.

CAROLINA

Obrigada, Luís. Não posso... É um orgulho ridículo, bem o sei. Porém nunca aceitarei...

LUÍS

Nem de mim, Carolina?

CAROLINA

De meu primo, menos do que dos outros!...

LUÍS

Por que razão?

CAROLINA

Não se lembra?

LUÍS

De quê?... Não... Não me lembro!...

CAROLINA

Não lhe disse uma vez!... No meio dessa existência louca não perdi de todo a minha alma. Uma afeição a salvou. Supliquei-lhe um dia que a aceitasse. Depois que a suportasse apenas!... Recusou e eu lhe agradeço! Conservei puro e virgem este amor!... Não me obrigue a fazer dele um dever.

LUÍS

Pois bem, Carolina, não quer aceitar de mim, aceite de sua mãe.

CAROLINA

De minha mãe?

LUÍS

Não deseja vê-la?

CAROLINA

Queria pedir-lhe, mas não me animava.

LUÍS

Adivinhei o seu desejo.

CAROLINA

E me perdoará ela, Luís?

LUÍS

Já perdoou.

CAROLINA

Ah!… (*recosta-se extenuada*)

Cena XII

Os mesmos e HELENA

HELENA

Demorei-me, porque a botica é longe.

CAROLINA

Dá-ma; tenho uma sede!

HELENA

Estás com febre! Não tomes em água fria. Vou fazer-te um chá. Sim?

CAROLINA

Como quiseres… A cabeça arde-me!…

LUÍS

Veja se consegue dormir um pouco.

CAROLINA

Antes acordada! Se durmo tenho sonhos horríveis! Vejo meu pai como naquela noite! Minha mãe que chora… Dê-me a sua mão, Luís… Deite-a sobre minha cabeça… assim… Talvez me tire este fogo… (*pausa*) A vela apagou-se?

LUÍS

Incomoda-lhe a falta de luz?…

CAROLINA

Tenho medo!... No escuro é que me aparecem as visões...

LUÍS

Espere um momento.

CAROLINA

Onde vai? Não me deixe!

LUÍS

Volto já; vou ver luz. Não quer?

CAROLINA

Sim!... Sim!...

LUÍS

Helena!

HELENA

Chamou-me?

LUÍS

Levou a vela?

HELENA

Para fazer o remédio.

LUÍS

Não tem outra?

HELENA

Esqueci-me comprar. Mas a venda é aqui junto; vou num momento.

LUÍS

Deixe estar; irei eu mesmo. Faça o que ela lhe pediu.

HELENA

(*a Carolina*)

Não te agonies; já está quase pronto.

Cena XIII

CAROLINA *e* ANTÔNIO

ANTÔNIO

Ó de casa! Menina!… Deixaste a porta aberta? Ah! Ah! Ah!

CAROLINA

Quem anda aí?

ANTÔNIO

Sou eu; onde estás?

CAROLINA

Mas quem é?

ANTÔNIO

Tu não me conheces, mas é o mesmo! Por que estás no escuro?

CAROLINA

Apagou-se a luz. Que me quer?

ANTÔNIO

Nada, menina. Vamos conversar!

CAROLINA

Deixe-me!... Helena!...

ANTÔNIO

Tens as mãos tão frias!

CAROLINA

Estou doente! Sinto arrepios!

ANTÔNIO

Por que não tomas um golezinho? A aguardente aquece.

CAROLINA

A aguardente?

ANTÔNIO

Sim; é o melhor remédio.

CAROLINA

Dizem que faz esquecer... É verdade?

ANTÔNIO

Se é!... Queres?

CAROLINA

Oh! Se houvesse alguma coisa que me matasse esta sede!

Cena XIV

Os mesmos, Luís, Margarida, Araújo, Helena,
Ribeiro *e uma menina*

Antônio

Há de matar!... Mas por que não te curas?

Carolina

Não vale a pena curar-me!

Antônio

Por que, menina?

Carolina

Já sou um cadáver! Pouco me resta de vida!...

Antônio

São cantigas!...

Carolina

Luís... Luís...

Luís

É tua filha! Antônio!

Carolina

Meu pai!...

Margarida

Antônio!...

Antônio

Quem és tu?

MARGARIDA

Não conheces tua mulher?

ANTÔNIO

Ah!... Minha mulher e minha filha...

LUÍS

Cala-te!...

ANTÔNIO

Não me toques!... (*a Ribeiro*) Também veio ver? Ria-se... ria-se... Não me roubou minha filha?... Eu queria roubar sua amante!... Ah!... Ah!... Ah!...

EPÍLOGO

(*Em casa de Luís. Sala simples, mas elegante.*)

Cena I

Carolina *e* Margarida

Carolina

Luís ainda não voltou, minha mãe?

Margarida

Não! Creio que anda muito ocupado.

Carolina

O que será?

Margarida

Não sei. Não lhe perguntei.

Carolina

E todos os dias enquanto ele trabalha, não consentiu que eu lá entrasse um instante.

MARGARIDA

Para não interrompê-lo nos seus estudos.

CAROLINA

E todos os dias enquanto ele trabalha, não vou arranjar-lhe os livros, endireitar-lhe os papéis e mudar as flores dos vasos?... Nem por isso o perturbo. Às vezes ele mesmo me chama, e conversamos tanto tempo!... Outras, apenas levanta a cabeça, me vê, sorri e continua a trabalhar.

MARGARIDA

Talvez hoje precisasse estar só... Porém mudaste o teu vestido escuro?... Fizeste bem! Assim ficas mais alegre.

CAROLINA

Nunca mais poderei ter alegria, minha mãe!... Por meu gosto não mudaria! Mas Luís pediu-me que me vestisse de branco.

MARGARIDA

Ah! foi ele...

CAROLINA

De manhã quando nos vimos chegou-se a mim muito sério e disse-me que desejava pedir-me um favor. Cuidei que era outra coisa... Não tive ânimo de recusar-lhe.

MARGARIDA

Já o habituaste a fazer-lhe todas as vontades!... E assim deve ser porque ele te estima como um verdadeiro irmão.

CAROLINA

Infelizmente não mereço essa estima.

MARGARIDA

Não digas isto, Carolina!

CAROLINA

De que serve negá-lo? Não é a verdade?

MARGARIDA

Não te importes com o que pensa o mundo; não é para ele que vives, e sim para a tua mãe, para aqueles que te amam. O teu mundo, o nosso, é esta casa.

CAROLINA

E nesta mesma casa não falta alguém?... O amor de minha mãe não me lembra que eu tenho um pai que não me quer ver, que foge de sua filha como de um objeto repulsivo?...

MARGARIDA

Isto te faz sofrer e a mim também! Mas consola-te. Luís me prometeu que havia de trazê-lo...

CAROLINA

E poderá ele cumprir essa promessa?

MARGARIDA

Tenho esperança.

CAROLINA

Há mais de um ano que esperamos!...

MARGARIDA

Por isso mesmo! O único motivo que ainda te separa de Antônio é a vergonha que ele tem...

CAROLINA

Vergonha?... De quê, minha mãe?

MARGARIDA

Do que fez!... Bebia... tanto... Como tu viste.

CAROLINA

Então é só este motivo?...

MARGARIDA

Só. Podes acreditar. Não conserva a menor queixa de ti.

CAROLINA

Perdoou tudo então!

MARGARIDA

Tudo!

CAROLINA

Oh! mas Deus não perdoou, porque a todo momento vejo...

MARGARIDA

O quê?

CAROLINA

Nada, minha mãe, nada!

MARGARIDA

Não chores!… Falemos de outra coisa… Luís já deve ter voltado. São cinco horas.

CAROLINA
(*enxugando os olhos*)
Chorar não me entristece, minha mãe, ao contrário me consola.

Cena II

As mesmas, LUÍS *e* MENESES

MARGARIDA
(*a Luís*)
Chegaste, enfim.

CAROLINA
Ah! Luís!

MARGARIDA
Sr. Meneses…

MENESES
Adeus, Margarida. (*a Carolina*) Hoje está mais coradazinha!… Só falta o sorriso nos lábios.

CAROLINA
As lágrimas assentam-me melhor.

LUÍS
Por que choravas, Carolina?

MARGARIDA

Começou a lembrar-se...

LUÍS

Não te é possível então esquecer?

CAROLINA

E que servia que eu esquecesse? Os outros se lembram.

LUÍS

Como estás iludida, Carolina! O mundo é inconstante no seu ódio, como na sua simpatia. Não tem memória e esquece depressa aquilo que um momento o impressionou.

CAROLINA

Com os homens sucede assim! Com a mulher não: aquela que uma vez errou nunca mais se reabilita. Embora ela se arrependa; embora pague cada um dos seus momentos de desvario por anos de expiação e de martírio: embora, iluminada pelo sofrimento, ela compreenda toda a sublimidade da virtude, e aceite como gozo aquilo que para tantas é apenas um dever, um sacrifício ou um costume!... Nada disto lhe vale! Se ela aparecer o mundo arrancará o véu que cobre o seu passado.

LUÍS

Quando o arrependimento não é sincero, porque então a sociedade é severa.

CAROLINA

Não tem direito de ser! Deve lembrar-se que é a verdadeira causa e alucinação de tantas moças pobres... Porque ao passo que atira a lama ao ente fraco que se deixou iludir, guarda um elogio e um cumprimento para o sedutor.

MENESES

E assim deve ser, Carolina.

Cena III

CAROLINA, LUÍS *e* MENESES

CAROLINA

O senhor defende esta injustiça?

MENESES

Defendo a lei social, que, na minha opinião, deve ser respeitada até mesmo nos seus prejuízos. Como filósofo, posso condenar algumas aberrações da sociedade; como cidadão, curvo-me a elas e não discuto.

CAROLINA

Mas por que razão toda a falta recai unicamente sobre a parte mais fraca?

MENESES

Porque a virtude de uma senhora é um bem tão precioso, que quando ela o dá a um homem eleva-o, rebaixando-se.

CAROLINA

E a sociedade aproveita-se desse erro, aplaude o vencedor e encoraja-o para novas conquistas?

MENESES

Toda a virtude que não luta, não é virtude; é um hábito. Se não houvesse sedutores, a honestidade seria uma coisa sem merecimento! Creia-me, Carolina, o mundo é feito assim; deixemos falar os moralistas: eles podem dizer muita palavra bonita, mas não mudarão nem uma pedra desse edifício social que as maiores revoluções não têm podido abater.

CAROLINA

Ouves, Luís; tudo se defende, menos a falta de uma pobre mulher.

MENESES

Não há dúvida! Fiz uma das minhas. Este maldito costume de escrever folhetins!... Mas desculpe; não me lembrei que a afligia.

CAROLINA

Já estou resignada! Não pertenço mais a este mundo!...

LUÍS

Hás de voltar a ele. Eu te prometo!...

CAROLINA

Como, meu Deus!...

LUÍS

Não me acreditas?

CAROLINA

Desejava, mas não posso…

LUÍS

Espera!…

CAROLINA

Por que não me explicas?

LUÍS

Vai ter com Margarida; preciso conversar com Meneses.

CAROLINA

E depois?

LUÍS

Depois eu te chamarei.

CAROLINA

(*a Meneses*)

Até logo?

LUÍS

Ele demora-se.

MENESES

Mas, de agora em diante, pode acusar a quem quiser!…

CAROLINA

Eu só acuso a mim mesma, Sr. Meneses.

Cena IV

LUÍS *e* MENESES

MENESES

Pobre moça!... Quem diria que depois daquele delírio do prazer viria uma tão nobre e tão santa resignação!

LUÍS

Isto prova, Meneses, que nem sempre o mundo tem razão; que estas faltas que ele condena encerram, às vezes, uma grande lição. As mais belas almas são as que saem do erro purificadas pela dor e fortalecidas pela luta.

MENESES

Concordo; para Deus assim é, para os homens não.

LUÍS

Para os homens também. Eu hoje respeito e admiro a virtude de Carolina!

MENESES

Não duvido; há virtudes que se respeitam e admiram, mas que não se podem amar.

LUÍS

Por que razão?

MENESES

Porque o amor é um exclusivista terrível; foi ele que inventou o monopólio e o privilégio. Já vês que este senhor não pode admitir a concorrência nem mesmo do passado.

LUÍS

Julgas então impossível amar-se uma mulher como Carolina?

MENESES

Concedo que ela excite um desejo ou um capricho, mas um verdadeiro amor, não.

LUÍS

O que dizes é verdade se o amor aspira à posse; mas se ele é apenas um gozo do espírito?

MENESES

Não creio na existência de semelhante sentimento.

LUÍS

Entretanto é assim que amo Carolina.

MENESES

Ainda?

LUÍS

Mais do que nunca.

MENESES

E que futuro tem semelhante amor?

LUÍS

É justamente sobre isso que desejo conversar contigo. Araújo não deve tardar; mandei-o chamar!

MENESES

Se não me engano ouço a sua voz.

LUÍS

É ele.

Cena V

Os mesmos e ARAÚJO

ARAÚJO

Por que razão teu criado não me quis deixar entrar pelo teu gabinete?

LUÍS

Foi ordem que lhe dei.

ARAÚJO

Pois deves revogá-la... É maçada!...

LUÍS

É por hoje unicamente.

ARAÚJO
(*a Meneses*)

Como vais?

MENESES

Já me está com uns ares de capitalista.

ARAÚJO

Infelizmente são ares apenas.

MENESES

A realidade não tarda: o mais difícil já conseguiste, estás estabelecido.

ARAÚJO

Por falar nisto, adivinha quem me apareceu hoje querendo que o tomasse para caixeiro do balcão.

MENESES

Quem?

ARAÚJO

O Vieirinha.

MENESES

Ah!…

LUÍS

Fala mais baixo; Carolina pode ouvir-te.

ARAÚJO

O engraçado, porém, é que depois do não redondo que lhe preguei na bochecha, a dois passos da porta foi recrutado.

MENESES

Não merecia essa honra. A missão de defender o seu país é muito nobre para ser confiada ao primeiro tratante que se agarra na rua.

ARAÚJO

Que te importa isso? O país não ganhará um soldado, porém ao menos ensinará um velhaco.

LUÍS

Não percamos tempo. Senta-te!

ARAÚJO

É verdade! Para que me mandaste chamar?

LUÍS

Para comunicar-te, e a Meneses, uma resolução minha.

ARAÚJO

Que solenidade!

LUÍS

O objeto exige.

ARAÚJO

Pois então fala de uma vez.

LUÍS

Tu que me tens acompanhado desde o princípio da minha vida, sabes qual foi o meu primeiro amor. O que porém não sabes, é que apesar de tudo, apesar da vergonha e do escândalo, nunca deixei de amar Carolina. Combati essa paixão louca e extravagante; não pude extingui-la; consegui apenas dominá-la.

ARAÚJO

Mas hoje é ela que te domina.

LUÍS

Não, Araújo; Carolina nem suspeita! Habituei-me por tanto tempo a reprimir os meus sentimentos, que eles me obedecem facilmente. Não é pois o coração, é a razão que ditou a resolução que tomei.

ARAÚJO

Que resolução, Luís?

LUÍS

Vou casar-me com Carolina.

ARAÚJO

Como teu amigo, não consentirei que dês semelhante passo.

LUÍS

Por quê? Dois anos de expiação e de lágrimas remiram essa alma que se extraviou. À força de coragem e de sofrimento ela conquistou a virtude em troca da inocência perdida. O mundo já não tem o direito de a repelir: mas exigente como é, quer que o nome de um homem honesto cubra o passado.

ARAÚJO

E tu fazes o sacrifício?

LUÍS

Sem a menor hesitação. Tenho morto o coração; todo o amor que havia em minha alma dei-o a Carolina; a fatalidade quis que ele se consumisse em desengano: era o meu destino. Que posso eu fazer agora de uma vida gasta e sem esperança? Não é melhor aproveitá-la para dar a felicidade a uma criatura desgraçada, do que condená-la à esterilidade? Que dizes, Meneses?

MENESES

Digo que terás de sustentar contra o mundo um combate em que muitas vezes sentirás a tua razão vacilar. A sociedade abrirá as portas à tua mulher: mas quando se erguer a ponta do véu, hás de ver o sorriso de escárnio e o gesto de desprezo, que a acompanharão sempre. Toda a virtude de Carolina, toda a honestidade de tua vida, não farão calar a injúria e a maledicência. Tens bastante força e bastante coragem para aceitar esse duelo terrível de um homem só contra uma sociedade inteira?

LUÍS

Tenho!

MENESES

Então, faz o que te inspira o amor; é um nobre mas inútil sacrifício.

ARAÚJO

Carolina já sabe da tua resolução?

LUÍS

Não; e só deve saber no momento. Conheço-a e temo uma recusa! Por isso dispus tudo em segredo; ali está preparado um altar...

ARAÚJO

Para hoje?

LUÍS

Sim; é preciso não deixar um instante à reflexão.

MENESES

Pensas bem!

ARAÚJO

Contudo essa precipitação...

LUÍS

A vida não é tão longa que valha a pena gastá-la em calcular o que se deve fazer.

ARAÚJO

Na minha opinião nunca é tarde para fazer uma loucura.

MENESES

Vamos conversar com Carolina. O Sr. Ribeiro e Luís naturalmente desejam ficar sós.

Cena VI

LUÍS, RIBEIRO *e uma menina*

RIBEIRO

Custou-me a cumprir minha promessa.

LUÍS

É sempre triste separar-se um pai de sua filha.

RIBEIRO

Oh! Não faz idéia... Mas virei abraçá-la todos os dias.

LUÍS

Perdão, Sr. Ribeiro! De hoje em diante esta menina deixa de ser sua filha!

RIBEIRO

Que diz, senhor!... Podia eu consentir em semelhante coisa?

LUÍS

Falta à sua palavra?

RIBEIRO

Entendi mal. Julguei que me pedia deixasse minha filha em companhia de sua mãe, podendo vê-la
quando quisesse.

LUÍS

O senhor ignora que amanhã Carolina terá um
marido. A sociedade exige que esse marido seja re-
putado o pai de sua filha.

RIBEIRO

Um marido!... Quem?...

LUÍS

Eu, senhor!

RIBEIRO

Ah!

LUÍS

É com este título que reclamo o cumprimento da
promessa que ontem me fez.

RIBEIRO

Um pai não pode deixar que sua filha passe como filha de um estranho.

LUÍS

Então esse pai deve legitimar o seu direito.

RIBEIRO

Que quer dizer?

LUÍS

Quero dizer que em vez do meu, Carolina pode ter o seu nome.

RIBEIRO

Nunca!

LUÍS

Neste caso é uma crueldade recusar a filha à mãe a quem se roubou a honra. Lembre-se, Sr. Ribeiro, que essa moça, de cuja desgraça o senhor foi a primeira causa, só pode ter uma felicidade neste mundo: a maternidade; enquanto que o senhor daqui a alguns dias amará uma mulher, terá uma família e gozará das afeições puras que Carolina perdeu para sempre.

RIBEIRO

Ela fará o mesmo. Não vai casar-se?

LUÍS

O senhor não me compreendeu bem. Dou à Carolina o meu nome; não exijo dela um amor impossível.

RIBEIRO

Sou pai, senhor!

LUÍS

E ela é mãe. Entre os dois, quem terá mais direito a esta menina? O senhor, para quem ela representa uma afeição que pode ser substituída; ou Carolina, para quem ela é a existência inteira?

RIBEIRO

Não exija uma coisa contra a natureza.

LUÍS

Exijo uma reparação que um homem honesto não pode recusar.

RIBEIRO

Essa reparação ofereci-a outrora.

LUÍS

Isto não o desobriga; todas as faltas que ela cometeu eram conseqüências necessárias da primeira.
(*Carolina entra precipitadamente e abraça a menina.*)

Cena VII

Os mesmos, CAROLINA *e* MARGARIDA

CAROLINA

Minha filha!... Como está bonita!... Tu conheces tua mãe?... Abraça-me!

LUÍS

Tem ânimo de separá-las?

RIBEIRO

Custa-me! É verdade!

LUÍS

Não lhe digo nada mais, Sr. Ribeiro. Ali está uma mulher que o senhor fez desgraçada; hoje que ela vai reabilitar-se, consulte a sua consciência, e proceda como entender. Se julga que depois de a ter seduzido deve ser um obstáculo a sua regeneração, arranque-lhe a filha dos braços e complete a sua obra.

RIBEIRO

Se soubesse como amo esta menina!

LUÍS

Não mostra!

RIBEIRO

Que diz, senhor!

LUÍS

Se a amasse verdadeiramente não hesitaria em fazer esse sacrifício. Que responderá o senhor um dia à sua filha quando ela lhe perguntar por sua mãe?…

RIBEIRO

Basta, senhor!

CAROLINA
(*assustada*)

Quer levá-la outra vez?

RIBEIRO

Quero dizer-lhe adeus.

CAROLINA

Ah!

MARGARIDA
(*baixo a Luís*)

Antônio está aí.

LUÍS

Mande que espere um momento. (*sai Margarida com a menina*)

Cena VIII

LUÍS *e* CAROLINA

LUÍS

Estás satisfeita, Carolina?

CAROLINA

Tanto quanto me é possível!

LUÍS

Ainda te falta alguma coisa, não é verdade?

CAROLINA

Falta-me o que nunca mais poderei obter!

LUÍS

Por quê? Não te prometi há pouco?

CAROLINA

Sim: mas essa promessa não se realizará…

LUÍS

Depende de uma palavra tua.

CAROLINA

Como?…

LUÍS

Consentes em ser minha mulher?

CAROLINA

Luís!…

LUÍS

Responde!

CAROLINA

Não!

LUÍS

Recusas, Carolina?…

CAROLINA

Eu te amo, Luís! Deus sabe que poder tem este amor em minha alma; Deus sabe que para partilhá-lo contigo, para ser amada por ti, eu daria, talvez não creias, eu daria o amor de minha filha! Porém nada neste mundo me faria sacrificar a tua felicidade!

LUÍS

Como te enganas! Não é um sacrifício.

CAROLINA

Queres dar-me à custa de tua honra, um título de que eu me tornei indigna. Não devo aceitá-lo.

LUÍS

Mas eu também te amo,...

CAROLINA

Tu?... Tu me amas... Luís?... Não acredito!...

LUÍS

Deves acreditar.

CAROLINA

Não! Não é possível! Depois do meu crime, Deus não podia dar-me tanta ventura! Que reservaria Ele para a virtude?

LUÍS

Deus já te perdoou, Carolina. Vê!

CAROLINA

Um altar?

LUÍS

Que nos espera.

CAROLINA

Luís, pelo que há de mais sagrado, responde-me: este casamento é necessário para a tua felicidade?

LUÍS

Eu te juro!

CAROLINA

Então... Cumpra-se a tua vontade!

Cena IX

ANTÔNIO

(*Cena muda. Toca música durante o tempo em que celebra o casamento. Pouco depois de esvaziar-se a cena, Antônio, quebrado pelos anos e encanecido, entra; olha com uma admiração profunda o que se passa na sala imediata. Ajoelha e reza.*)

Cena X

ANTÔNIO, LUÍS *e* CAROLINA

ANTÔNIO

Ah!...

LUÍS

Antônio, eu te restituo a filha que perdeste.

CAROLINA

Meu pai!...

ANTÔNIO

Carolina!...

LUÍS

Abençoa tua filha!

ANTÔNIO

Depois que ela me perdoar!

CAROLINA

Sou eu que preciso de perdão!... Meu pai!... (*abraçam-se*)

LUÍS

Agora, Antônio, entra naquela sala; deixa-me dizer duas palavras à minha mulher.

Cena XI

LUÍS *e* CAROLINA

CAROLINA

Tua mulher!... Ainda não creio, Luís! Perdoada por meu pai, estimada por ti!... Gozar ainda esse prazer supremo de ocupar a tua alma, de viver para a tua felicidade!... Nunca pedi tanto a Deus!... Dize!... Dize, dize que me amas, para que não me arrependa de ter aceitado este sacrifício!...

LUÍS

Amo-te, Carolina.

CAROLINA

Mas se não puderes esquecer... Se a lembrança do passado surgir como um espectro... Não me acuses, Luís!... Foste tu que o exigiste!

LUÍS

Não tenhas esse receio, Carolina. Tu és minha mulher perante o mundo. Perante Deus...

CAROLINA

O que sou?

LUÍS

És minha irmã.

CAROLINA

Tens razão! O nosso amor é impossível.

LUÍS

É puro e santo!... Há de ser feliz!

CAROLINA

Já não existe felicidade para mim!...

LUÍS

Existe, Carolina. Existe ao pé de um berço. Sê mãe!...

CAROLINA

Minha filha!... Sim... Viverei para ela... (*a cena enche-se*)

LUÍS

E agora... Conheces estas fitas?...

CAROLINA

Ainda as conservas!...

LUÍS

São o emblema de tua vida e a história da minha. São as asas de um anjo que as perdeu outrora, e a quem Deus as restitui neste momento.

CAROLINA

Ah!...

FIM

IMPRESSÃO E ACABAMENTO:
YANGRAF Fone/Fax:
6198.1788